Peter H. Emontzpohl
Julia Knop
Ursula Nothelle-Wildfeuer

Worauf wir bauen können

Peter H. Emontzpohl
Julia Knop
Ursula Nothelle-Wildfeuer

Worauf wir bauen können

Rund um die Erstkommunion
Der Vorbereitungskurs

Begleitbuch für Katechetinnen & Katecheten

Die Autoren des Erstkommunionkurses:

Peter H. Emontzpohl, Pfarrer an St. Anna, St. Maria Königin und St. Martinus in Sankt Augustin.

Julia Knop, Dr. theol., Wiss. Assistentin am Arbeitsbereich Dogmatik und Liturgiewissenschaft der Kath. Theol. Fakultät der Universität Freiburg. Autorin mehrerer Kindersachbücher im Bereich Theologie/Philosophie.

Ursula Nothelle-Wildfeuer, Dr. theol., Prof. für Christliche Gesellschaftslehre an der Kath. Theol. Fakultät der Universität Freiburg, langjährige katechetische Erfahrung in Sankt Augustin.

4., durchgesehene Auflage 2025

© Verlag Herder GmbH, Freiburg im Breisgau 2009
Hermann-Herder-Str. 4, 79104 Freiburg
Alle Rechte vorbehalten
www.herder.de

Bei Fragen zur Produktsicherheit wenden Sie sich an
produktsicherheit@herder.de

Wenn nicht anders angegeben
sind die Bibeltexte entnommen aus:
Einheitsübersetzung der Heiligen Schrift
Vollständig durchgesehen und überarbeitete Ausgabe
© 2016 Katholische Bibelanstalt, Stuttgart.

Biblische Erzählungen von Elmar Gruber
sind entnommen aus:
Elmar Gruber, Die Bibel in 365 Geschichten erzählt
© Verlag Herder GmbH, Freiburg im Breisgau 2022

Biblische Erzählungen von Erich Jooß
sind entnommen aus:
Erich Jooß, Herders Bibel zur Erstkommunion
© Verlag Herder GmbH, Freiburg im Breisgau 2026

Gesamtgestaltung:
Berres-Stenzel, Freiburg im Breisgau
www.berres-stenzel.de
Illustrationen: Rolf Bunse, Aachen

Herstellung: Graspo CZ, Zlín

Printed in the Czech Republic

ISBN 978-3-451-31047-8

Inhalt

Vorwort	6
Ziele und Aufbau des Kurses	8
Elterninformation zum Kurs	13
Motto des Kurses	14
Unser Grundstein: Hinführung und Kennenlern-Gruppenstunde	15
Einheit 1 Wir kommen in die Kirche	18
Einheit 2 Wir entdecken die Bibel	38
Einheit 3 Wir glauben an Gott	60
Einheit 4 Wir beten zu Gott	78
Einheit 5 Wir leben aus dem Glauben	98
Einheit 6 Gott ist uns nahe	116
Einheit 7 Gott vergibt uns	136
Einheit 8 Jesus gibt sein Leben für uns	154
Einheit 9 Wir feiern unseren Glauben	172
Übersicht zur CD-ROM und zur Kindermappe	189

Vorwort

Mit dem Glauben ist es so eine Sache – einerseits ist er ganz persönlich und individuell. Er entwickelt und verändert sich im Laufe eines Lebens. Der Glaube kann wachsen und reifen, aber auch schwinden und von Zweifeln durchsetzt werden. Zu dieser individuellen Seite des Glaubens kommt die gemeinschaftliche: Der Glaube ist etwas, das wir untereinander weitergeben und was uns miteinander verbindet – Glaube stiftet Gemeinschaft *(communio)*. Wir denken ihn uns nicht aus, sondern wir empfangen und erlernen ihn: in der Familie, in der Schule, in der Kirche. Dem Glauben begegnen wir auf ganz unterschiedliche Weise: bei Freunden, in Familie und Gemeinde, als Bekenntnis der Christenheit quer durch die Geschichte, als Feier des Gottesdienstes, als Struktur der Woche und des Jahres, als Orientierung in Lebensfragen. Wer Christ werden will, tritt ein in diesen Glauben, der ihm tragfähig und überzeugend erscheint – auch über Zeiten des Zweifels, der Gleichgültigkeit, des Nichtverstehens hinweg.

Ein Kind erwirbt den Glauben im Idealfall dadurch, dass es ihn in Familie und Gemeinde erlebt und mitlebt. Dadurch wächst es immer mehr in seine Welt und Sprache, seine Ausdrucksformen und Überzeugungen hinein. Das Verstehen dessen, was in der Welt des Glaubens geschieht, steht beim Kind nicht unbedingt am Anfang. Vielmehr geht wie beim Erlernen der Muttersprache die Praxis dem Verstehen und Nachdenken häufig voraus. Trotzdem sollten gläubige Menschen, ob Kinder oder Erwachsene, natürlich auch verstehen, was sie tun und was sie glauben. Dies ist vor allem im Hinblick auf die lebenslange Entwicklung des Glaubens wichtig: Denn ein Glaube, der nicht durch Praxis und Nachdenken gepflegt wird, verkümmert. Und ein Kinderglaube, der auf einer frühkindlichen Stufe verbleibt, ohne sich dem eigenen Horizont entsprechend zu entwickeln, trägt den Erwachsenen nicht. Praxis und Verstehen – beides will gelernt, beides will geübt sein.

Glaubenspraxis

Die wachsende Zahl von Menschen, die sich als „religiös unmusikalisch" verstehen, von Familien, in denen der Glaube keine Selbstverständlichkeit ist, führt dazu, dass immer mehr Kinder und Eltern im Zuge der Vorbereitung auf die Erstkommunion (EK) zum ersten Mal bzw. wieder neu mit der Welt des Glaubens in Berührung kommen. Diese Begegnung muss heute besonders unterstützt werden. Denn der Glaube gelingt nicht automatisch. Seine Inhalte erschließen sich nicht ohne eine gewisse Einübung und Bildung in Glaubensdingen. Deshalb hat dieser Erstkommunionkurs zwei Schwerpunkte: Er will in die Praxis des Glaubens *einführen* und sie *einüben*. Und er legt besonderes Gewicht darauf, dass die Kinder *erlernen* und *verstehen*, was sie bzw. wir als Christen da tun und glauben.

9 Kurseinheiten

Der Erstkommunionkurs orientiert sich an den zentralen Inhalten und Feiern von Bibel, Glaubensbekenntnis, Liturgie und Kirchenjahr. In neun Einheiten gehen die Kinder den Weg des Christwerdens und der Glaubensentwicklung nach: vom Eintritt in die Kirche in der Taufe (Tauferneuerung) über das christliche Gottesverständnis (Bibel, Credo) hin zur konkreten Glaubenspraxis (Sakramente, Gebete, Liedgut) und zur vollen Eingliederung in die Eucharistiegemeinschaft *(communio)*. Auf diese Weise können Kinder und Familien, die bereits im Glauben verwurzelt sind, ihn bedenken und vertiefen. Familien, für die diese Welt fremd geworden oder unbekannt ist, können auf diesem Weg der Vorbereitung auf das Fest der ersten Heiligen Kommunion im Glauben heimisch werden.

Kinder, Eltern und Gemeinde

Die *Kinder* stehen im Mittelpunkt. Auf sie sind die behandelten Inhalte und die Art und Weise, wie sie angeeignet werden, abgestimmt. Doch die *Eltern* sind ebenfalls angesprochen, seien sie praktizierende Gemeindemitglieder, kirchenferne Gläubige, skeptisch Distanzierte oder Suchende: Es werden Elternabende angeboten; darüber hinaus werden die Eltern durch Elternbriefe regelmäßig über die Inhalte des Kurses, die die Kinder erlernen, informiert. Sie erhalten Hilfestellung, wie sie ihre Kinder auf dem Weg zur Erstkommunion unterstützen können. Sie sind eingeladen, ihrem eigenen Glauben (neu) auf die Spur zu kommen, ihn zu pflegen und weiter zu entwickeln. Auch die *Gemeinde* als Ganze wird in die Verantwortung genommen, ein Ort des Glaubens und der zwischenmenschlichen Begegnung zu sein, die Familien der Kommunionkinder wirklich mit offenen Armen aufzunehmen und zu unterstützen. Dazu möchte auch der eine oder andere Versuch beitragen, Katechese und Gottesdienst eng zu verzahnen: z.B. indem Gebete, Fürbitten, Lieder und Themen aus den Kommunionstunden Eingang in den sonntäglichen Gottesdienst finden und bewusst von der Gemeinde mitgetragen werden.

Der Kurs ist über einige Jahre hin in verschiedenen Kirchengemeinden erprobt worden. Kinder und Erwachsene haben die Inhalte und Themen gern angenommen und sind die didaktischen Wege mit großer Freude mitgegangen.

Danke

Wir danken vor allem den Katechetinnen Sabine Gedanitz, Beatrix Gronen, Monika Happ, Teresa Kemper, Barbara Köllmann, Heike Lynen und Martina Tratnik-Würbel aus Sankt Augustin, die mit ihrem Ideenreichtum und Engagement in der konkreten katechetischen Arbeit viel zur Entstehung und Konzeption des Kurses beigetragen haben. Ferner sei den Gemeinden St. Martinus, St. Maria Königin und St. Anna in Sankt Augustin sowie St. Georg in Bensheim an der Bergstraße, gedankt. Sie haben den Kurs, während wir ihn für die Veröffentlichung vorbereitet haben, durchgeführt und weitere Impulse gegeben. Teresa Kemper, Jürgen Legler und Anna Salmen-Legler haben sich darüber hinaus die Mühe gemacht, die Textfassung des Kurses in seinen verschiedenen Stadien durchzusehen und zu korrigieren. Gregor Knop, Regionalkantor im Bistum Mainz, hat uns bei der Auswahl der Lieder zu den Einheiten beraten und unterstützt. Ihnen allen ein herzliches Dankeschön! Unser besonderer Dank aber gilt den Kindern, die für uns in der Entstehungsphase des Kommunionkurses mit ihren vielen Fragen nach dem Glauben, mit ihrer Spontaneität und Kreativität, vor allem aber mit ihrer großen Begeisterung Ansporn und Motivation gewesen sind.

Dass ein Funke von dieser Begeisterung für unseren Glauben all die erfasst, die sich mit diesem Kommunionkurs aufmachen, den Glaubens-Grundstein der Kinder – und vielleicht auch mancher Erwachsener – zu füllen, das wünschen wir von Herzen.

Peter H. Emontzpohl
Julia Knop
Ursula Nothelle-Wildfeuer

Ziele und Aufbau des Kurses
Worauf wir bauen können

Ziele des Kurses

Die Kinder
- lernen, vor allem orientiert am biblischen Zeugnis, Jesus Christus als den Sohn Gottes kennen und erlernen den Umgang mit der *Bibel*;
- üben sich in die Grundvollzüge des *Gottesdienstes* ein: Sie kennen und verstehen Ablauf, Grundgebete, Verhaltensweisen und den Gehalt der *Eucharistiefeier*. Sie erfahren die *Sakramente* als kirchliche Feiern der Begegnung mit Gott und als wichtige Stationen des christlichen Lebens;
- kennen und praktizieren wichtige christliche *Gebete* und das *Glaubensbekenntnis*; lernen den *gottesdienstlichen Gesang* in klassischer und neuerer Form als Ausdruck des Glaubens, der Freude und des Lobes Gottes kennen;
- werden mit den Grundlinien des *Kirchenjahres* vertraut, das sie von Advent bis Pfingsten/Fronleichnam in seinen zentralen Festen und Zeiten thematisieren und in Gottesdiensten mitfeiern;
- machen sich mit dem *Kirchenraum* vor Ort vertraut, sie können sich angemessen in ihm bewegen, kennen seine wesentlichen Bestandteile und erfahren den Kirchenraum als Ort der Gemeinde und des Gebets.

Aufbau des Kurses

Der Kurs gliedert sich in **9 Einheiten**, die jeweils aus folgenden Elementen bestehen:
- **Hinführung** samt **Glaubenslexikon** für den/die Leiter/in der EK-Katechese sowie für Katechet(inn)en,
- **Brief an die Eltern** der Kommunionkinder,
- **Gottesdienst**,
- **Lieder**,
- ausgearbeitete **Gruppenstunden** mit Arbeitsmaterialien,
- **Freies Angebot**, das als zusätzliche Stunde oder als frei gestaltete Form auf die Gemeindesituation vor Ort angepasst werden kann,
- Anregungen für interessierte Kinder **(Für helle Köpfe)**, die eigenständig etwas über den Glauben herausfinden wollen, sowie
- **Symbolkärtchen**, das an/auf den Grundstein der Kinder angebracht wird und die Inhalte der Einheit zeichenhaft verdeutlicht, mit denen der Grundstein gefüllt wird.

Hintergrund-Informationen, Lexikon, Gottesdienst, Elternbrief und die beiden *Gruppenstunden* zählen zum „Gerüst" des Kurses – hier sollte nichts gekürzt werden. Die Kategorien *Freies Angebot* und *Für helle Köpfe* hingegen sind zusätzliche Elemente: eine sinnvolle und stimmige Ergänzung des Kurses, die je nach örtlichen Gegebenheiten, Engagement der Eltern und Katechet(inn)en und Interesse der Kinder gehalten und eingesetzt werden können.
Die Durchführung des Kurses ist in Kleingruppen oder in der Großgruppe möglich; beide Versionen wurden in der Gemeindepraxis bereits mehrfach erprobt. Arbeitsmaterialien und Liedgut sind auf der beiliegenden CD-ROM enthalten.

Hinführungen

Die Hinführungen richten sich an die *Erwachsenen*, die die Kinder in kleinen Gruppen oder in der Großgruppe während des Kurses begleiten: die Katechet(inn)en und den Leiter / die Leiterin des Vorbereitungskurses. Auf einer Doppelseite werden die Inhalte, auf die es in der jeweiligen Einheit ankommt, erklärt und entfaltet. Nicht alles, was in diesen Abschnitten erläutert wird, können und müssen auch die Kinder verstehen. Doch eine gute Gestaltung eines Themas erfordert einen gewissen Hintergrund. Ein Erwachsener muss selbst verstanden haben, was er weitergibt, und er muss es in seiner Sprache, seinem Horizont durchdringen. Die kindgerechte Aufbereitung ist erst der zweite Schritt. Die Hinführungen folgen jeweils folgendem Schema: Auf grundlegende Überlegungen zum Thema und der Darstellung dessen, was theologisch wichtig ist, folgt ein kurzer Überblick über den Aufbau und die Leitgedanken der Einheit.

 ### Glaubenslexikon

Das anschließende Glaubenslexikon (Von A bis Z), das sich ebenfalls an die *Erwachsenen* richtet, gibt eine Erklärung der Begriffe, die im Rahmen der jeweiligen Einheit vorkommen und möglicherweise von den Kindern nachgefragt werden. Die beigefügte CD-ROM enthält die Lexikon-Einträge aller Einheiten zusätzlich in alphabetischer Reihenfolge. Die Seitenverweise dieser beiden Abschnitte und einiger Zusatzangebote beziehen sich auf das Begleit-Buch **Rund um den Glauben** (Herder ³2009), das ergänzend zum Kommunionkurs hinzugezogen werden kann.

 ### Elternbriefe

Jeder Einheit ist ein Elternbrief zugeordnet, der die *Eltern der Kommunionkinder* über die Inhalte der entsprechenden Gruppenstunden informiert und sie in die Vorbereitung einbindet. Zudem kommen eventuelle Schwierigkeiten zur Sprache, die in den Familien auftauchen können, zumal dann, wenn Eltern in ihrem eigenen Glaubensleben „aus der Übung gekommen" sind oder im Laufe ihres Lebens Vorbehalte oder Zweifel ausgebildet haben. Am Ende eines jeden Briefes finden sich **Familientipps:** kleine und unaufwändige Anregungen, in der Familie den Glauben zu kultivieren bzw. neu zu entdecken. Auch die Elternbriefe sind im rtf-Format auf der beiliegenden CD-ROM zu finden und können auf die Gegebenheiten der Gemeinde angepasst werden. Nach Möglichkeit sollten sie durch Pfarrer und Katechet(inn)en unterschrieben werden.

 ### Gottesdienste

Zu jeder Einheit gehört ein Gottesdienst. Denn das, was die Kinder im Erstkommunion-Unterricht lernen und immer besser verstehen, ist der Glaube an den dreifaltigen Gott, der im Gottesdienst mit Lob, Bitte und Dank gefeiert wird. Die Gottesdienste greifen einerseits das im Kommunionkurs Gehörte auf, führen die Kinder aber andererseits auch ein in das Mitfeiern der Sonntagsmesse der Gemeinde. Sondergottesdienste nur für die Kommunionkinder sollten eher die Ausnahme bilden. Ziel ist es, die Kinder an das Leben der Gemeinde vor Ort und an die „Normalität" eines Sonntagsgottesdienstes heranzuführen, der natürlich auf die Kinder abgestimmte Elemente enthalten sollte. Werden diese gehaltvoll ein- und umgesetzt, profitieren in der Regel auch die anwesenden Erwachsenen davon. Die Rubrik Gottesdienst enthält Hinweise und Vorschläge zur inhaltlichen Konzeption: Kyrie-Rufe, Vorschläge zur Auswahl der Lesungen (falls nicht die Sonntagslesungen verwendet werden), Anregungen zur Katechese, Fürbitt-Rufe und passendes Liedgut. Allerdings wurde bewusst darauf verzichtet, einen Gottesdienst bis ins Detail „durchzuplanen". Es ist vielmehr notwendig, ihn jeweils an die Gegebenheiten vor Ort anzupassen und nach ihnen auszurichten. Kyrie- und Fürbittrufe können von Kindern und Erwachsenen vorgetragen werden. So sind alle beteiligt.

Ziele und Aufbau des Kurses

Lieder

Zur Glaubenspraxis gehört der Gesang. Die Beteiligung der Gemeinde am Gottesdienst findet nicht zuletzt im gemeinsamen Singen ihren Ausdruck. Der Gottesdienst wird Kindern und Erwachsenen vertraut und lebendig, wo das Singen leicht fällt und das verwendete Liedgut bekannt ist.

Jede der neun Einheiten enthält daher zwei Lieder, die die Kinder in den Gruppenstunden und/oder in Kontakt mit der/m örtlichen Organist/in, Chorleiter/in oder Kantor/in einüben. Denkbar ist sicher auch eine kleine Probe mit den Katechet(inn)en oder ein (mehrere) Singnachmittag(e) mit den Kommunionkindern unter Einbezug des örtlichen Kinderchores. Die Erfahrung zeigt, dass Kinder in diesem Alter neue Lieder sehr leicht auswendig lernen, aber Schwierigkeiten haben, ein Blatt mit Noten und Text zu verwenden. Neue Lieder sollten daher nach Möglichkeit durch Vorsingen und gemeinsames Singen (kleinerer Abschnitte) erlernt werden.

Bei der Liedauswahl wurden „Klassiker" des Gotteslobes ebenso berücksichtigt wie Lieder neueren Datums, die von Kindern gern gesungen werden. Zudem sind alle Liedpositionen der Gemeindemesse durch ein oder zwei Lieder vertreten, so dass am Ende der Vorbereitung eine Messfeier (die Erstkommunion-Messe) vollständig mit Liedern gestaltet werden kann, die den Kindern bekannt sind. Außerdem lernen die Kinder so die verschiedenen Gattungen der Gottesdienst-Gesänge kennen. Je nach örtlichen Gegebenheiten kann die Liedauswahl bzw. das Erlernen neuer Lieder auf ein Lied pro Einheit reduziert oder in Sing-Nachmittage ausgelagert werden.

 Gruppenstunden

Die ausgearbeiteten Gruppenstunden bieten einen vollständigen Stundenverlauf, den die Katechetinnen und Katecheten während der Treffen vor sich liegen haben. Neben diesem Verlauf ist verzeichnet, was an Vorbereitung anfällt und welche Arbeitsblätter den Kindern vorliegen müssen. Eine gute Vorbereitung der Stunde ist eine unerlässliche Voraussetzung für ihr Gelingen. Der Stundenverlauf ist in drei Spalten abgedruckt: Die erste Spalte gibt einen zeitlichen Richtwert der einzelnen Elemente sowie die jeweils nötigen Materialien an. Scheren, Klebestifte und Buntstifte werden dabei fast immer benötigt. Die zweite Spalte erläutert die Struktur der Stunde. Die dritte Spalte gibt Formulierungshilfen zur konkreten Durchführung, so dass auch Katechet(inn)en, die nicht im Unterrichtsgeschehen zu Hause sind, in die Lage versetzt werden, eine Gruppenstunde durchzuführen. Zur Sicherung dessen, was jeweils erarbeitet wird, erhalten die Kinder eine kleine Hausaufgabe. Der Stundenverlauf selbst enthält kurze Arbeitsphasen, Gespräch sowie kreative und spielerische Elemente. Dadurch erwerben die Kinder einerseits Glaubenswissen; andererseits können sie aber auch Geschmack daran finden, die vielfältigen Schichten und Möglichkeiten eines Lebens aus dem Glauben zu entdecken.

Die Gruppenstunden sind zeitlich strukturiert; eine Durchführung in 60 bis 70 Minuten ist möglich. Sinnvoller ist es allerdings, etwas mehr Zeit (90 Minuten) einzuplanen, um auch dem Gespräch und unvorhergesehenen Fragen, organisatorischen Dingen etc. genügend Raum zu geben. Der Aufbau der Gruppenstunden sollte jeweils ähnlich gestaltet werden: Auf die Begrüßung folgt das Entzünden der Gruppenkerze sowie ein gemeinsames Vaterunser und ggf. die Einführung eines neuen Liedes. Auf die kurze Besprechung der kleinen Hausaufgabe folgt der eigentliche Inhalt der Stunde, meist in zwei Phasen. Den Abschluss bilden ein Lied, ein kurzes Gebet sowie der Segen an der Kerze. Diese Elemente am Beginn und Ende der Stunde, die die Kinder zur Ruhe kommen lassen, führen sie auf eine selbstverständliche Weise in den Glauben ein und strukturieren die Gruppenstunde. Die Gestaltung der *Gruppenkerze* (bei Durchführung in Kleingruppen) oder der *Christuskerze* (bei Durchführung in der Großgruppe) kann die Motive der Einheiten und/oder die Namen der Kinder aufnehmen.

Für helle Köpfe

Unter dieser Bezeichnung finden sich Arbeitsblätter, die interessierten Kindern zusätzlich ausgehändigt werden können. Sie sind so angelegt, dass sie von den Kindern selbständig bearbeitet werden können. Anders als die Hausaufgaben der Gruppenstunden sind diese Blätter durchweg darauf angelegt, neue, bislang unentdeckte Dinge zu „erforschen". Die Kinder können hier Elemente des Glaubenslebens und -wissens entdecken, die früher oftmals selbstverständlich waren, heute aber erst neu erschlossen werden müssen. Zudem merken die Kinder, dass es spannend ist, sich auf Fragen des Glaubens einzulassen.

Die Blätter und auch ggf. notwendiges Material können durch die Katechet(inn)en im Kontext der Gruppenstunden, an Elternabenden, aber auch im Anschluss an den Sonntagsgottesdienst verteilt werden. Die Kinder sollten zudem Gelegenheit finden (in der Gruppenstunde oder in/nach dem Gottesdienst), von ihren Entdeckungen zu berichten.

 Freies Angebot

Diese Kategorie enthält zusätzliche Elemente, die in der Großgruppe oder in Einzelgruppen durchgeführt werden können. Sie sind in der Regel auf die örtliche Situation der Gemeinde anzupassen. „Klassiker" der Erstkommunion-Vorbereitung, die sich in vielen Gemeinden als lieb gewordene Tradition herausgebildet haben, können natürlich ebenfalls in den Kurs integriert werden. Gruppen der Gemeinde, Eltern oder weitere Personen des Seelsorgeteams werden nach Möglichkeit einbezogen. Berücksichtigt werden soziale Elemente (z.B. Adventsfeier); zudem wird Kindern, Eltern und interessierten Gemeindemitgliedern die Gelegenheit gegeben werden, einander kennen zu lernen und durchaus auch neue Dinge zu erfahren. Die ortstypische Ausgestaltung des Kurses ist dabei nicht nur möglich, sondern ausdrücklich erwünscht! Arbeitsblätter dieser Kategorie sind, soweit sie anfallen, im Verlauf des Kursbuches abgedruckt; kommt ein Freies Angebot ohne Arbeitsblatt aus, beschränkt sich die Beschreibung auf die Hinweise in der Kategorie „Hinführung".

Eltern-Abende

Im Rahmen der Vorbereitung der Kinder bietet es sich an, Elternabende zu veranstalten, an denen organisatorische Fragen geklärt werden können, an denen aber vor allem den Eltern der Erstkommunionkurs in seiner Grundausrichtung und mit zentralen inhaltlichen Aussagen nahegebracht wird. So kann bei einem ersten Elternabend z.B. durch das Verschenken einer roten Rose an die Eltern die Sensibilität für die hinter den sichtbaren Dingen liegende unsichtbare Wirklichkeit geweckt werden. Ein weiterer Elternabend könnte die Bedeutung des Sakraments der Versöhnung durch das Symbol des Luftballons erschließen, das auch in der Einheit (E7) für die Kinder die zentrale Aussage zum Ausdruck bringt. Schließlich kann ein dritter Elternabend das Fest der ersten Heiligen Kommunion selbst thematisieren, die Bedeutung des Gottesdienstes, aber auch der Feier zuhause.

Rund um den Glauben

Der Kurs schließt eng an das Kinder-Sachbuch „Rund um den Glauben" (Julia Knop, Herder 2007; ² aktualisierte Neuauflage 2014) an. Das Grundgerüst des Kurses – Hinführung, Glaubenslexikon, Gottesdienst, Elternbrief und Gruppenstunden – kommt aber ohne die Anschaffung des Buches aus. Gleichwohl bietet es eine sinnvolle und leicht verständliche Vertiefung auch dieser Elemente, die darum mit Seitenverweisen versehen werden. „Rund um den Glauben" richtet sich in erster Linie an die Kinder, wird jedoch auch von Erwachsenen gut angenommen und kann den Familien zur Anschaffung empfohlen werden.

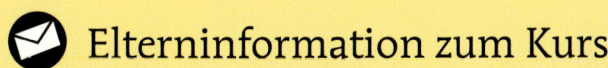

Elterninformation zum Kurs
Auf dem Weg zur Erstkommunion

Sehr geehrte, liebe Eltern!

Sie haben Ihr Kind zur Vorbereitung auf das Fest der Ersten Heiligen Kommunion angemeldet. Mit diesem Brief möchten wir Sie auf den Vorbereitungskurs einstimmen.

Er steht unter dem Motto „Worauf wir bauen können". Das Symbol, das den Kurs begleitet, ist ein Grundstein. Beim Bau eines öffentlichen Gebäudes wird zu Beginn ein Grundstein gelegt und oft mit Zeitdokumenten und Symbolen gefüllt. In einem übertragenen Sinn geht es im Kommunionkurs um den Grundstein des Glaubens, der in der Taufe gelegt wurde. Sie als Eltern und die Paten haben damals Ihren Glauben bekannt und die Verpflichtung übernommen, Ihr Kind in den Glauben einzuführen. Im Erstkommunionalter kann es seinen Glaubensgrundstein selbst füllen und unseren Glauben und das Leben aus diesem Glauben besser kennen und verstehen lernen. Fest gegründet kann der Glaube auch in den Stürmen und Unwägbarkeiten des Lebens Halt und Orientierung geben.

Ihre Begleitung ist dabei sehr wichtig. Ihr Kind kann seinen Weg vertrauensvoll gehen, wenn es merkt: Auch Mama und Papa ist der Glaube an Gott in der Gemeinschaft der Kirche ein Herzensanliegen. Machen Sie sich mit Ihrem Kind auf den Weg, Gott, den Glauben und die Kirche (wieder) zu entdecken. Vielleicht betreten Sie Neuland, vielleicht können Sie an eigene Erfahrungen in Ihrer Kindheit anknüpfen, vielleicht haben Sie Fragen an die Kirche und Zweifel im Glauben, vielleicht fühlen Sie sich in der Kirche zu Hause – auf jeden Fall wünschen wir Ihnen gemeinsam mit Ihrem Kind die Erfahrung, dass Gott sich entdecken lässt und der Glaube das Leben bereichert.

Was können Sie nun konkret tun? Der Kurs umfasst die wöchentliche Kommunionstunde, aber auch die sonntägliche Messfeier und einige zusätzliche Angebote. Die Kinder sollen nicht nur etwas *über* den Glauben lernen, sondern ihn auch mitfeiern und leben. Zeigen Sie Ihrem Kind, dass auch Ihnen das wichtig ist. Lassen Sie sich von der Kommunionstunde erzählen und die Mappe zeigen, ermuntern Sie Ihr Kind zum Schmökern im Buch „Rund um den Glauben" und zum selbständigen Arbeiten. Wir beziehen Sie durch einen Elternbrief zu jeder Einheit auch inhaltlich mit ein. Darin finden Sie spezielle Tipps, was Sie als Familie tun, unternehmen oder gestalten können. Wenn sich die ganze Familie im wahrsten Sinne des Wortes auf den Weg zu Jesus Christus macht, legen Sie etwas ganz Wertvolles in den Glaubensgrundstein Ihres Kindes, aber vielleicht auch in Ihren eigenen …

Wir, das Seelsorgeteam und die Katechetinnen und Katecheten, freuen uns auf die gemeinsame Vorbereitung mit den Kindern und Ihnen in unserer Gemeinde und grüßen Sie sehr herzlich

Ihr

Motto des Kurses
Worauf wir bauen können

„Worauf wir bauen können" – so lautet das Motto dieses Erstkommunion-Vorbereitungskurses.
Beim Bau eines öffentlichen Gebäudes wird zu Beginn der Grundstein gelegt und oft mit Zeitdokumenten und wichtigen Symbolen gefüllt. In einem übertragenen Sinn geht es in diesem Kommunionkurs um den Grundstein des Glaubens, der bereits in der Taufe gelegt wurde. Im Erstkommunion-Alter kann das Kind nun zunehmend selbst dazu beitragen, seinen Glaubensgrundstein zu füllen. Es kann unseren Glauben und das Leben aus diesem Glauben besser kennen und verstehen lernen. In der Vorbereitung auf die erste Heilige Kommunion wollen wir helfen, diesen Glaubensgrundstein des Kindes mit dem zu füllen, was für das Leben und den Glauben wichtig ist. Fest gegründet kann der Glaube auch in den Stürmen und Unwägbarkeiten des Lebens Halt und Orientierung geben.

So ist im Evangelium zu lesen, wie wir unser (Lebens-) Haus richtig bauen:

> Wer diese meine Worte hört und danach handelt, ist wie ein kluger Mann, der sein Haus auf Fels baute. Als nun ein Wolkenbruch kam und die Wassermassen heran fluteten, als die Stürme tobten und an dem Haus rüttelten, da stürzte es nicht ein; denn es war auf Fels gebaut. Wer aber meine Worte hört und nicht danach handelt, ist wie ein unvernünftiger Mann, der sein Haus auf Sand baute. Als nun ein Wolkenbruch kam und die Wassermassen heran fluteten, als die Stürme tobten und an dem Haus rüttelten, da stürzte es ein und wurde völlig zerstört. *(Matthäus 7,24–27)*

Jesus scheint uns hier zu mahnen:

> Seid klug, ... baut euer Leben auf das, was ich euch gelehrt habe. Wenn ihr meinen Worten gehorcht, werdet ihr wie der kluge Baumeister sein, der auf Felsengrund baut. Was auch immer passiert, nichts wird euch dann erschüttern. Ihr werdet fest stehen. Wenn ihr aber nicht auf mich hört, wird euer Leben in die Brüche gehen, wenn Kummer und Schwierigkeiten kommen und ihr keinen festen Grund habt. Baut euer Leben klug auf. Beachtet, was ich euch sage. *(Matthäus 7, nach Elmar Gruber)*

Der Grundstein begleitet die Kinder als Thema und in Gestalt eines echten Ziegels oder eines aus einem Schuhkarton gebastelten Steins während des gesamten Kurses. Bei der Feier der Erstkommunion wird er vollständig gefüllt (beklebt, bestückt) sein: mit all dem, was unseren Glauben mit Leben erfüllt – symbolisiert durch ein Kärtchen zu jeder Einheit.
So bekommt der Glaube der Kinder eine gute Basis, die über den Kinderglauben hinaus trägt; eine Basis, auf die sie im Laufe ihres Lebens auch in Zeiten der Glaubensferne zurückgreifen können.

Worauf wir bauen können: Das Motto des Kurses

ℹ️ Unser Grundstein
Hinführung und Kennenlern-Gruppenstunde

Dieses erste Treffen ist von besonderer Bedeutung für den Kurs: In dieser Stunde lernen die Kinder zum einen ihre Gruppe und ihre(n) Katechet/in kennen. Zum anderen erhalten sie das Symbol, das auch das Motto des Kurses ist und die Kinder die Zeit bis zum Erstkommuniontag begleiten wird: den Grundstein, der im Laufe der Kommunionvorbereitung gefüllt wird. Je nach Tradition in den Gemeinden kann bei diesem ersten Treffen auch die Gruppeneinteilung vorgenommen werden. Ggf. werden Fotos der Kinder gemacht, mit denen sie nachher der Gemeinde vorgestellt werden.

Da der EK-Kurs insgesamt so konzipiert ist, dass er in die kirchlich-religiöse Praxis des Glaubens einführen und sie (vor Ort) einüben will, bietet es sich an, dieses erste Treffen in der Pfarrkirche zu beginnen. Hier kann mit den Kindern zur Einstimmung ein Lied gesungen werden, das ihnen aus Schul- oder Familiengottesdiensten bekannt ist. Der für den Kurs und seine Konzeption so zentrale Bibeltext (Matthäus 7,24–27; siehe S. 14) vom richtigen Bauen wird vorgetragen und besprochen. Wenn zugänglich, kann der Grundstein der Kirche gezeigt werden, sein spezifischer Inhalt erläutert und von daher der Bogen zum gesamten Kurs geschlagen werden. (Beginnt diese Stunde nicht in der Kirche, wird das Anschauen des Grundsteins in die erste Gruppenstunde verlegt.) Anschließend erhalten die Kinder ihren eigenen Grundstein – als (Schuh)Karton, der nach und nach verziert und bestückt werden wird (Anno Domini-Streifen, Symbolkärtchen), oder in Gestalt eines echten (Ziegel-)Steines, an den die Kärtchen, an Stöckchen befestigt, angebracht werden. Im zweiten Teil der Stunde, der im Gruppenraum/Pfarrsaal stattfindet, können die Kinder ihren Grundstein verzieren und so zu ihrem eigenen Grundstein machen. Am darauffolgenden Sonntag bringen sie ihn ggf. mit in die Messe und stellen ihn dort an einem geeigneten Ort, in der Nähe des Altars, in der Apsis, gut sichtbar im Querschiff oder in einer Seitenkapelle, ab.

Je nach Treffpunkt der Gruppen verbleiben die Grundsteine der Kinder für den gesamten Verlauf des Kurses in der Kirche und werden dort immer weiter mit Symbolen bestückt – dies ist ein eindrucksvolles Zeichen für die Gemeinde und hält die laufende Kommunionvorbereitung sichtbar, bis sie dann am Ende der Erstkommunionmesse den Kindern mitgegeben werden. Die Grundsteine der Kinder einer Gruppe können auch im Raum des wöchentlichen Treffens stehen, um sie dort jeweils füllen/ergänzen zu können. In der Kennenlernstunde bekommen die Kinder ihre Kommunionmappe, die mit dem beigefügten Aufkleber (Namensschild) beklebt wird. Diese Mappe sollte nach Möglichkeit einheitlich sein und zentral von der Gemeinde gekauft werden. Es bietet sich an, den Kindern nicht alle Blätter auf einmal, sondern nur die jeweils für die Stunde benötigten Blätter auszuhändigen. So sind die Kinder mit den wichtigen Materialien des Kurses ausgestattet, aber nicht durch eine Vielzahl von Blättern überfordert; der Fokus kann auf die Inhalte der jeweiligen Stunde gerichtet werden. Die (Gruppen- oder Christus-) Kerze, die das Zentrum der Eingangs- und Abschluss-Rituale der Folgestunden bildet, kann ggf. ebenfalls in dieser Kennenlernstunde oder zeitnah dazu erstellt oder verziert werden, so dass sie ab der Gruppenstunde 1.1 zum Einsatz kommen kann.

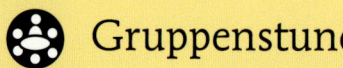 Gruppenstunde

Unser Grundstein

Vorbereitung:
- Informationen zum Grundstein der Kirche (Jahr der Grundsteinlegung, wenn bekannt: Inhalt des Grundsteins …)
- Liste der angemeldeten Kommunionkinder, Gruppeneinteilung vorab oder in dieser ersten Stunde
- Lied, das die Kinder ggf. bereits aus Schul- und/oder Familiengottesdiensten kennen

- Mappen, Aufkleber und Grundsteine (Schuhkarton oder Ziegel)
- Anno-Domini-Streifen (in der Mappe für die Kinder enthalten) und ggf. Bastelmaterial (Tonpapier, Stifte, Scheren, Klebstoff …)
- 1. Brief an die Eltern der Kommunionkinder

	Struktur und Inhalt	Umsetzung
In der Pfarrkirche 10 min	**Begrüßung der Kinder und kurze Vorstellung des Katecheten / der Katechetin und der Kinder**	Ich begrüße euch alle ganz herzlich zu unserem ersten Treffen. Wir wollen uns in den nächsten Monaten miteinander auf den Empfang der ersten Heiligen Kommunion vorbereiten. Mein Name ist …, ich bin euer Katechet / eure Katechetin. Wie heißt ihr?
	Einführung in die Kommunionvorbereitung	Wir werden in der nächsten Zeit viel miteinander über den Glauben, über Gott und die Kirche, über unsere Gemeinde und über unser Leben als Christen erfahren und lernen. Wir werden miteinander Erzählungen aus der Bibel hören, singen, beten, erzählen, malen, basteln, Rätsel lösen und vieles mehr.
  Matthäus 7,24–27 (abgedruckt auf S. 14)	**Singen** eines den Kindern bekannten Liedes **Vortragen von und Gespräch über Matthäus 7,24–27:** wörtliche und übertragene Bedeutung: Hausbau und Haus des Glaubens, des Lebens, der Gemeinschaft im Glauben.	Zu Beginn wollen wir miteinander das Lied … singen. Eine kurze Erzählung aus der Bibel will ich euch nun vorlesen. Sie erzählt uns vom richtigen Hausbauen und ist für unseren Kurs sehr wichtig … • Was meint Jesus wohl mit dieser Erzählung? Warum ist es wichtig, dass ein Haus ein gutes Fundament hat? • Welches Haus ist gemeint? • Auf welchem Grundstein unsere Pfarrkirche gebaut ist, wollen wir uns nun anschauen …
Wenn zugänglich: am Grundstein der Kirche 30–45 min	Wenn bekannt und zugänglich, wird der **Grundstein der Kirche besichtigt** und erzählt, womit er gefüllt ist. **Austeilen des Grundsteins an die Kinder** Gang zum Pfarrsaal/Gruppenraum	• Und worauf bauen wir? Was ist unser Fundament? Der Grundstein unseres Glaubens wurde in unserer Taufe gelegt. Nun seid ihr schon so groß, dass ihr diesen Grundstein eures Lebens, eures Glaubens, selbst füllen könnt. Dazu soll unsere Kommunionvorbereitung helfen. Wir werden den Grundstein unseres Glaubens füllen, so dass wir unser Glaubens- und Lebenshaus gut darauf bauen können. Jeder von euch bekommt deshalb das große Zeichen unseres Kommunionkurses: den Grundstein unseres Glaubens. Für den 2. Teil unserer Gruppenstunde gehen wir gemeinsam…

	Struktur und Inhalt	**Umsetzung**
Gruppenraum Anno-Domini-Streifen; Bastelmaterial zum Verzieren der Grundsteine; ggf. fertiger Stein als Vorbild Mappen der Kinder, Aufkleber (Cover und Namensschild) 20–35 min	**Gemeinsames Verzieren der Grundsteine** Platz lassen für Symbolkärtchen, ggf. Abbildung (S. 14) oder fertigen Stein mitbringen und zeigen. Der/die Katechet/in macht ggf. darauf aufmerksam, dass Grundsteine am Sonntag in der Kirche vor den Altar gestellt werden und dort bleiben bis zum Erstkommuniontag (ggf. können die Steine auch in einem Gruppenraum aufbewahrt werden). **Austeilen der Mappen** an die Kinder, in die dann in jeder Stunde die entsprechenden Blätter geheftet werden.	Wir wollen nun den Grundstein mit … verzieren und ihn so unverwechselbar zu unserem eigenen Grundstein machen. Im Laufe unserer Vorbereitung werdet ihr kleine Kärtchen erhalten, auf denen abgebildet ist, womit wir den Grundstein unseres Glaubens bereits gefüllt haben. Wir werden sie oben und an den Seiten aufkleben … Auf diesem Streifen steht „Anno Domini", das bedeutet: Jahr des Herrn. Wir ergänzen die Jahreszahl unseres Kurses: … • Zeigt einmal, wie ihr euren Stein verziert habt! • Was war euch wichtig? Erzählt uns davon! • Worauf freut ihr euch besonders in der Vorbereitung auf die Erstkommunion? Die Steine stellen wir am nächsten Sonntag gemeinsam in der Kirche auf. Außerdem bekommt ihr noch etwas ganz Wichtiges für unseren Kurs: Eure Mappe. Dafür gibt es einen Aufkleber, den ihr vorne anbringen könnt, auf den ihr euren Namen schreibt … Diese Mappe bringt ihr jede Woche mit, genauso wie eure Mäppchen mit Stiften, Schere und Klebstoff.
 1. Elternbrief	**Verteilen des 1. Elternbriefs**	Eure Eltern bekommen regelmäßig einen Brief, in dem steht, womit wir uns beschäftigen und was wir lernen und erleben.
Abschluss 5 min	**Abschluss:** Gemeinsames Lied	Zum Abschluss wollen wir noch einmal unser Lied singen.

Einheit 1

Wir kommen in die Kirche

1

ℹ️	**Hinführung**	Rund um die Kirche	20
📖	**Glaubenslexikon**	Von A bis Z: Die Kirche	22
✉️	**Elternbrief**	1. Brief an die Eltern der Kommunionkinder	24
✝️	**Gottesdienst**	Eingeladen zum Glauben	25

👥	**Gruppenstunde 1.1**	**Unsere Pfarrkirche**	**26**
💡	**Für helle Köpfe**	Orientierung!	31
✳️	**Freies Angebot**	Unsere Pfarrgemeinde*	

👥	**Gruppenstunde 1.2**	**Die Taufe**	**32**
💡	**Für helle Köpfe**	Patron gesucht!	36

🎵	**Lieder**	• Lasst die Kinder zu mir kommen, so spricht Gott, der Herr	
		• Fest soll mein Taufbund immer stehn	37

* siehe Hinführung S. 21

ℹ Hinführung
Rund um die Kirche

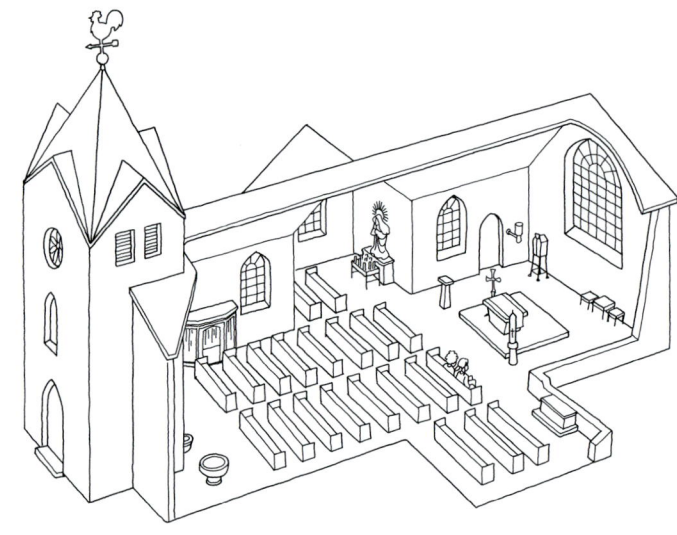

In der ersten Einheit dieses Erstkommunionkurses setzen sich die Kinder mit der Frage auseinander: „Wie kommt man in die Kirche?" Sie erfahren, dass es zwei Antworten gibt. Die eine lautet: „durch die Tür" und meint die **Kirche als Gebäude**.
Die andere lautet: „durch die Taufe" und meint die **Kirche als Gemeinschaft der Getauften**. Denn der Glaube, auf den wir getauft wurden, ist der Glaube der Kirche. Das Wort „Kirche" bezeichnet also mehreres: **Die Gemeinschaft der Getauften**, die den christlichen Glauben teilen und Jesus Christus nachfolgen – vor Ort in der Pfarrgemeinde und auf der ganzen Welt seit fast 2000 Jahren. Zum Leben in der Kirche gehören ganz wesentlich **Gottesdienste** und Gebet: die Messe am Sonntag und die anderen Sakramente, die im Laufe des Lebens empfangen werden. Die Pfarrkirche ist in der Regel der Ort, an dem diese Gottesdienste gefeiert werden. Die Kirche ist in Bistümer gegliedert, die von einem **Bischof** geleitet werden. Durch ihn ist die einzelne Pfarrgemeinde mit der Kirche auf der ganzen Welt verbunden. Diese Elemente der Kirche, also die Gemeinschaft der Getauften, der Gottesdienst, die Pfarrkirche und die Leitung durch den Bischof, gehören zusammen. An ihnen können wir ablesen, was der christliche Glaube ist. *S. 52*

🎭 Gruppenstunde 1.1: Unsere Pfarrkirche

Zunächst geht es darum, den Kindern einen Zugang zur **Pfarrkirche und Pfarrgemeinde** zu eröffnen. Denn hier üben sie den Glauben ein, hier ist die Kirche für sie erfahrbar: als Ort, an dem Christen zusammenkommen, um miteinander zu beten, zu singen, Gottesdienst zu feiern, die Sakramente zu empfangen, das Wort Gottes zu hören und die Gegenwart Gottes zu erfahren. Sie lernen, wie man sich im Kirchenraum verhält (am Eingang: Bekreuzigung mit Weihwasser; vor dem Tabernakel: Kniebeuge; angemessene Lautstärke, angemessenes Verhalten). Hier ist der Katechet/die Katechetin in besonderer Weise Vorbild: Er/Sie trägt Sorge dafür, dass die Kinder den Raum als **Gottesdienstraum** wahrnehmen. Die Kinder lernen die verschiedenen Teile des Gotteshauses kennen und benennen (Weihwasserbecken; Kirchenbänke und Priestersitz; Ambo und Kreuz; Altar, Tabernakel und ewiges Licht; Taufbrunnen und Osterkerze; Kreuzweg; Beichtzimmer/Beichtstuhl; Mariendarstellung und Opferkerzenständer). Sie erfahren, beispielsweise anhand von Heiligenfiguren, Gedenksteinen und sonstiger Bestandteile, etwas über die Tradition der Kirche vor Ort. Die Einladung, die Jesus Christus besonders an die Kinder richtet, wird im Lied **Lasst die Kinder zu mir kommen, so spricht Gott, der Herr** erfahrbar. *S. 54-63*

1

Für helle Köpfe: Orientierung!

Interessierte und selbständige Kinder können außerdem entdecken, dass die Menschen im Gottesdienst fast immer **nach Osten**, in Richtung der aufgehenden Sonne (Symbol für Jesus Christus), schauen, dass der Kirchenraum also „orientiert" ist. Wenn dies auf die Pfarrkirche zutrifft, kann das Blatt **Orientierung!** verteilt werden. *S. 54–55*

Freies Angebot: Unsere Pfarrgemeinde

Wenn die Gegebenheiten vor Ort und die konkrete Gestaltung des EK-Kurses es ermöglichen, können die verschiedenen Tätigkeiten in der Kirche thematisiert werden. Die Kinder können z.B. auf großen Plakaten ihre Pfarrkirche gestalten und die zugehörigen Menschen mit Foto darum herum gruppieren oder malen und benennen. Nach Möglichkeit treffen die jeweiligen Mitarbeiter/innen der Gemeinde sich mit den Kindern, zeigen ihnen ihren Arbeitsbereich (Orgel, Sakristei, Pfarrbüro, Bücherei, …) und erzählen, wie und wann sie mit Kindern zu tun haben (Kinderchor, Messdienergruppe, Gottesdienst, Pfadfinder, Zeltlager etc.).
Die Kinder sollten gemeinsam mit Eltern und Katechet/innen überlegen, was sie gern von den Mitarbeiter/innen der Gemeinde erfahren würden. Kommunionkinder des Vorjahres können beteiligt werden.
In diesem Rahmen bietet sich zudem ein Ausflug aller Kommunionkinder oder einzelner Familien zur Bischofskirche an (vgl. Familien-Tipp). *S. 69–71*

Gruppenstunde 1.2: Meine Taufe

Nun kommt die geistliche Dimension der Kirche in den Blick: die Kirche, also auch die Pfarrgemeinde vor Ort, als **Gemeinschaft getaufter Christen**. Die Kinder beschäftigen sich mit dem **Sakrament der Taufe**. Sie machen sich bewusst, was bei ihrer eigenen Taufe geschah: Sie wurden getauft auf den Glauben der Christen, den ihre Eltern und Paten bezeugt haben. So wurden sie in die Kirche aufgenommen. Sie lernen, was die verschiedenen Symbole der Taufe bedeuten (Taufbecken, Taufwasser, Taufkerze, Taufkleid, Chrisam). Sie erstellen eine eigene, kindgerechte „Taufurkunde". Auch musikalisch machen sich die Kinder ihr Taufbekenntnis aktiv zu eigen: **Fest soll mein Taufbund immer stehn**. Die Familien der Kommunionkinder sind eingeladen, sich gemeinsam an die Taufe ihrer Kinder zu erinnern. *S. 34; 80*

Für helle Köpfe: Mein Namenspatron

Interessierte und selbständig arbeitende Kinder erhalten Anleitung, selbst etwas über ihren **Namenspatron** und ihren **Namenstag** herauszufinden. *S. 34; 80*

Hinführung: Rund um die Kirche

Glaubenslexikon
Von A bis Z: Die Kirche

Altar: Ort der Eucharistiefeier. Hier findet die Wandlung der Gaben von Brot und Wein statt. Der Altar ist ein geweihter Tisch, in der Regel aus Stein. Im Inneren wird eine Reliquie aufbewahrt.
S. 56

Ambo: Erhöhtes Lesepult. Ort der Verkündigung im ersten Teil der Messe (Wortgottesdienst). Von hier aus werden Lesungen und Evangelium vorgetragen, die Predigt gehalten und die Fürbitten gesprochen.
S. 56

Beichtstuhl, Beichtzimmer: siehe Glaubenslexikon zur Einheit 7;
S. 61

Bischof: Die katholische Kirche setzt sich aus Bistümern zusammen. Der Bischof leitet ein Bistum. Die Gemeinschaft der Bischöfe ist die Nahtstelle zwischen Pfarrgemeinde und Weltkirche. Sie reicht bis zu den Aposteln zurück; das Bischofskollegium ist das Nachfolgekollegium der Apostel.
S. 74-75

Chrisam: Mit Balsam vermischtes Olivenöl, das im Volk Israel zur Salbung von Königen und Propheten, den Geistträgern Gottes und Hoffnungsträgern des Volkes, verwendet wurde. „Christus" bedeutet der „Gesalbte" Gottes, er ist unser Herr, Priester und König, Hoffnungsträger für alle Menschen. Durch die Taufe gehören wir zu Christus und haben Anteil an ihm.

Das Chrisamöl bringt unsere von Gott geschenkte Würde und Christusverbundenheit zum Ausdruck. Es wird bei Taufe, Firmung und Priesterweihe verwendet.
S. 80

Ewiges Licht: Kerze, die am Tabernakel Tag und Nacht als Zeichen für die Gegenwart Christi im gewandelten Brot brennt.
S. 57

Heilige: Menschen, die in ihrem Leben sehr eng mit Gott verbunden waren. Sie haben Gottes Gegenwart in der Welt Raum gegeben, haben sich Christus ganz zur Verfügung gestellt. Ihre Mitmenschen halten ihr Leben oftmals schon zu Lebzeiten für besonders gelungen; darum entsteht bald nach ihrem Tod eine breite Verehrung. Nach einem offiziellen Heiligsprechungsprozess wird der/die Betreffende in den sogenannten Kanon (Liste) der Heiligen aufgenommen und dessen/deren öffentliche Verehrung erlaubt.
S. 60; 117

Kniebeuge: Vor dem Tabernakel bzw. beim Betreten und Verlassen der Kirche in Richtung des Tabernakels als Ausdruck der Verehrung.
S. 58

Kreuz: Hängt oder steht als zentrales Symbol des Christentums in der Nähe des Altars. Es verdeutlicht das christliche Bekenntnis zu Tod und Auferstehung Jesu.
S. 56

Kreuzzeichen: Zu Beginn eines Gebetes; mit Weihwasser beim Eingang in die Kirche; wenn man einen Segen bekommt.
S. 55

Mariendarstellung/Marienaltar: Ort der Verehrung, oft mit der Gelegenheit, eine Kerze anzuzünden. Maria wird meist als Muttergottes mit dem Kind Jesus oder als Schmerzensmutter (Pietà) mit dem Leichnam Jesu auf dem Schoß dargestellt.
S. 63

Messdiener/in, Ministrant/in: Kinder und Jugendliche, die bereits zur Erstkommunion gegangen sind und durch ihren Dienst am Altar dafür sorgen, dass der Gottesdienst festlich und reibungslos abläuft. Sie sind in Jugendgruppen organisiert, die oft wöchentliche Gruppenstunden abhalten.
S. 70

Namenspatron: Der/die Heilige, dessen/deren Namen die Christen bei der Taufe bekommen. An seinem/ihrem Gedenktag (Todestag) feiert man den eigenen Namenstag.
S. 80; 117

Osterkerze: Symbol für Jesus Christus, der „A und O" (Alpha und Omega, Anfang und Ende) des christlichen Lebens ist. Sie wird in der Osternacht gesegnet, steht in der Osterzeit am Altar, danach meist am Taufbrunnen.
S. 63

Pfarrer: Priester, der die Pfarrgemeinde/den Pfarreienverbund/die Seelsorgegemeinschaft/den Seelsorgebereich leitet.
S. 94

Tabernakel: (lat.) *Zelt:* Bezug auf die Gegenwart Gottes beim wandernden Volk Israel. Ort der Anbetung, Ort der eucharistischen Gegenwart Jesu Christi. Hier werden die gewandelten Hostien aufbewahrt. Vor dem Tabernakel macht man eine Kniebeuge zum Zeichen der Anbetung und Ehrfurcht.
S. 57

Taufbrunnen, Taufbecken: Ort der Tauffeier. Das Taufwasser wird in der Osternacht geweiht.
S. 55

Taufe: siehe Glaubenslexikon zu Einheit 6

Taufkerze: Die Taufkerze wird in der Tauffeier an der Osterkerze entzündet. Diese ist das Symbol für Christus, der auferstanden ist. Sein Licht erleuchtet unseren Lebensweg. In der Taufe bekommen wir dieses Licht geschenkt. Wir glauben, dass Christus uns zur Auferstehung und zum ewigen Leben führt.
S. 80

Taufkleid: Zeichen für das neue Leben der Kinder Gottes, das in der Taufe geschenkt wird: „Denn ihr alle, die ihr auf Christus getauft seid, habt Christus als Kleid angelegt." (Galater 3,27) Daran erinnern auch das weiße Erstkommunionkleid, das Brautkleid und oft auch das Sterbekleid.
S. 80

Taufwasser: Wasser ist Zeichen des Lebens, es ist lebens-notwendig. Es steht auch für Reinigung, Abwaschen und Rettung (Durchzug durch das Rote Meer).
Bei der Taufe wird mit dem Taufwasser der Schuldcharakter der Ursünde abgewaschen, es ist Zeichen für den Sieg Christi über das Böse, dessen Macht ein für alle Mal gebrochen ist, und weist auf das neue Leben aus dem Heiligen Geist hin.
S. 80

Weihwasserbecken: An jeder Eingangstür zur Kirche. Das darin enthaltene Weihwasser wurde in der Osternacht geweiht. Beim Eintritt in die Kirche taucht man die Fingerspitzen in das Weihwasserbecken und macht mit dem Weihwasser zur Erinnerung an die eigene Taufe ein Kreuzzeichen über sich.
S. 55

Von A bis Z: Die Kirche | 23

1. Brief an die Eltern der Kommunionkinder
Wir kommen in die Kirche

Sehr geehrte, liebe Eltern!

In der ersten Einheit unseres Erstkommunionkurses erfahren die Kinder, dass es auf die Frage „Wie kommt man in die Kirche?" zwei Antworten gibt: Die eine lautet: „Durch die Tür" und meint die Kirche als Gebäude. Den Kindern wird ein erster Zugang zur Pfarrkirche eröffnet. Sie erfahren die Kirche als Ort, an dem Gott den Menschen in besonderer Weise nahe sein will, als Ort, an dem Gottesdienst gefeiert und der Glaube verkündet wird. Wenn die Kinder die verschiedenen Teile des Gotteshauses benennen können und z.B. anhand der Heiligenfiguren, Seitenaltäre und sonstiger Bestandteile etwas über die Geschichte der Kirche vor Ort lernen, wird die Pfarrkirche, in der Ihr Sohn/Ihre Tochter vielleicht schon getauft wurde, mehr und mehr zu seiner/ihrer Kirche; die Vertrautheit mit ihr kann im Laufe der Vorbereitung immer weiter wachsen.

Stellen wir uns dann noch einmal die Frage: „Wie kommen wir in die Kirche?", so lautet die zweite Antwort: „Durch die Taufe." Bei dieser Antwort ist die Kirche als Gemeinschaft derjenigen gemeint, die an Jesus Christus glauben. Die Taufe ist das erste Sakrament, das die meisten von uns noch als Säugling empfangen haben. Durch die Taufe sind wir in die Gemeinschaft aller Gläubigen aufgenommen worden und haben Anteil erhalten am neuen Leben mit Christus.

Wenn Ihr Kind noch nicht getauft ist und während der Erstkommunionvorbereitung in die Kirche aufgenommen wird, so ist dieser Kurs auch eine altersgemäße Vorbereitung auf die Taufe, die in den gemeinsamen Weg aller Kommunionkinder zum Fest der ersten heiligen Kommunion eingebunden ist.

Wir wünschen Ihnen, dass für Sie und Ihr Kind im Laufe dieser Vorbereitungszeit die Vertrautheit mit Ihrer Pfarrkirche und Ihrer Gemeinde wachsen kann.

Es grüßen Sie herzlich

Familien-TIPP

- Lernen Sie Ihre Kirche kennen – vor Ort, aber auch in einem größeren Zusammenhang. Verbinden Sie mit dem nächsten Stadtbummel die Besichtigung Ihrer Bischofskirche! Vielleicht können Sie dort auch mit mehreren Familien zusammen eine Kinder-Kirchenführung bestellen. Informationen hierzu bekommen Sie auf der Internetseite des Bistums.

- Sie können einen Sonntagnachmittag mit der ganzen Familie gestalten, an dem Sie mit Fotos und Erzählungen die Erinnerungen an die eigene Taufe und die Ihres Kindes auffrischen.

- Ein regnerischer Nachmittag ist ausgezeichnet geeignet zum gemeinsamen Spiel: Wir haben für Sie ein Memory vorbereitet. Lassen Sie sich doch von dem Katechet/der Katechetin die Datei oder gleich das ausgedruckte Memory geben. Sie können es mit Ihrem Kind erst fertig stellen und dann mit ihm spielen.

✝ Gottesdienst
Eingeladen zum Glauben

Einzug	**Lasst die Kinder zu mir kommen, so spricht Gott, der Herr** (S. 37)
Kyrie	**P:** Wir wollen uns auf diesen Gottesdienst vorbereiten und unseren Herrn Jesus Christus in unserer Mitte begrüßen. **V:** Herr Jesus Christus, du lädst uns ein, unser Leben auf dich zu gründen. Herr, erbarme dich. – **A:** Herr, … **V:** Du rufst uns zu einem Leben in deiner Nachfolge. Christus, erbarme dich. – **A:** Christus, … **V:** Dein Heiliger Geist verwandelt schon heute unser Leben. Herr, erbarme dich. – **A:** Herr, … **P:** Der Herr erbarme sich unser. Er führe zum Guten und vollende, wo wir versagen. Er sei gepriesen in Ewigkeit. Amen.
Lesung	**Römer 6,3–4.8–11:** Wir sind getauft auf Christi Tod
Evangelium	**Matthäus 28,18–20:** Missionsauftrag Jesu an die Jünger
Credo	**Fest soll mein Taufbund immer stehn** (S. 37 oder GL, Diözesananhang)
Fürbitten	**P:** Herr, unser Glaube an dich gibt uns Halt im Leben. Darauf können wir unser Lebenshaus bauen. Darum tragen wir dir unsere Bitten vor: **V:** Herr, in der Taufe wurde der Grundstein unseres Glaubens gelegt. Fülle du ihn mit Zeichen Deiner Nähe und Liebe. Wir bitten Dich: Lass unseren Glauben wachsen. – **A:** Lass unseren Glauben wachsen. **V:** Herr, in der Taufe wurde der Grundstein unseres Glaubens gelegt. Fülle du ihn mit den Worten deiner Frohen Botschaft. Wir bitten dich: – **A:** Lass … **V:** Herr, in der Taufe wurde der Grundstein unseres Glaubens gelegt. Fülle du ihn mit deinem Beistand für ein Leben und Handeln in Liebe. Wir bitten dich: **A:** Lass … **V:** Herr, in der Taufe wurde der Grundstein unseres Glaubens gelegt. Fülle du ihn mit deiner Treue zu den Menschen. Wir bitten dich: – **A:** Lass … **V:** Herr, in der Taufe wurde der Grundstein unseres Glaubens gelegt. Fülle du ihn mit dem Geschenk des ewigen Lebens in deiner Herrlichkeit. Wir bitten dich: – **A:** Lass … **P:** Wir vertrauen dir, Herr, heute in besonderer Weise unsere Kommunionkinder und all die Menschen an, die sich auf den Weg gemacht haben, dich zu finden. Um deinen Beistand auf all unseren Wegen bitten wir dich durch Christus, unseren Herrn. **A:** Amen.

Wir Menschen sind von Gott eingeladen zum Glauben, zu einem Leben in der Nachfolge Jesu Christi im Heiligen Geist, sind eingeladen in die Kirche, die Gemeinschaft der Glaubenden. Diese Gemeinschaft entsteht durch die Taufe und die weiteren Sakramente. Die Gemeinde ist stark im Heiligen Geist, durch den gemeinsamen Glauben, die Feier des Gottesdienstes, Taten der Liebe.

Symbol einer starken Gemeinschaft: Stöcke (ca. 0,5 cm dick, ca. 40 cm lang), die einzeln noch zu brechen sind, die aber, wenn sie mit Bändern zusammengebunden sind, nicht mehr durchzubrechen sind. Der Zusammenhalt der Christen kann durch farbige Bänder verdeutlicht werden: blau: Taufe, rot: Credo, gelb: Kirche.

Symbol der Vorbereitung: Glaubensgrundsteine, die hier verteilt werden können (siehe auch S. 14, Das Motto).

Gruppenstunde

1.1 Unsere Pfarrkirche

Vorbereitung:
- In der Kirche: Osterkerze; im Gruppenraum: Kerze
- Arbeitsblätter 1.1.1 und 1.1.2
- Arbeitsblatt 1.1.3: Memory für jedes Kind 1 x zusätzlich ausdrucken/kopieren
- Informationen zur Pfarrkirche, zum Kircheninnenraum und zum Pfarrpatron (siehe www.heiligenlexikon.de)

	Struktur und Inhalt	**Umsetzung**
Vor der Pfarrkirche 10–15 min	**Einführung ins Thema** durch Gespräch vor der Pfarrkirche zur Kirche als Gebäude und ergänzende Erläuterungen durch den/die Katechet/in.	**Wir lernen unsere (Pfarr-) Kirche kennen** • Schaut einmal dieses große Gebäude. Es sieht anders aus als ein normales Haus, oder? (Größe, Turm, Glocken, Kreuz, bunte Fenster, Name statt Hausnummer: Pfarrpatron). • Unsere Pfarrkirche hat einen Namen … Sie ist schon sehr alt, gebaut wurde sie … Schaut einmal hier, der Grundstein …
	Vor Eintritt in die Kirche: **Verhaltensregeln** klären: Bekreuzigung mit Weihwasser am Eingang (und Erläuterung: Erinnerung an die Taufe, Segen); Sprechen in normaler Lautstärke, ruhiges Gehen; Kniebeuge an der Bank in Richtung Tabernakel. Vorbildfunktion Katechet/in!	Die Kirche ist ein Haus, in dem Menschen still werden, beten und Gott nahe kommen wollen. Still werden geht am besten, wenn auch der Körper still ist. Deshalb läuft man in einer Kirche nicht herum. Wir schauen uns alles gemeinsam an und bleiben zusammen. Wenn wir in die Kirche hineingehen, machen wir ein Kreuzzeichen am Weihwasserbecken. Ich zeige euch, wie das geht …
In der Kirche 25–40 min	**Gemeinsames Anschauen, Benennen und Erläutern der Gegenstände der Kirche.** Katechet/in macht auf örtliche Besonderheiten aufmerksam. Im Gespräch werden folgende Elemente erschlossen: Ambo und Kreuz; Altar, Tabernakel und Ewiges Licht; Taufbrunnen und Osterkerze; Beichtzimmer/Beichtstuhl; Mariendarstellung und Opferkerzenständer; Heiligendarstellungen; örtliche Besonderheiten: z.B. Darstellung des Pfarrpatrons; Gedenktafeln; besondere Kreuze; Fotos der Täuflinge, … Gemeinsamer Gang der Gruppe durch die Kirche, ruhiges Versammeln an den thematisierten Gegenständen; ggf. Anzünden einer Kerze am Opferkerzenständer. Katechet/in gibt einen Hinweis, dass mit der Kerze ein kleines Gebet, eine Bitte oder ein Dank, verbunden werden kann.	• Wer kennt sich schon etwas aus in der Kirche und kann uns etwas zeigen? • Schaut einmal hier: … • Das hat einen ganz ungewöhnlichen Namen: … • Wofür braucht man das hier? • Der/die Heilige …, nach dem unsere Kirche und Pfarrgemeinde benannt ist, war ein guter Mensch. Er/Sie hat …

	Struktur und Inhalt	**Umsetzung**
Osterkerze 5–10 min	**Abschluss der Kirchenbesichtigung:** Vaterunser an der Osterkerze. Gemeinsames Verlassen der Kirche, am Ausgang Kreuzzeichen mit Weihwasser, Gang zum Pfarrsaal.	Zum Abschluss unserer Besichtigung versammeln wir uns an der Osterkerze und sprechen das Gebet, das alle Christen kennen: das Vaterunser. Wir machen ein Kreuzzeichen und falten die Hände. Weil Jesus Christus für uns Menschen das Licht ist, zünden wir die Osterkerze an. Wenn wir beten und an ihn denken, ist er in unserer Mitte. Vater unser im Himmel …
Gruppenraum AB 1.1.1 10 min	Gemeinsames **Ausfüllen des Arbeitsblattes 1.1.1**, auf dem die Pfarrkirche abgebildet ist: Name der Kirche, Ort und Baujahr. Ggf. kurzes **Quiz** zur Auflockerung (Vierecken-Raten o.ä.)	Auf diesem Blatt ist Platz für ein Bild unserer Kirche. Wir wollen gemeinsam eintragen, wie sie heißt und wann sie gebaut wurde. Im Jahr … Habt ihr Lust zu einem Kirchenquiz? Verteilt euch auf die Ecken des Raumes. Bei jeder richtigen Antwort dürft ihr eine Ecke weiterlaufen. Es gewinnt, wer als erster zwei Runden durch den Raum geschafft hat!
AB 1.1.2 AB 1.1.3 5 min	**Verteilen und Erläutern der Hausaufgabe:** Arbeitsblatt 1.1.2. Verteilen des Memory-Spiels (Arbeitsblatt 1.1.3, für jedes Kind 1 x zusätzlich gedruckt/kopiert)	Auf diesem Blatt ist der Innenraum einer Kirche abgebildet. Zu Hause dürft ihr diese Zeichnung ausmalen und die Gegenstände benennen, die wir vorhin in der Kirche kennen gelernt haben. Außerdem bekommt ihr ein Memory-Spiel, das ihr fertig basteln und spielen könnt.
Abschluss Kerze Seite 37 5–10 min	**Abschluss an der Kerze** • Erlernen des Liedes zur Einheit: Lasst die Kinder zu mir kommen, so spricht Gott, der Herr • Gebet • Segen	In jeder Gruppenstunde lernen wir ein neues Lied. Heute ist es das Lied: „Lasst die Kinder zu mir kommen, so spricht Gott, der Herr." Ich singe es euch vor, und wer kann, singt schon mit! Wir werden still und beten: Guter Gott, du lädst uns ein, dein Freund zu werden. Wir wollen zu dir kommen. Begleite uns und unsere Familien in der kommenden Zeit auf dem Weg zur Erstkommunion. Führe uns immer näher zu dir. Schenke uns in unserer Gemeinde ein Zuhause und Vertrauen zueinander, dass wir eine gute Gemeinschaft werden. Und so segne und behüte uns der allmächtige Gott: der Vater, der Sohn und der Heilige Geist (gemeinsames Kreuzzeichen). Amen.

AB 1.1.1

Meine Pfarrkirche

Hier kannst du ein Foto deiner Pfarrkirche einkleben oder deine Kirche malen.

Meine Pfarrkirche heißt: ....

Sie befindet sich in ....

Die Kirche wurde im Jahr .... geweiht.

Hier feiern wir Gottesdienst.

Kirchenquiz

1. Wie heißt der Stein, auf dem das Jahr der Kirchweihe eingetragen ist?
Treppenstein – Jahresstein – Grundstein

2. Wie heißt das Lesepult, an dem aus der Bibel vorgelesen wird?
Notenständer – Ambo – Pult

3. Wie heißt der Tisch, auf dem die Eucharistiefeier stattfindet?
Esstisch – Altar – Schreibtisch

4. Wie heißen die Kammern an den Wänden?
Beichtstuhl – Vorratskammer – Umkleidekabine

5. Wie nennt man den Leiter einer Gemeinde?
Pfarrer – Organist – Direktor

6. Wie nennt man die Bildergeschichte an der Wand, die von Jesu Sterben erzählt?
Wallfahrt – Kreuzweg – Prozession

7. Durch welche Feier wird man in die Kirche aufgenommen?
Geburtstag – Taufe – Hochzeit

8. Was hängt im Turm?
Wäsche – Glocken – Poster

9. Was feiern wir in der Kirche?
Stadtfest – Jubiläum – Gottesdienst

10. Wie heißt der kleine Schrank, in dem die Hostien aufbewahrt werden?
Vitrine – Tabernakel – Schatulle

Lösung: 1 Grundstein – 2 Ambo – 3 Altar – 4 Beichtstuhl – 5 Pfarrer – 6 Kreuzweg – 7 Taufe – 8 Glocken – 9 Gottesdienst – 10 Tabernakel

AB 1.1.2

Wie sieht eine Kirche von innen aus?

Wie heißen die Gegenstände? Trage die Namen ein!

Ambo – Kreuz – Altar – Tabernakel – Taufbrunnen – Osterkerze – Beichtstuhl – Mariendarstellung – Opferkerzenständer – Weihwasserbecken

AB 1.1.3

Memory

Für jedes Kind 1 x zusätzlich ausdrucken/ kopieren.

Bestimmt kennst du das Spiel Memory: Alle Karten kommen verdeckt auf den Tisch, und jeder Mitspieler darf zwei aufdecken. Alle merken sich gut, wo welche Karte liegt. Wer zwei gleiche Karten aufdeckt, darf sie behalten. Es gewinnt, wer die meisten Paare findet.

Dieses Memory ist noch nicht ganz fertig: Schneide die Kärtchen auseinander! Dann kannst du es mit deinen Geschwistern, deinen Eltern und Freunden spielen. Wer eine Karte aufdeckt, sagt den anderen, was dort abgebildet ist.

  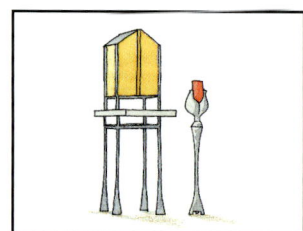 

1. Wir kommen in die Kirche: AB 1.1.3 Memory

💡 Für helle Köpfe
Orientierung!

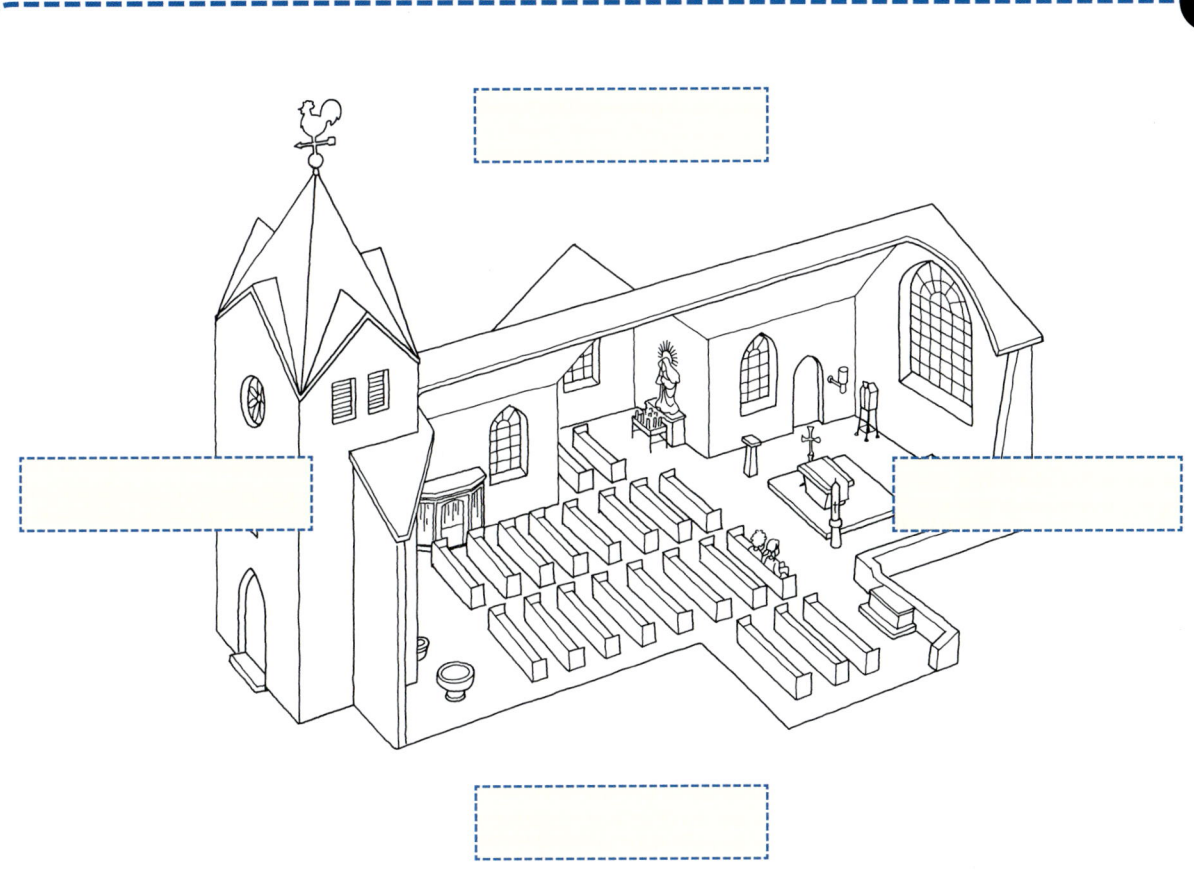

Weißt du, was ein Kompass ist? Ein Kompass dient dazu, die Himmelsrichtung zu bestimmen, also herauszufinden, wo Norden, Süden, Osten und Westen liegen.
Vielleicht besitzt ihr zu Hause einen Kompass. Lass dir von deinen Eltern oder älteren Geschwistern zeigen, wie man mit ihm umgeht.
Dann geh zur Pfarrkirche und überprüfe, in welche Richtung die Kirche gebaut wurde: In welcher Himmelsrichtung steht der Turm? In welcher Himmelsrichtung steht der Altar? Trage die Himmelsrichtungen ein!

In welche Himmelsrichtung schauen die Menschen im Gottesdienst?
Nach ....
Hast du eine Idee, warum? Die Lösung findest du im Buch auf der S. 55.
Die Gläubigen schauen im Gottesdienst nach ...., weil
....
....

Für helle Köpfe | 31

Gruppenstunde

1.2 Die Taufe

Vorbereitung:
- Osterkerze/Kerze
- Informationen und Zahlen zur Taufpraxis in der Pfarrkirche: Geschichte des Taufsteins
- In der Kirche Zeichen und Symbole einer Taufeier unter einer Decke oder auf einem Tisch im Hintergrund bereitlegen (Taufkleid, Taufkerze, Chrisam) und Taufstein öffnen
- Taufurkunde (Familienstammbuch oder Auszug aus dem Taufregister)
- Arbeitsblätter 1.2.1 und 1.2.2
- 1. Symbolkärtchen (Kirche und Taufbrunnen) und Grundsteine der Kinder
- 2. Brief an die Eltern der Kommunionkinder

	Struktur und Inhalt	Umsetzung
In der Kirche Osterkerze 10–15 min	**Eröffnung**	Begrüßung, still werden Entzünden der Oster- bzw. Gruppenkerze Kreuzzeichen, gemeinsames Vaterunser
In der Bank 5 min	**Besprechung der Hausaufgabe**, dabei Verbindung Arbeitsblatt – Kirchenraum herstellen	Zu Hause habt ihr die verschiedenen Gegenstände in der Kirche benannt. • Wer kann sie uns hier noch einmal zeigen?
10–15 min	**Einführung in das Thema der Gruppenstunde** Die Kirche ist nicht nur ein Gebäude, sondern auch eine Gemeinschaft: die der Christen. Die Taufe schenkt Verbindung mit Jesus Christus und das neue Leben in ihm; Aufnahme in die Gemeinschaft all derer, die auch Gemeinschaft mit und Anteil an Christus haben. Auch die Taufe ist eine „Tür".	In die Kirche als Gebäude kommen wir durch die Tür, in die Kirche als Gemeinschaft kommen wir durch die Taufe. Wir Christen glauben daran, dass wir durch die Taufe Kinder Gottes werden und dabei die Erlösung und das ewige Leben geschenkt bekommen.
Am Taufstein Taufwasser, Taufkleid oder weißes Messdienerrochett, das die Kinder überziehen können, Taufkerze Chrisam 10–15 min	Erzählung der **Geschichte des Taufsteins** der Kirche, während die Kinder um den Taufstein herum stehen oder sitzen. Ggf. Erläuterung der **Symbolik des Taufsteins**, dabei Eingehen auf dargestellte Szene (z.B. Taufe Jesu im Jordan), auf Symbolik (z.B. Taube – Heiliger Geist), auf Zahlensymbolik (4-, 8- oder 12-eckig, rund; siehe dazu E6, Biblische Mathematik). Die Kinder lernen die Liturgie der **Taufeier** und die verwendeten Zeichen und **Symbole** kennen; erfahren hier die Bedeutung und den ursprünglichen liturgischen Ort des Glaubensbekenntnisses. Krug mit Wasser, Taufkerze, Taufkleid, Taufformel, Chrisam: einzeln und der Reihe nach vom leichten zum schwierigeren hin präsentieren, um dabei die Konzentration und Neugier der Kinder gezielt auf die einzelnen Gegenstände zu lenken. Kinder kommentieren, was sie wissen, Katechet/in ergänzt (siehe Glaubenslexikon). Erklärung der Bedeutung der **Paten**. Gemeinsames Verlassen der Kirche (Kniebeuge, Kreuzzeichen, Weihwasser) und Gang zum Pfarrsaal/Gruppenraum.	Dieser Taufstein steht schon sehr lange hier – hören wir einmal seine Geschichte. Der Taufstein erzählt: „Ich kenne fast alle Mitglieder dieser Gemeinde, denn die meisten sind über mir getauft worden. Im letzten Jahr waren es …; insgesamt … Das ist eine beeindruckende Zahl, die verdeutlicht, wie viele Menschen in unserer Stadt zu unserer Gemeinde gehört haben, in welch langer Tradition wir stehen …" • Schaut euch den Taufstein einmal genau an … • Wer hat schon einmal eine Taufe erlebt? • Kannst du beschreiben, wie sie abgelaufen ist? Das Taufwasser bildet gemeinsam mit der Taufformel *(Ich taufe dich im Namen des Vaters und des Sohnes und des Heiligen Geistes)* das eigentliche Sakrament. Darüber hinaus gibt es noch Zeichen, die verdeutlichen, was in der Taufe geschieht. Schauen wir sie uns einmal genau an … Eure Paten haben mit euren Eltern bei eurer Taufe das Glaubensbekenntnis gesprochen. In einigen Wochen werden wir es gemeinsam lernen. Denn bei eurer Erstkommunion dürft ihr selbst euren Glauben bekennen.

	Struktur und Inhalt	**Umsetzung**
Seite 37 10 min	**Erlernen des Liedes:** Fest soll mein Taufbund immer stehn	Das Lied zu dieser Gruppenstunde heißt: „Fest soll mein Taufbund immer stehn." Es fasst zusammen, was wir heute lernen.
Gruppenraum AB 1.2.1 10–15 min	Wie kommen wir in die Kirche? **Kirche als Gebäude und Gemeinschaft.** Gespräch auf die Taufe und ihre Symbole lenken; Erinnerung an Gespräch über Symbole in der Kirche. Bearbeiten von Arbeitsblatt 1.2.1 in Einzelarbeit (Ruhephase).	Dieses Blatt erinnert uns noch einmal daran, welche Zeichen wir zur Tauffeier gerade angeschaut haben. Habt ihr behalten, welche das waren?
Taufurkunde AB 1.2.2 5–10 min	Zeigen und Erläutern einer echten **Taufurkunde** (Kopie aus dem Familienstammbuch), Funktion der kirchlichen Ämter erwähnen, die lange Zeit das taten, was heute die Standesämter tun: Sie führen Buch über Geburten, Taufen, Hochzeiten, Sterbefälle. Verteilen und Erläutern der **Hausaufgabe** (Arbeitsblatt 1.2.2): persönlich gestaltete Taufurkunde; noch nicht getaufte Kinder bereiten Taufurkunde vor. **Hinweis zur nächsten Stunde:** Jedes Kind soll eine Bibel mitbringen.	Bei jeder Taufe wird eine Urkunde ausgestellt: also ein Blatt, auf dem festgehalten wird, dass jemand getauft wurde. Es ist ein wichtiges Dokument, das man nicht verlieren darf. Schaut einmal – so sieht eine solche Urkunde aus: … Zu Hause dürft ihr eure eigene Taufurkunde ausfüllen: Tragt ein, was ihr wisst, klebt euer Foto ein und malt ein Bild von eurer Familie und, soweit ihr sie kennt, von euren Paten. Wenn ihr zu Hause eine besonders schöne oder interessante Bibel-Ausgabe habt, bringt sie bitte beim nächsten Mal mit!
Symbolkärtchen 1 Grundsteine der Kinder 2. Elternbrief	**Füllen/Bekleben des Grundsteins mit 1. Symbolkärtchen** **Verteilen des 2. Elternbriefes**	In den letzten beiden Gruppenstunden haben wir viel über die Kirche erfahren: über das Gebäude und die Gemeinschaft der getauften Christen. Wir haben schon etwas in unseren Glaubensgrundstein gefüllt. Um das deutlich zu machen, bekleben wir unseren Grundstein mit dem ersten Kärtchen. Eure Eltern bekommen noch einen Brief, damit sie wissen, wie der Kurs weitergeht.
Abschluss Kerze 5 min	**Abschluss an der Kerze** • Gemeinsames Lied • Gebet • Segen	Still werden. Lied: „Fest soll mein Taufbund immer stehn". Wir beten: Guter Gott, du bist uns nah. Du hast uns in der Taufe in die Gemeinschaft der Christen aufgenommen. Hilf uns, dass wir unser Taufbekenntnis immer besser verstehen. Bleibe bei uns – ein Leben lang. Und so segne und behüte uns der allmächtige Gott: der Vater, der Sohn und der Heilige Geist (gemeinsames Kreuzzeichen). Amen.

Gruppenstunde: 1.2 Die Taufe

AB 1.2.1

Die Taufe

Die **Taufe** ist eins der sieben Sakramente der katholischen Kirche. Ein **Sakrament** ist ein Zeichen, in dem Gott in eine besondere Beziehung zu uns Menschen tritt und seine Nähe besonders spürbar wird.
Durch die Taufe werden wir in die Gemeinschaft der Christen, also in die Kirche aufgenommen. Wir sind Kinder Gottes und erhalten das neue Leben aus dem Heiligen Geist: Erlösung und das ewige Leben.
Während der Priester Wasser über den Kopf des Taufkindes gießt, sagt er: „Ich taufe dich auf den Namen des Vaters, des Sohnes und des Heiligen Geistes."

**Auf den Bildern siehst du die Symbole der Taufe.
Wie heißen sie?
Schreibe den Namen des Symbols auf die Linie.**

In den Kästchen stehen die Erklärungen für die Symbole.

Welche Erklärung gehört zu welchem Bild?

**Verbinde das Bild mit seiner Erklärung!
Nun siehst du auch, welcher Buchstabe zu welcher Zahl gehört.**

Trage den Buchstaben unten in die Kästchen ein.

Wie lautet das Lösungswort?

1 ☐

2 ☐

3 ☐

4 ☐

5 ☐

1. ....

2. ....

3. ....

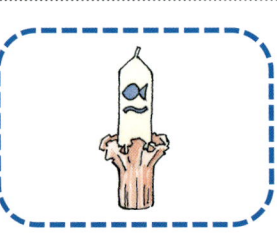

4. ....

5. ....

Es ist Zeichen für das neue Leben mit Jesus Christus, das wir in der Taufe geschenkt bekommen.
Der Apostel Paulus schreibt: Wir haben Jesus Christus „angezogen". — **U**

Es ist Zeichen für Leben, Reinigung und Rettung. Es wird den Täuflingen über den Kopf gegossen, während der Priester die Taufformel spricht. — **T**

Ein kostbares Öl, mit dem schon im alten Israel Priester, Könige und Propheten gesalbt wurden. Jesus Christus ist der Gesalbte Gottes. Die Christen tragen seinen Namen und werden wie er gesalbt: bei der Taufe, der Firmung und der Priesterweihe. — **E**

Er enthält geweihtes Wasser, das Taufwasser. Über ihm werden Kinder oder Erwachsene getauft. Am Anfang der Kirche war es so groß, dass ein Erwachsener darin komplett untertauchen konnte. Heute sieht er aus wie eine große Schale aus Stein. — **A**

Sie wird an der Osterkerze entzündet. Die Osterkerze ist das Zeichen für Christus, der auferstanden ist. Christus lebt und sein Licht erleuchtet unseren Lebensweg. In der Taufe bekommen wir dieses Licht geschenkt. — **F**

Meine Taufurkunde

AB 1.2.2

Hier kannst Du ein Bild von deiner Taufe einkleben oder malen.

Wer an Gott, den Vater im Himmel, an Jesus Christus und an den Heiligen Geist glaubt, kann getauft werden. Wenn kleine Kinder getauft werden, bekennen Eltern und Paten ihren eigenen Glauben. Sie versprechen, das Taufkind im Glauben zu erziehen und zu helfen, dass der Glaube in ihm wachsen kann.
Bei der ersten Heiligen Kommunion wirst du nach deinem Glauben gefragt. Du bekennst ihn zum ersten Mal selbst und sprichst das Glaubensbekenntnis.

Male ein Bild von deiner Familie und – wenn du sie kennst – von deinem Taufpaten oder deiner Taufpatin!

💡 Für helle Köpfe
Patron gesucht!

Nicht nur eine Kirche, sondern jeder Christ hat einen Patron, auf den der eigene Name zurückgeht. Ein Namenspatron ist ein Heiliger, der genauso heißt wie du.

Wer ist dein Namenspatron? Wann hast du Namenstag? Versuche, etwas über deinen Namenspatron herauszufinden!

Ich heiße: ....

Mein Namenspatron ist der/die Heilige ....

Er/sie wurde im Jahr .... geboren und ist im Jahr .... gestorben.

Er/sie lebte in ....

Besonders an ihm/ihr war, dass ....

....

Er/sie wird oft mit einem bestimmten Zeichen dargestellt: mit

....

Mein Namenstag ist am ....

Male ein Bild von deinem Namenspatron!

 Lieder

Lasst die Kinder zu mir kommen, so spricht Gott, der Herr

Text und Melodie: Michael Hoppe

Fest soll mein Taufbund immer stehn (GL 868)

Melodie: Nach J. Bierbaum, Text: Peter H. Emontzpohl (nach Verspoell)

Einheit 2

Wir entdecken die Bibel

ℹ️	**Hinführung**	**Rund um die Bibel**	40
📱	**Glaubenslexikon**	**Von A bis Z: Die Bibel**	42
✉️	**Elternbrief**	**2. Brief an die Eltern der Kommunionkinder**	44
✝️	**Gottesdienst**	**Gottes Wort für uns Menschen**	45
👥	**Gruppenstunde 2.1**	**Von Anfang an – Gottes Wort**	46
💡	**Für helle Köpfe**	Schlag nach in der Bibel!	53
✴️	**Freies Angebot**	Gott erschafft die Welt*	
🎵	**Lieder**	• Ich lobe meinen Gott von ganzem Herzen • Du hast uns, Herr, gerufen, und darum sind wir hier (GL 505)	55
👥	**Gruppenstunde 2.2**	**Jesus Christus zeigt uns den Vater**	56
💡	**Für helle Köpfe**	Wie spielten die Kinder zur Zeit Jesu?	59

*siehe Hinführung S. 41

ⓘ Hinführung
Rund um die Bibel

Die **Bibel** zeigt uns, wer und vor allem wie Gott ist. Wir Christen glauben, dass die Bibel **Gottes Wort** ist – in menschlichen Worten, aufgeschrieben und festgehalten von Menschen. Sie waren vom Heiligen Geist getragen und bezeugten, was sie erfuhren. Schon vor 3000 Jahren haben die Juden begonnen, ihre **Erfahrungen der Freundschaft mit Gott** aufzuschreiben, um auch für die Nachfahren Zeugnis von Gott zu geben. Zu ihren Schriften (dem Alten Testament) kamen nach und nach die Schriften des Neuen Testaments. Spätestens um 400 n. Chr. war endgültig entschieden, welche Erzählungen und Gebete zur christlichen Bibel gehören sollten. Ein wichtiges Kriterium dafür war ihre Verwendung im Gottesdienst. Hier wurde deutlich, dass in ihnen wirklich angemessen und überzeugend von Gott Zeugnis gegeben wurde. Die so entstandene Bibel bildet die Richtschnur (Kanon), an der sich die Kirche und der christliche Glauben orientieren. *S. 10, 11, 14*

Das **Alte Testament** (AT) wurde vor allem auf Hebräisch geschrieben. Im 3. Jahrhundert v. Chr. begann man seine Übersetzung ins Griechische. Griechisch ist auch die Sprache des **Neuen Testaments** (NT). Die Bibel insgesamt wurde im 4. Jahrhundert n. Chr. ins Lateinische übersetzt. Da früher die meisten Menschen nicht lesen konnten und auch später kein Latein mehr verstanden, wurden in Kirchen die wichtigsten Erzählungen der Bibel an die Wände gemalt oder in den Fenstern dargestellt. Martin Luther übersetzte im 16. Jahrhundert die Bibel ins Deutsche. Durch den Buchdruck wurde es möglich, dass viele Menschen ein eigenes Exemplar der Heiligen Schrift besitzen. Heute gibt es zahlreiche Ausgaben der Bibel, die unterschiedlich gestaltet sind, aber im Wesentlichen den gleichen Text enthalten. *S. 14, 16, 18*

Das Lied **Ich lobe meinen Gott von ganzem Herzen** ist eine kindgerechte Vertonung von Psalm 9. Als Antwortgesang mit Halleluja ist es im Gottesdienst auf die biblischen Lesungen bezogen. Das Lied **Du hast uns, Herr, gerufen, und darum sind wir hier** greift auf, was die Kinder in dieser Einheit erarbeiten: Jesus selbst ruft uns an den Tisch des Wortes und an den Tisch des Brotes. Auf sein Wort hin versammeln wir uns zum Gottesdienst.

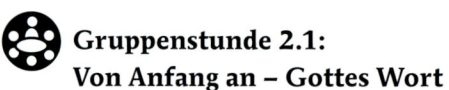 **Gruppenstunde 2.1:
Von Anfang an – Gottes Wort**

Zunächst geht es darum, den Kindern einige wichtige Stationen der **Heilsgeschichte**, also des Weges, den Gott mit seinem Volk durch die Geschichte gegangen ist, nahezubringen. Dies geschieht mit Hilfe eines **Leporellos** (Faltblatt), das in der Stunde gefaltet und beklebt wird. Es umfasst 14 Spalten, von denen sich 9 auf die Geschichte Gottes mit Abraham, Isaak und Jakob, mit ihren Familien und Nachkommen, dem Volk Israel beziehen (AT). Die 9. Spalte (Hoffnung auf den Messias) stellt den Übergang zum NT dar. Es folgen 5 Spalten zur Geschichte Jesu. Eine Spalte ist frei gelassen und wird von den Kindern nach der 2. Stunde dieser Einheit mit dem Bild einer Jesusgeschichte persönlich gestaltet. Natürlich können die Kinder in einer Stunde keinen Überblick über den ganzen Inhalt der Bibel bekommen. Aber sie erfahren anhand einiger Beispiele, dass Gott gut ist, dass er treu ist, dass er die Menschen auf all ihren unterschiedlichen Wegen begleitet. *S. 12-13*

 Freies Angebot: Gott erschafft die Welt

Wenn die zeitlichen Gegebenheiten es ermöglichen, können die Kinder in Gestalt einer Meditation die **Schöpfungsgeschichte** erleben, in der zu Bildern der Schöpfungstage (Bilder und Text ⊙) Genesis 1 aus der Kinderbibel erzählt wird. Diese erste Erzählung der Bibel ist **kein naturwissenschaftlicher Bericht über die Entstehung der Welt**. Während die Evolutionstheorie das Werden der Welt in seinen Abläufen und Elementen erklärt, antwortet die Schöpfungserzählung der Bibel auf die Frage, warum das alles entstanden ist. Die Antwort lautet: Weil Gott es wollte. Für jedes Geschöpf gilt **Gottes Zusage:** „Es ist gut, dass es dich gibt. Ich möchte, dass es dir gut geht. Ich vertraue dir meine Schöpfung an." Sicher lässt sich mit den Kindern überlegen, was wir zur **Bewahrung der Schöpfung** tun können. Das zugehörige Arbeitsblatt enthält die Bilder der Meditation zum Selbst- bzw. Ausmalen. *S. 17*

 Für helle Köpfe: Schlag nach in der Bibel!

Interessierte Kinder lernen, wie die Bibel zu „benutzen" ist. Eine **Stellenangabe in der Bibel** setzt sich aus der Abkürzung des biblischen Buches, der Kapitelnummer und der Verszahl zusammen. Mk 10,14–15 steht für: Markusevangelium, Kapitel 10, Verse 14 bis 15. Wer das etwas beherrscht, kann sicher auch zu Hause leckere Bibelwaffeln backen (vgl. Familien-Tipp). *S. 15*

 Gruppenstunde 2.2: Jesus Christus zeigt uns den Vater

In Jesus Christus hat sich Gott ein Gesicht und eine Stimme gegeben: Jesus ist die **Offenbarung Gottes**, des Vaters. Wenn Jesus von sich als dem **guten Hirten** spricht, zeigt er, wie Gott für uns Menschen ist: treu sorgend für jeden einzelnen und mit unendlicher Liebe. Er will Rettung und ewiges Leben für jeden einzelnen. Auf dieses Bild vom Hirten konnte Jesus zurückgreifen, weil es der Erfahrungswelt seiner Zuhörer entsprach und aus der Heiligen Schrift der Juden bekannt war (z.B. Psalm 23). Jesu Rede von sich als gutem Hirten bringt zentrale Aspekte seiner **Verkündigung** zum Ausdruck, die je nach Zeit und Interesse der Gruppe aufgezeigt werden können. *S. 18, 25, 38*

 **Für helle Köpfe: Wie spielten die Kinder zur Zeit Jesu?**

Zum Abschluss dieser Einheit über die Bibel können die Kinder sich in die Zeit Jesu versetzen und erfahren, wie und was die **Kinder zur Zeit Jesu** gespielt haben. *S. 38*

Hinführung: Rund um die Bibel

Glaubenslexikon
Von A bis Z: Die Bibel

Altes Testament (AT): Erster Teil der Bibel der Christen und Hl. Schrift der Juden; Sammlung von Erzählungen, Gebeten und Liedern, die die Geschichte Gottes mit dem Volk Israel bezeugen. Das AT besteht aus 46 einzelnen Büchern (fünf Bücher Mose: Pentateuch; Bücher der Geschichte des Volkes Gottes; Bücher der Lebensweisheit und der Psalmen; Bücher der Propheten).
Es ist zum größten Teil auf hebräisch verfasst; um 250 v. Chr. entsteht eine griechische Übersetzung (Septuaginta).
S. 11-13, 16, 20

Apostel: (lat.) *Gesandte:* Freunde (Jünger) von Jesus, denen er als Auferstandener begegnete und die er beauftragt hat, zu taufen und die Frohe Botschaft zu verkünden. Den Evangelien zufolge haben die meisten Apostel Jesus schon zu Lebzeiten gekannt, begleitet und sind ihm als Auferstandenem begegnet. Paulus, der „Völkerapostel", erst nach dem Pfingstereignis von Christus zum Apostel berufen, brachte nichtjüdischen Völkern den Glauben an Jesus Christus. Die Anzahl der Apostel (12) verweist auf die 12 Stämme Israels.
S. 28

Bibel: (griech.) *Bücher:* Hl. Schrift der Juden (AT) und Christen (AT und NT), die Zeugnis davon gibt, wer und wie Gott ist. Die Bibel ist Gottes Wort in menschlichen Worten, aufgeschrieben und festgehalten von Menschen, die, vom Heiligen Geist getragen, bezeugten, was sie erfuhren. Erst nach und nach wurde dieses Zeugnis verschriftlicht. Zugleich war es von Beginn an Teil des Gottesdienstes. Lange Zeit wurde im christlichen Bereich fast ausschließlich die lateinische Übersetzung der Bibel (Vulgata) benutzt; heute existieren weltweit Übersetzungen in über 2000 Sprachen.
S. 10, 11, 14

Briefe: Im NT gibt es 21 Bücher, die Briefe heißen. Sie wurden von Aposteln und Gemeindeleitern an die ersten christlichen Gemeinden geschrieben. Für 14 dieser Briefe gibt die Bibel den Apostel Paulus als Autor an, davon sind allerdings einige von seinen Schülern verfasst.
S. 21, 22

Buch, Kapitel, Vers: Bibelstellen werden nicht mit einer Seitenzahl angegeben, sondern mit präzisen Angaben, die das Wiederfinden in jeder Ausgabe der Bibel ermöglichen: 1. Kürzel für das jeweilige Buch, 2. Angabe des Kapitels, 3. Angabe des Verses (z.B. Gen 1,26). Eine Auflistung der Abkürzungen der biblischen Bücher steht am Anfang oder am Ende jeder Bibelausgabe.
S. 14

Erzählformen: Im NT finden sich verschiedene Erzählformen, die Jesus in seiner Predigt und Verkündigung gewählt hat, um den Menschen die Botschaft vom Reich Gottes nahezubringen: Wundererzählungen (v.a. Heilungsgeschichten), Gleichnisse (z.B. das verlorene Schaf: Lukas 15,4-7, die Perle im Acker: Matthäus 13,45f) und Beispielerzählungen (z.B. der barmherzige Samariter: Lukas 10,25-37).
S. 25

Evangelium: (griech.) *Gute Nachricht:* Bezeichnung der Frohen Botschaft vom Reich Gottes, von der Rettung der Welt durch Jesus Christus; später auch Begriff zur Bezeichnung der neuen, zwischen 70 und 100 n. Chr. entstandenen literarischen Gattung, die die Frohe Botschaft von Leben, Sterben und Auferstehen Jesu Christi erzählt. Die vier Evangelisten sind (in der Reihenfolge des Alters ihres Evangeliums) Markus (Mk), Matthäus (Mt), Lukas (Lk) und Johannes (Joh) – im NT findet sich allerdings Matthäus an erster Stelle.
S. 22

Messias: (hebr.) *Gesalbter:* Begriff aus der hebräischen Bibel, bedeutet dasselbe wie die griechische Bezeichnung Christus: der Gesalbte Gottes. Die Vorstellungen, wer und wie der verheißene und erwartete Messias sein solle, gingen im Judentum stark auseinander.
S. 56 unten

Neues Testament (NT): Zweiter Teil der christlichen Bibel, Zeugnis des Glaubens an Jesus Christus, den Mensch gewordenen Sohn Gottes, der durch sein Leben, Sterben und Auferstehen die Menschen erlöst hat, und an seine Botschaft vom Gottesreich. Verfasst auf Griechisch, z.T. auch Aramäisch. Das NT besteht aus 27 einzelnen Büchern (vier Evangelien, Apostelgeschichte, 21 Briefe und die Offenbarung des

Johannes). Die ältesten Schriften sind die Briefe des Apostels Paulus (50–60 n. Chr.), das jüngste Buch ist der 2. Petrusbrief (ca. 130 n. Chr.).
S. 21, 22

Offenbarung: Gott bleibt nicht inkognito, sondern er zeigt den Menschen, wer er ist und wie gut er ist. Er offenbart sich in der Schöpfung, in der Geschichte mit dem Volk Israel und endgültig in seinem Sohn Jesus Christus. Er zeigt uns Gott, den Vater. Die Bibel gibt Zeugnis von der Offenbarung. Mit „Offenbarung" wird auch das letzte Buch der Bibel bezeichnet: Offenbarung des Johannes (Offb); bei den evangelischen Christen trägt es die Bezeichnung „Apokalypse" (Apk).
S. 19

Prophet(inn)en: Geistbegabte Menschen, von Gott gesandt, um dem Volk Israel in schweren Zeiten Hoffnung zu geben, es an Gottes Verheißungen zu erinnern, aber auch, um ihm ins Gewissen zu reden, es zu mahnen und wieder auf den rechten Weg zu bringen.
S. 19

Vor Christus / nach Christus: Die Geburt Jesu Christi war ein weltbewegendes Ereignis. Die in unserer heutigen Zeitrechnung selbstverständliche Unterscheidung „vor" und „nach Christus" (genauer „vor" und „nach Christi Geburt") wurde im Jahr 525 eingeführt. Es dauerte allerdings bis ins 10./11. Jahrhundert, bis sich diese Zeitrechnung weitgehend durchgesetzt hatte. Im nichtchristlichen Bereich findet sich auch die Bezeichnung „vor unserer Zeitrechnung" (v.u.Z.) und „unserer Zeitrechnung" (u.Z.). Christliche Grundsteine und Urkunden tragen häufig das Kürzel a.D., „Anno Domini" (Jahr des Herrn).
S. 99

2. Brief an die Eltern der Kommunionkinder
Wir entdecken die Bibel

Sehr geehrte, liebe Eltern!

Vielleicht hat Ihr Kind schon einmal neugierig oder skeptisch gefragt, woher wir denn all das über Gott wissen, was wir glauben. Um diese Frage beantworten zu können, steht nun die Bibel im Mittelpunkt. Die Kinder erfahren, dass die Heilige Schrift der Christen nicht einfach erfunden oder von Schriftstellern schön ausgedacht wurde, sondern Gottes Wort ist, das gläubige Menschen im Laufe einer langen Geschichte von Gott empfangen und dann niedergeschrieben haben. Sie hören, dass die Bibel in sich eine kleine Bibliothek ist, nämlich eine Sammlung von über 70 verschiedenen Büchern. Nicht umsonst nennt man die Bibel auch „das Buch der Bücher"! Das Alte Testament erzählt von der Freundschaft Gottes mit den Menschen, besonders dem Volk Israel: von seinen Erfahrungen mit Gott, der es immer wieder in der Not erhört und gerettet hat. Gott hat ein Interesse am Wohl der Menschen, besonders der armen und schwachen. Mit der Geburt Jesu beginnt das Neue Testament, das über den neuen Bund berichtet, den Gott in Jesus Christus endgültig mit allen Menschen geschlossen hat. Wir erfahren auch etwas über die Anfänge der Kirche. Die eine oder andere biblische Geschichte kennt Ihr Kind vielleicht schon. Die Bibel, der entscheidende Grundstein unseres Glaubens, wird uns im Laufe des Kommunionunterrichts ein wichtiger Begleiter werden. In den nun folgenden Gruppenstunden wollen wir mit den Kindern zunächst den Weg nachgehen, den Gott mit den Menschen durch die Geschichte genommen hat – von der Schöpfungsgeschichte bis hin zum Pfingstereignis. Wir werden Geschichten hören, in denen Menschen Jesus begegnen und erfahren haben, wie gut Gott ist. Wir wünschen Ihnen, dass es auch Ihnen gelingt, die Güte und Liebe Gottes, von der uns die Bibel erzählt, zu erfahren.

Mit herzlichen Grüßen

Familien-TIPP

■ Wenn die Kinder sich (mit Ihrer Hilfe) schon ein wenig in der Bibel zurecht finden, können Sie gemeinsam diese Waffeln nach biblischem Rezept backen: Welche Zutaten benötigt werden, findet sich jeweils an der angegebenen Stelle in der Bibel.

Zutaten:
- 250 g — Exodus 3,8 oder Matthäus 2,18
- 3 — Jeremia 17,11
- 150 g — Richter 14,18
- 1 Messerspitze — Jeremia 6,20 (oder statt dessen 1 Tütchen Vanillezucker)
- 500 g — 1 Könige 5,2
- ¼ l — Genesis 8,8b
- ¼ l — 1 Korinther 3,2
- 1 Prise — Levitikus 2,13
- 1 TL — Backpulver (unbiblische Zutat)

Zubereitung:
Exodus 3,8 oder Matthäus 2,18 mit Jeremia 17,11 und Richter 14,8a (flüssig) schaumig rühren. Jeremia 6,20 und Levitikus 2,13 zufügen. Abwechselnd 1 Könige 5,2 mit Backpulver, Genesis 8,8b und 1 Korinther 3,2 unterrühren.
Jetzt Exodus 16,23 ins Waffeleisen. Dieses vorher mit Exodus 30,31 behandeln. Mit Puderzucker und Exodus 30,23 (der dritten Zutat) bestreuen. Danach sofort verfahren wie Exodus 12,11b.
Passendes Getränk: Hiob 8,16.

■ Stöbern Sie gemeinsam mit den Kindern, vielleicht auch mit den Großeltern: Besitzen Sie eine alte Familienbibel? Eine besonders schön gestaltete Ausgabe? Eine ganz abgegriffene und viel benutzte? Vielleicht noch Ihre Schulbibel von früher?

Butter/Margarine – Eier – Honig – Zimt – Mehl – Wasser – Milch – Salz – Backt, was ihr backen wollt – Öl – Zimt – essen – Saft

✝ Gottesdienst
Gottes Wort für uns Menschen

Die in der zweiten Gruppenstunde dieser Einheit entstandenen Plakate des guten Hirten und der Schafe können ggf. im Rahmen einer Vorstellung der Kommunionkinder im Gottesdienst einbezogen und anschließend in der Kirche aufgestellt werden.

Einzug	**Du hast uns, Herr, gerufen, und darum sind wir hier** (S. 55)
Kyrie	**P:** Jesus Christus schenkt uns seine Frohe Botschaft. Er ruft uns an seinen Tisch. Darauf wollen wir uns vorbereiten und ihn in unserer Mitte begrüßen: **V:** Herr Jesus Christus, du bist uns nah in deinem Wort. Herr, erbarme dich. – **A:** Herr, erbarme dich. **V:** Du bist das Wort des Vaters. Christus, erbarme dich. – **A:** Christus, erbarme dich. **V:** Dein Wort begleitet unseren Lebensweg. Herr, erbarme dich. – **A:** Herr, erbarme dich. **P:** Der Herr erbarme sich unser. Er schenke uns die Vergebung unserer Sünden und führe uns zum ewigen Leben. – **A:** Amen.
Lesungen	**Genesis 1,1 – 2,4a:** Schöpfung durch das Wort **Kolosser 1,12–20:** Christus, das Bild der Schöpfung
Antwortgesang mit Halleluja	**Ich lobe meinen Gott von ganzem Herzen, Halleluja!** (S. 55)
Evangelien	**Johannes 1,1–18:** Im Anfang war das Wort. Alles ist durch das Wort geworden.
Fürbitten	**P:** Vater im Himmel, dein Wort begleitet uns auf unserem Lebensweg. Im Vertrauen darauf wenden wir uns mit unseren Bitten an dich: **V:** Lass deine Kirche immer wieder neu auf dein Wort hören. – **A:** Wir bitten dich, erhöre uns. **V:** Gib allen Menschen auf der Welt die Möglichkeit, deine frohe Botschaft zu hören. – **A:** Wir ... **V:** Schenke den Gemeinden hier und überall immer wieder Menschen, die dein Wort verkünden. – **A:** Wir ... **V:** Sprich du dein tröstendes Wort zu den Menschen, die in Angst, Not und Verzweiflung leben. – **A:** Wir ... **V:** Lass die Menschen, die in ihrem Leben auf dein Wort vertraut haben, in ewiger Gemeinschaft mit dir leben. – **A:** Wir ... **P:** Um all das bitten wir dich, allmächtiger Vater, durch Christus, unseren Herrn. – **A:** Amen.

Ausgehend von einem Schmuckevangeliar (oder einer besonders schön verzierten Bibel), von der Bedeutung des äußeren Schmuckes zur Kostbarkeit des Inneren kommend, kann verdeutlicht werden, welche Bedeutung das Evangelium, die Frohe Botschaft, für die Menschen und ihr Leben hat. Wenn aus der Heiligen Schrift vorgelesen wird, ist dies nicht nur eine Erzählung aus einer fernen und fremden Vergangenheit, sondern Verheißung und Verkündigung an uns heute. Die Frohe Botschaft stiftet die Identität der Kirche. Gottes Wort ist mächtig: Aus ihm entsteht die Welt, es stiftet ihre Ordnung; es wird Mensch in Jesus Christus.

 Gruppenstunde

2.1 Von Anfang an – Gottes Wort

Vorbereitung:
- Kerze
- Leporello (aus der Kindermappe)
- Arbeitsblätter 2.1.1 und 2.1.2
- verschiedene Bibelausgaben, z.B. Hosentaschenbibel, Schmuckbibel, Schriftrolle, hebräische Bibel

	Struktur und Inhalt	Umsetzung
Gruppenraum Kerze 5 min	**Eröffnung**	Begrüßung, still werden Entzünden der Christus- bzw. Gruppenkerze Kreuzzeichen, gemeinsames Vaterunser
 Seite 55 5–10 min	**Erlernen des Liedes:** Ich lobe meinen Gott von ganzem Herzen	Heute lernen wir ein neues Lied: Es greift einen wichtigen Text aus der Bibel auf, einen Psalmtext. Es ist also ein Gebetslied. Im Gottesdienst werden wir es nach der Lesung singen und so auf Gottes Wort antworten.
ggf. verschiedene Bibelausgaben 10–20 min	**Einführung in das Thema der Gruppenstunde** Der Katechet / die Katechetin kommt mit den Kindern über die Bibel ins Gespräch; er/sie greift dabei auf, was die Kinder bereits über die Bibel wissen, und ergänzt durch entsprechende Erläuterungen. • Bibel als Urkunde des Glaubens und gemeinsames Gut aller Christen • Verschiedene **Bibelausgaben** • Altes und Neues Testament • Bibel als **Sammlung von Büchern** und Schriften, im Lauf von über 1.000 Jahren entstanden • Bedeutung des Gottesdienstes in der Bibel: zahlreiche Gebete, Hymnen, Bekenntnisse; Verwendung im Gottesdienst wichtiges Kriterium für die Festlegung endgültige Zusammenstellung der biblischen Bücher (spätestens 400 n. Chr.) • Bibel als **Heilige Schrift**: Zeugnis der Glaubenden über Gott, Gotteswort in Menschenmund • **Offenbarung**: Gott gibt sich zu erkennen – in der Geschichte mit seinem Volk, in Jesus Christus. Offenbarung ist ein Geschehen, kein Buchstabe. Die Bibel gibt Zeugnis von Gottes Offenbarung. • Ggf. ergänzend: Hinweis auf Zeitrechnung vor und nach Christus, Geburt Jesu Christi als „weltbewegendes Ereignis"	**Wir entdecken die Bibel als Zeugnis vom Bund Gottes mit den Menschen.** • Woher wissen wir eigentlich all das über Gott und über Jesus Christus? Woher kommt unser Glaube? • Gibt es ein Buch, in dem man nachlesen kann, was die Christen glauben? Die Bibel gibt Zeugnis darüber, wer Gott ist und vor allem wie er ist. Wir stehen in einer großen Gemeinschaft, in der Erfahrungen mit Gott weitergegeben wurden. Die Bibel sammelt die Erfahrungen und Überzeugungen, die für alle Christen zentral sind. • Wer hat denn seine Bibel mitgebracht und zeigt sie uns? • Schaut einmal, wie unterschiedlich verschiedene Bibeln aussehen (zeigen): trotzdem steht in allen Ausgaben dasselbe. • Die Bibel nennt man auch „Buch der Bücher": Was meint ihr, warum? Die Bibel besteht aus zwei Teilen. Man nennt sie: Testamente, das bedeutet: Bund, Zeugnis. Sie heißen: Altes Testament und Neues Testament … Die Bibel schildert uns die Erfahrungen, die Menschen mit Gott gemacht haben, Erfahrungen der Freundschaft Gottes, die die Menschen vor vielen Jahrhunderten angefangen haben aufzuschreiben, um sie auch an die Nachkommen weiterzugeben. Gott ist zwar unsichtbar, aber er gibt sich zu erkennen: Er zeigt uns in seinem Sohn Jesus Christus, wer er ist und wie gut er ist. Das nennt man Offenbarung.

2. Wir entdecken die Bibel

	Struktur und Inhalt	**Umsetzung**
Leporello, AB 2.1.1 (Ausschneidebogen) Schere, Klebstoff  35–50 min	**Gemeinsames Erstellen und Besprechen des Bibel-Leporellos: Gespräch, Erzählung, Ausschneiden und Kleben** Der Katechet / die Katechetin sorgt dafür, dass jedes Kind die Vorlage für den Leporello sowie den dazugehörigen Bogen mit den Ausschneidebildchen vor sich liegen hat. • **Erzählung**, orientiert an Text (und ggf. Bibelstellen) des Leporellos, zu den einzelnen Stationen. • Zentrale Botschaft dieser Erzählungen: **Gott ist treu** trotz aller Untreue der Menschen. Er begleitet die Menschen durch alle Gefahren und Nöte der Geschichte. Er will in allem das Heil der Menschen. • Aufgreifen von **Fragen**, Anmerkungen und bereits vorhandenen Kenntnissen der Kinder. • Hinweis auf die freie Spalte der zweiten Seite des Leporellos.	**Gottes Weg mit den Menschen** Kennt ihr ein Leporello? Es ist ein Faltbuch. Wie eine Ziehharmonika falten wir es aus diesem Bogen. Wir wollen uns nun gemeinsam mit dem Volk Gottes auf den Weg machen und die verschiedenen Stationen des Bundes, den Gott mit den Menschen geschlossen hat, so wie sie in der Bibel beschrieben werden, nachgehen. Ich erzähle euch jeweils etwas zu den einzelnen Stationen und ihr sucht das Bildchen heraus, das eurer Meinung nach dazu passt. Wir schauen dann, ob alle das passende ausgewählt haben, und kleben es anschließend auf. Ihr wundert euch vielleicht über die leer gebliebene Spalte auf der zweiten Seite des Leporellos. Das ist kein Versehen, sondern diese Spalte füllen wir später noch aus. Lasst sie im Moment einfach frei.
 AB 2.1.2	**Erläutern der Hausaufgabe**	Versucht bitte, zu Hause dieses Kreuzworträtsel zu lösen!
Abschluss Kerze 5 min	**Abschluss an der Kerze:** • Gemeinsames Lied • Gebet • Segen	Still werden. Lied: Ich lobe meinen Gott von ganzem Herzen. Wir beten: Guter Gott, du gehst mit uns auf unserem Weg. In der Bibel erfahren wir, wie gut du bist und wie sehr du uns Menschen liebst. Dafür danken wir dir und bitten dich: Bleibe uns nah in deinem Wort. Und so segne und behüte uns der allmächtige Gott: der Vater, der Sohn und der Heilige Geist (gemeinsames Kreuzzeichen). Amen.

Leporello-Anleitung

Gottes Geschichte mit den Menschen

Die Kinder schneiden in der Stunde die Bilder (siehe S. 51) aus, ordnen sie den entsprechenden Bibelstellen zu und kleben sie auf das Leporello. Dann wird das Blatt ziehharmonikaartig an den Spaltenlinien zu einem Leporello gefaltet.

Schöpfung	Die Stammväter und die 12 Stämme Israel	Exodus	Das verheißene Land	König David	Der Tempel in Jerusalem	Der Prophet Jesaja
Am Anfang aller Zeiten erschafft Gott die Welt. Er hat sie sehr schön gemacht.	Die Stammväter des Volkes Israel sind Abraham, Isaak und Jakob. Jakob hat 12 Söhne. Ihre Kinder und Enkel bilden die 12 Stämme Israels.	Die Israeliten sind Sklaven in Ägypten. Gott ermöglicht ihre Flucht. Mit Gottes Hilfe führt Mose das Volk Israel durch die Wüste Sinai.	Nach langer Wanderung erreichen die Israeliten das verheißene Land Kanaan. Bald sind sie ein großes Volk, wie Gott es versprochen hat.	Vierzig Jahre lang ist David König von Israel. Er macht Jerusalem zur Hauptstadt seines Königreiches.	In der Wüste war Gott im Zelt unter den Menschen gegenwärtig. Nun lässt König Salomon den ersten Tempel in Jerusalem erbauen.	Jesaja wird von Gott zum Propheten berufen und beauftragt, dem Volk Israel Gottes Willen zu verkünden, es zu ermahnen und zu trösten.
Genesis 1,1–2,4	Genesis 12,1–5	Exodus 14,5–31	Deuteronomium 31,19–22	1 Samuel 16,1–13	1 Könige 6,1–38	Jesaja 43,1–7

Fremde Mächte	Hoffnung auf den Messias	Jesu Geburt	Jesu Botschaft	Jesu Handeln	Das letzte Abendmahl	Pfingsten
Das kleine Volk Israel muss immer wieder sein Land gegen Angriffe von fremden großen Mächten verteidigen.	Israel hofft auf den Messias, den die Propheten verheißen haben. Der Engel Gabriel kommt zu Maria und sagt: „Du wirst einen Sohn bekommen. Er soll den Namen Jesus tragen."	Josef und Maria gehen nach Bethlehem, da Kaiser Augustus befohlen hat, alle Menschen in seinem Reich zu zählen. Dort wird Jesus geboren. Engel auf dem Feld erscheinen den Hirten und verkünden die Geburt des Messias.	Jesus erzählt vom Reich Gottes. Er heilt Kranke und tröstet Traurige. Die Menschen spüren an ihm, wie gut Gott ist. Gott hat seinen Sohn Jesus Christus zu uns Menschen geschickt, um uns zu erlösen.		Jesus geht zum Passahfest nach Jerusalem. Er feiert mit seinen Freunden das Abendmahl. **Leiden, Sterben und Tod Jesu** Jesus wird zum Tod verurteilt und stirbt am Kreuz. ***Jesus ist auferstanden!*** Am dritten Tag nach seinem Tod finden die Frauen Jesu Grab leer. Jesus ist auferstanden!	Der Heilige Geist kommt auf die Jünger herab. In allen Sprachen erzählen sie den Menschen von Jesus Christus. So entsteht die Kirche.
2 Makkabäer 6,1–9	Lukas 1,26–38	Lukas 2,1–20	Lukas 15,11–32		Matthäus 26,20–29 Matthäus 27,31–44 Matthäus 28,1–10	Apostelgeschichte 2,1–13

Bibel-Leporello (Bilder)

AB 2.1.1

AB 2.1.2

Die Bibel

Die Bibel ist ein besonderes Buch. Menschen, die ganz eng mit Gott verbunden waren, haben aufgeschrieben, wie sie Gott erfahren haben und was sie den Menschen von ihm und seinem Sohn Jesus Christus erzählen wollten. In jedem Gottesdienst wird aus der Bibel vorgelesen. Denn das Wort Gottes ist uns Christen kostbar. Wir wollen unser Leben danach ausrichten.

In diesem Rätsel kommen wichtige Begriffe zum Thema Bibel vor. Kannst du das Rätsel lösen?
Die grau unterlegten Kästchen bleiben frei.

1. Dieses Gebet hat Jesus Christus seinen Freunden geschenkt. Es steht in der Bibel.
2. Paulus hat viele Gemeinden gegründet und den Menschen die Botschaft von Jesus Christus verkündet. Wie nennt man ihn?
3. Er war ein berühmter König in Israel.
4. Er war ein wichtiger Prophet in Israel.
5. Matthäus, Markus, Lukas und Johannes haben jeweils einen Bericht über Jesus, sein Leben, seine Ansichten, seine Wunder, seinen Tod und seine Auferstehung geschrieben. Wie nennt man diesen Bericht?
6. Der zweite Teil der Bibel. Hier erfahren wir etwas über Jesus Christus und über den Anfang der Kirche.
7. Erster Teil der Bibel. Hier stehen Erzählungen, Gebete und Lieder aus der Geschichte Gottes mit seinem Volk Israel.
8. Mit dieser Erzählung beginnt die Bibel.
9. Die Bibel ist eine ganze Bücherei. Man nennt deshalb auch manchmal: Das Buch der …

1 Vater unser 2 Apostel 3 David 4 Jesaja 5 Evangelium 6 Neues Testament 7 Altes Testament 8 Schöpfung 9 Bücher

2. Wir entdecken die Bibel: AB 2.1.2 Die Bibel

 Für helle Köpfe
Schlag nach in der Bibel!

Die Bibel ist eine ganze Bücherei: Sie besteht aus 73 einzelnen Büchern. Um eine Stelle zu finden, gibt man keine Seitenzahl an, denn die wäre ja je nach Ausgabe der Bibel immer unterschiedlich. Stattdessen benutzt man eine Abkürzung für die einzelnen Bücher der Bibel. Sie sind in Abschnitte unterteilt, die Kapitel heißen. Diese Kapitel bestehen aus mehreren Sätzen, das sind die Verse.

Die Abkürzungen der biblischen Bücher findest du ganz vorn in der Bibel.
Wenn Du testen willst, ob du den Umgang mit der Bibel schon ein bisschen beherrschst, schlag einmal im Markus-Evangelium im Kapitel 10 die Verse 14 und 15 nach. Dort erfährst Du, was Jesus über Kinder gesagt hat.

Was sagt Jesus?

....

....

....

....

Außerdem kannst du mit deinen Eltern vielleicht am Wochenende leckere Bibelwaffeln backen!
Das Rezept dazu steht im Brief, den deine Eltern bekommen haben.

Für helle Köpfe

✳ Freies Angebot
Gott erschafft die Welt

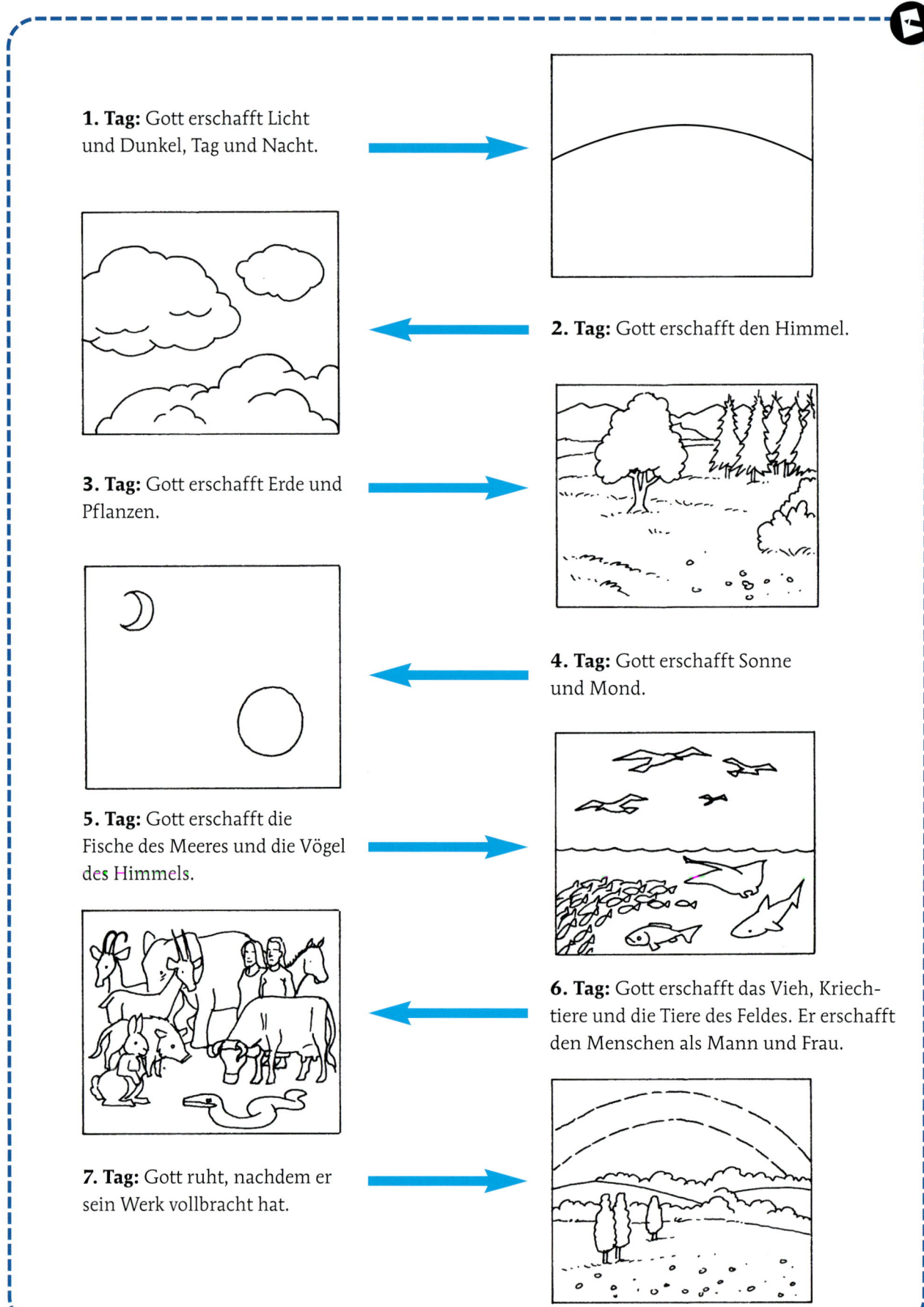

1. **Tag:** Gott erschafft Licht und Dunkel, Tag und Nacht.

2. **Tag:** Gott erschafft den Himmel.

3. **Tag:** Gott erschafft Erde und Pflanzen.

4. **Tag:** Gott erschafft Sonne und Mond.

5. **Tag:** Gott erschafft die Fische des Meeres und die Vögel des Himmels.

6. **Tag:** Gott erschafft das Vieh, Kriechtiere und die Tiere des Feldes. Er erschafft den Menschen als Mann und Frau.

7. **Tag:** Gott ruht, nachdem er sein Werk vollbracht hat.

 Lieder

Ich lobe meinen Gott von ganzem Herzen (GL 400)

Originaltitel: Je louerai l'Eternel, Text: Claude Fraysse (nach Psalm 9,2–3.8–10) / Melodie: Claude Fraysse / Dt. Text: Gitta Leuschner
© 1982 Claude Fraysse / Alain Bergèse, Frankreich, für D, A, CH: SCM Hänssler, D-71087 Holzgerlingen

Du hast uns, Herr, gerufen, und darum sind wir hier

Text und Melodie: Kurt Rommel © Strube Verlag München–Berlin

Gruppenstunde

2.2 Jesus Christus zeigt uns den Vater

		Struktur und Inhalt	Umsetzung
Gruppenraum Kerze 5 min		**Eröffnung**	Begrüßung, still werden Entzünden der Christus- bzw. Gruppenkerze Kreuzzeichen, gemeinsames Vaterunser
Seite 55 10 min		**Erlernen des Liedes:** Du hast uns, Herr, gerufen, und darum sind wir hier	Das Lied, das wir heute lernen, heißt: „Du hast uns, Herr, gerufen, und darum sind wir hier". Jesus ruft uns – er zeigt uns Gott, den Vater.
5 min		**Besprechung der Hausaufgabe**	Habt ihr das Rätsel lösen können?
5–10 min		**Einführung in das Thema der Gruppenstunde über Gespräch**, das die Kenntnisse der Kinder über Jesus Christus thematisiert und vertieft. Jesus Christus macht Aussagen über den Vater.	**Jesus zeigt uns den Vater** Gott sagt einmal in der Bibel über Jesus: „Dies ist mein geliebter Sohn. Auf ihn sollt ihr hören." Heute wollen wir uns genauer mit Jesus beschäftigen und herausfinden, welche Bedeutung er für uns hat.
Der gute Hirt (ausgeschnitten) Hirte aus AB 2.2.1 vergrößert, dicker Filzstift		Vorlesen des Bibeltextes vom Guten Hirten (abgedruckt auf Arbeitsblatt 2.2.1). **Biblische Rede vom Guten Hirten**, Jesu Selbstbild als guter Hirt wird im Gespräch mit den Kindern über Hirten und deren Sorge für die anvertrauten Schafe erschlossen. Übertragung auf Jesus und die Christen, dabei Bezugnahme auf die erarbeiteten Eigenschaften des Hirten. Wichtig: Bei einer solchen Bild- oder Gleichnisrede wird nicht jede Eigenschaft des Bildes übertragen. Verglichen werden die Bezüge: Jesus ist kein Schafhirt, Menschen keine Schafe, aber die Sorge Jesu für die Menschen ist vergleichbar mit der Sorge eines Hirten für seine Schafe. Arbeitsblatt 2.2.1 (vergrößert, ohne Schafe) wird aufgehängt oder in die Mitte gelegt. Unter dem Bild werden mit dickem Filzstift die **Eigenschaften eines Hirten** notiert, die die Kinder nennen. **Gestalten des Plakats:** • Eigenschaften des guten Hirten • Aufkleben der Schafe rund um Jesus, den guten Hirten	Ihr habt vielleicht schon einmal auf einem Feld eine Schafherde mit ihrem Hirten beobachtet. • Was tut ein guter Hirte? (Schutz, Zusammenhalt, Sorge für Futter und Gesundheit). • Geschichten vom guten Hirten und den Schafen begegnen uns in der Bibel häufiger. Jesus sagt z.B. von sich, er sei der gute Hirt: Diesen Bibeltext wollen wir jetzt einmal hören … • Was meint er damit? • Wer sind die „Schafe", die ihm anvertraut sind, für die er sorgt? (Menschen) So wie ein guter Hirt für seine Schafe sorgt, so sorgt Jesus Christus für die Menschen. Der gute Hirte sorgt dafür, dass die Schafe das bekommen, was sie brauchen: Futter, Wärme, Zuwendung. Erinnert euch an die Bitte im Vaterunser: Unser tägliches Brot gib uns heute. Jesus, der gute Hirt, sorgt für die Menschen … • dass sie gesund bleiben • dass alle zusammen halten • dass sie Verantwortung füreinander übernehmen und einander helfen • dass sie ihm vertrauen und leben wie er …

2. Wir entdecken die Bibel

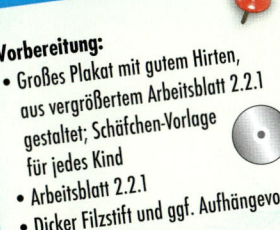

Vorbereitung:
- Großes Plakat mit gutem Hirten, aus vergrößertem Arbeitsblatt 2.2.1 gestaltet; Schäfchen-Vorlage für jedes Kind
- Arbeitsblatt 2.2.1
- Dicker Filzstift und ggf. Aufhängevorrichtung für Plakat
- Wattebausche, Klebstoff, Scheren
- Leporello von der Gruppenstunde 2.1
- 2. Symbolkärtchen (Kinderbibel); Grundsteine der Kinder
- 3. Elternbrief

	Struktur und Inhalt	Umsetzung
Vorlagen für Schäfchen, Wattebausche, ggf. Tonpapier, Schere und Klebstoff	Wenn das Plakat für den Vorstellungsgottesdienst der Erstkommunionkinder verwendet werden soll, **klebt jedes Kind ein Schaf** für sich selbst; andernfalls kann die „Herde" um Familien und Freunde erweitert werden. Verteilen von Arbeitsblatt 2.2.1 in Normalgröße; Kinder malen Hirten aus.	Alle Menschen, auch wir heute, sind damit gemeint! Die Herde, also die Gemeinschaft der Christen, ist keine abgegrenzte kleine Gruppe, sondern offen für alle, die Jesus folgen und sich unter seinen Schutz stellen wollen. Wir wollen uns wie Schafe, für die er sorgt, unter seinen Schutz stellen. Dazu haben wir hier ein großes Plakat, das Jesus als den guten Hirten zeigt. Jeder schneidet ein Schäfchen aus und beklebt es mit einem Wattebausch. Anschließend kleben wir sie rund um Jesus, den guten Hirten, und schreiben unsere Namen darunter.
AB 2.2.1  30–50 min	Hinweis auf Erzählung vom Guten Hirten auf Arbeitsblatt 2.2.1 Übertragen der erarbeiteten Eigenschaften des Guten Hirten auf das Arbeitsblatt der Kinder.	Auf dem Arbeitsblatt findet ihr noch einmal die Geschichte vom Guten Hirten. Unten auf dem Blatt seht ihr freie Linien. Hier könnt ihr für selbst noch einmal aufschreiben, wie Jesus, der Gute Hirt, für uns Menschen sorgt.
Leporello von vorheriger Stunde	**Erläutern der Hausaufgabe:** Ergänzung des Leporellos um Geschichte vom guten Hirten. Weitergestalten von Arbeitsblatt 2.2.1 (freiwillig)	Erinnert ihr euch an unser Leporello von der letzten Stunde? Da war noch eine Spalte frei. Da hinein dürft ihr zu Hause die Geschichte vom guten Hirten malen.
2. Symbolkärtchen, Grundsteine der Kinder 3. Elternbrief  5–10 min	**Füllen/Bekleben des Grundsteins mit dem 2. Symbolkärtchen** **Verteilen des 3. Elternbriefs**	In den letzten beiden Gruppenstunden haben wir viel über Gott und Jesus Christus, seinen Sohn, erfahren. Wir haben unseren Glaubensgrundstein gefüllt: Mit der Bibel, ihren Erzählungen, mit unserer Freundschaft zu Jesus Christus. Wir legen das zweite Kärtchen in unseren Grundstein. Eure Eltern bekommen noch einen Brief, der sie darüber informiert, worüber wir hier sprechen.
Abschluss Gruppenkerze 5 min	**Abschluss an der Kerze:** • Gemeinsames Lied • Gebet • Segen	Still werden. Lied: „Du hast uns, Herr, gerufen, und darum sind wir hier!" Wir beten: Guter Gott, du hast uns deinen Sohn Jesus Christus gesandt. Auf ihn wollen wir hören. Hilf uns, dass wir seine Freunde bleiben. Und so segne und behüte uns der allmächtige Gott: der Vater, der Sohn und der Heilige Geist (gemeinsames Kreuzzeichen). Amen.

Jesus ist der gute Hirt

Im Land, in dem Jesus lebte, hatten Hirten ein hartes Leben. Jeden Tag mussten sie weit herumwandern, um für ihre Schafe Gras ausfindig zu machen. Sie mussten fließendes Wasser finden, um die Schafe zu tränken, auch wenn die heiße Sonne die Flüsse vertrocknen ließ. Manchmal setzten sie ihr Leben aufs Spiel, wenn sie ein Schaf retten mussten, das in eine Felsspalte oder in eine Schlucht gestürzt war, oder auch wenn sie wilde Tiere vertrieben, die die Herde angriffen.
„Ich bin der gute Hirt", sagte Jesus eines Tages zu seinen Zuhörern. „Ich bin bereit, mein Leben für die Schafe zu geben. Ein wahrer Hirte ist ganz anders als einer, den man für die Herde anstellt, der sich aber nicht um sie sorgt. Sobald dieser einen Wolf kommen sieht, lässt er die Schafe im Stich und läuft davon. Aber der Hirte, der seine Schafe liebt, wird sein Leben für sie einsetzen. Ich werde mein Leben für meine Schafe hingeben. Meine Schafe, das sind die Menschen, die mich kennen und auf meine Stimme hören. Ich kenne jedes Einzelne meiner Schafe, und niemand kann sie meinem Schutz entreißen. Meine Schafe kennen meine Stimme und kommen, wenn ich sie rufe." *(Johannes 10, nach: Elmar Gruber)*

Jesus, der gute Hirt, sorgt für die Menschen...

....

....

....

....

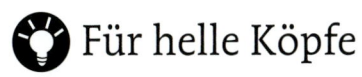 Für helle Köpfe
Wie spielten die Kinder zur Zeit Jesu?

Die Kinder zur Zeit Jesu hatten viel weniger Freizeit als wir heute. Denn die meisten mussten arbeiten und ihren Eltern auf dem Feld oder im Stall helfen. Aber gespielt haben sie natürlich trotzdem. Sie bastelten sich selbst ihre Spiele, zum Beispiel Bälle, die mit Federn gefüllt und leicht zu werfen waren. Mit ihnen konnte man Spiele spielen, die unserem Völkerball sehr ähnlich sind. Oder sie ritzten Bilder auf einen Stein oder an eine Lehmwand. Aber auch Gesellschaftsspiele gab es schon. Wer kein Brettspiel besaß, ritzte es sich mit einem spitzen Stein auf die Straße oder auf eine Tontafel.

Ein Spiel, das schon die Kinder zur Zeit Jesu spielten, ist das Mühle-Spiel. Du brauchst dazu einen spitzen Stein oder ein Stück Kreide, ein bisschen Platz auf dem Bürgersteig und natürlich jemanden, der mitspielt. Zeichne das Spielfeld auf:

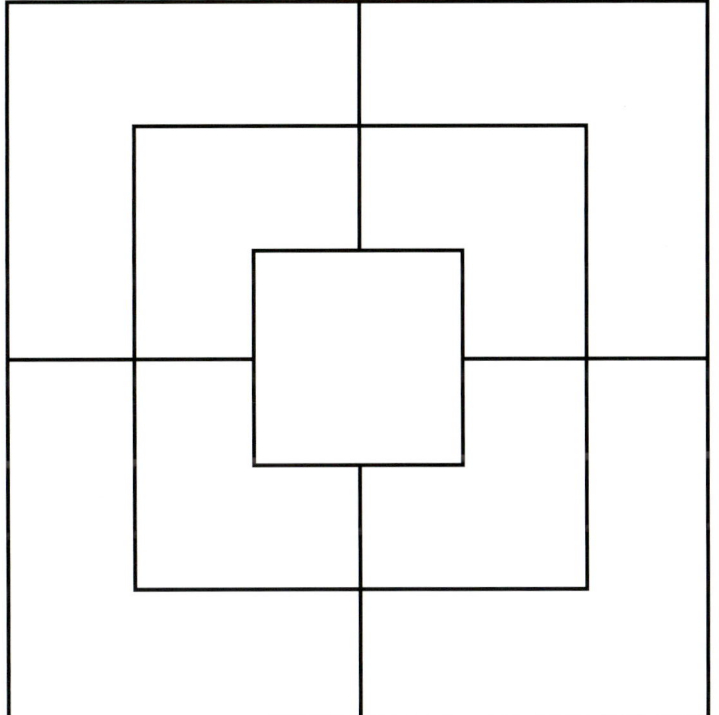

Nun sammle Steinchen, Kastanien, Eicheln oder Nüsse. Du brauchst neun Stück in einer Größe oder Farbe und neun Stück in einer anderen Größe oder Farbe.

Spielregeln:
Zuerst setzen die Spieler abwechselnd einen Stein auf die Punkte oder Ecken des Spielbretts. Wenn alle Steine gesetzt sind, darf jeder Spieler pro Zug einen Stein auf einen benachbarten Punkt ziehen. Ziel ist es, drei Steine in eine Reihe zu bekommen. Das ist dann eine Mühle. Wer eine Mühle hat, darf dem anderen Spieler einen Stein wegnehmen, allerdings nur einen Stein, der nicht selbst Teil einer Mühle ist. Verloren hat, wer nur noch zwei Steine hat oder keinen Zug mehr ausführen kann.

Einheit 3

Wir glauben an Gott

3

	Hinführung	Rund um das Glaubensbekenntnis	62
	Glaubenslexikon	Von A bis Z: Das Glaubensbekenntnis	64
	Elternbrief	3. Brief an die Eltern der Kommunionkinder	66
	Gottesdienst	In Erwartung	67
	Gruppenstunde 3.1	**Jesus Christus ist der Sohn Gottes**	**68**
	Für helle Köpfe	Warum steht an manchen Häusern ein Geheimzeichen?	72
	Freies Angebot	Adventsfeier*	
	Lieder	• Magnificat (Taizé) • Amen, wir glauben! (GL 448)	73
	Gruppenstunde 3.2	**Das Glaubensbekenntnis**	**74**
	Für helle Köpfe	Verteilt der Heilige Geist Geschenke?	77

* siehe Hinführung S. 63

ℹ Hinführung
Rund um das Glaubensbekenntnis

Glauben bedeutet: sich zu etwas bekennen, in etwas verankert sein, für etwas einstehen. Wir Christen bekennen uns zur Geschichte Gottes mit den Menschen von der Schöpfung bis zur Vollendung der Welt. Diese Geschichte, die die Kinder bereits ein wenig kennen gelernt haben, kommt im **Glaubensbekenntnis** zum Ausdruck: Gott ist Schöpfer der Welt. Er zeigt sich den Menschen in seinem Sohn Jesus Christus: in seinen Worten und Taten, in seinem Tod und seiner Auferstehung. Im Heiligen Geist ist Jesus Christus uns heute noch nah. Er verbindet uns zur Kirche und schenkt uns die Hoffnung auf das ewige Leben.

In der Zeit der frühen Christenverfolgung (2. bis zum Beginn des 4. Jahrhunderts n. Chr.) diente der Fisch als geheimes Symbol, mit dem Christen einander erkennen konnten, ohne in Gefahr zu geraten. Dieses Symbol ist heute noch verbreitet, z.B. als Aufkleber auf Autos oder als Anhänger an einer Halskette. Es ist eine gemalte Abkürzung für das christliche Bekenntnis. Im Griechischen drückte man das so aus: Iesous Christos Theou Yos Soter (gesprochen: Jesūs Christós Theū Hüós Sotēr): Jesus Christus: Gottes Sohn, Erlöser. Fügt man die jeweils ersten Buchstaben der griechischen Worte zusammen, ergibt das **I CH TH Y S**. Ichthys ist das griechische Wort für Fisch. So wurde der Fisch zum christlichen Geheimzeichen.

👥 Gruppenstunde 3.1: Jesus Christus ist der Sohn Gottes

Zunächst werden die Kinder anhand dieses Symbols zum **Bekenntnis zu Jesus Christus** geführt, dem Sohn Gottes, geboren aus der Jungfrau Maria. Sie erfahren, dass es nicht selbstverständlich ist, Christ zu sein: dass bis heute in vielen Ländern Menschen verfolgt werden, weil sie sich zu Jesus Christus bekennen. Sie erleben aber auch, dass dieses Glaubenszeichen verbindet: Wenn der andere dieses Zeichen trägt oder aufschreibt, erkennt man noch heute in ihm einen Vertrauten im Glauben. Anschließend vertiefen die Kinder anhand der **Verkündigungsszene an Maria** (Lukas 1,26–38) den Inhalt dessen, was im Symbol des Fisches ausgedrückt ist (Jesus Christus ist der Sohn Gottes) und nehmen im Rollenspiel bewusst die Haltung des Glaubens ein. Im „**Magnificat**" beten bzw. singen wir noch heute mit den Worten Marias, die Gott dankt, der in Jesus, ihrem Sohn, seine Verheißung erfüllt und den Messias, den Retter schickt.
Fällt die Stunde nicht in die Vorweihnachtszeit, wird statt dessen das Bekenntnis, das Petrus gibt (Matthäus 16,13–17), thematisiert.

S. 25, 34, 106

✲ Freies Angebot: Adventsfeier

Beginnt die Erstkommunionvorbereitung im Herbst, so fällt diese Einheit in die Adventszeit, die Zeit der Erwartung und der Hoffnung auf den Sohn und Retter. Es bietet sich an, dem Bekenntnis zu Jesus Christus, dem Sohn Gottes, in Gestalt einer **Adventsfeier** nachzuspüren. Tischschmuck, Kerzen und Gebäck können gemeinsam vorbereitet werden. Wichtig ist, dass wirklich Advent, also **Erwartung**, gefeiert und das Weihnachtsfest nicht vorweggenommen wird – das kann durch die Erfahrung von Dunkelheit, die durch das Licht erst einer, dann nur einiger weiterer Kerzen erhellt wird, spürbar gemacht werden. Wird (z.B. am Ende eines Adventsweges mit Maria und Elisabeth, Maria und Josef) eine Krippe aufgebaut, liegt also das Jesuskind noch nicht darin.
Ein geistlicher Rahmen verbindet gesellige Elemente (Adventslieder, Gedichte, …): eine kurze Schriftlesung (z.B. Lukas 1,26–38 oder Lukas 1,39–56), ein Gebet, der Abschluss-Segen durch den Priester.
Das Rollenspiel zur Verkündigung an Maria, das die Kinder in der ersten Gruppenstunde dieser Einheit eingeübt haben, kann hier aufgeführt werden.

S. 26, 27, 104, 105

💡 Für helle Köpfe: Warum steht an manchen Häusern ein Geheimzeichen?

Interessierte Kinder kommen einem weiteren christlichen „Geheimsymbol" auf die Spur: dem Segen, den die Sternsinger an die Haustüren schreiben: C+M+B, gerahmt von der jeweiligen Jahreszahl, z.B. im Jahr 2015: **20 ✲ C+M+B ✲ 15**. Auch dieses Zeichen ist eine Abkürzung. Es steht für die Bitte: **Christus Mansionem Benedicat**, das heißt: **Christus segne dieses Haus**. Zugleich sind C, M und B die Anfangsbuchstaben der Namen, die für die Sterndeuter (die „heiligen drei Könige") überliefert wurden, die dem Kind in der Krippe Geschenke brachten (Matthäus 2,1–12): Caspar, Melchior und Balthasar. Sie stehen für die Völker der ganzen Welt, die in Jesus Christus den König der Welt erkennen und ihn anbeten.
Nach Möglichkeit werden die Erstkommunionkinder in die Sternsinger-Aktion der Gemeinde einbezogen. Das Arbeitsblatt kann natürlich auch als inhaltliche Vorbereitung dieser Aktion in der Gemeinde genutzt werden. *S. 26, 107*

◉ Gruppenstunde 3.2: Das Glaubensbekenntnis

Bei der Taufe haben Eltern und Paten ihren Glauben bekannt. Bei der Erstkommunion werden die Kinder selbst nach ihrem Glauben gefragt. Sie bekennen ihn, indem sie das **Glaubensbekenntnis** (Credo = Ich glaube) sprechen oder gemeinsam auf drei Fragen antworten: Glaubt ihr an Gott, den Vater? Wir glauben. – Glaubt ihr an Jesus Christus? Wir glauben. – Glaubt ihr an den Heiligen Geist? Wir glauben. Damit sie dies angemessen tun und einen weiteren Schritt in der Entwicklung ihres Glaubenslebens gehen können, wird das Bekenntnis der Christen dem Alter und Verständnis der Kinder entsprechend thematisiert und erlernt.
Das Glaubensbekenntnis ist oft vertont worden. GL 448 präsentiert es als Wechselgesang, bei dem der Kantor/die Kantorin das Credo in Abschnitten vorträgt und die Gemeinde jeweils bekennt: **Amen, wir glauben**. Hier wird der Charakter dieses Textes deutlich: Er ist keine theoretische Information, sondern ein **Bekenntnis**, dem jeder persönlich zustimmt.
S. 34, 35, 124

💡 Für helle Köpfe: Verteilt der Heilige Geist Geschenke?

Zum Abschluss dieser Einheit kommt der **Heilige Geist** noch einmal genauer in den Blick. Im Zusatzangebot können die Kinder überlegen und herausfinden, wie und woran man den Heiligen Geist erkennen kann. *S. 47*

Hinführung: Rund um das Glaubensbekenntnis | 63

📖 Glaubenslexikon
Von A bis Z: Das Glaubensbekenntnis

Advent: (lat.) *Ankunft:* Vorbereitungszeit auf Weihnachten, besonders hervorgehoben sind die vier Adventssonntage.
Mit dem 1. Adventssonntag beginnt das Kirchenjahr.
S. 105

Adventskranz: Kranz aus grünen Zweigen mit vier Kerzen, von denen an jedem Adventssonntag eine weitere entzündet wird. Der Kranz symbolisiert den Erdkreis, der auf den Erlöser wartet. Die grünen Zweige sind Zeichen der Hoffnung. In der Kirche sind die Kerzen in der Regel violett, also in der Farbe des Advent. Das Licht, das in den vier Adventswochen immer heller wird, steht für Christus, das Licht der Welt, das mit Weihnachten offenbar wird.
S. 105

Amen: (hebr., griech., lat.) *So sei es:* Abschluss und Bekräftigung eines Gebetes oder Bekenntnisses, bedeutet: Ja, daran glaube ich. Davon bin ich überzeugt. Dafür stehe ich ein.
S. 36

Christus: (griech.) *Gesalbter:* Glaubensbekenntnis, das ein Beiname geworden ist: Jesus ist der Christus, d.h. der Gesalbte, der Messias. Von Christus leitet sich die Bezeichnung der Christen ab: Christen sind diejenigen, die Jesus als Christus, als Messias bekennen.
S. 36

Christus Mansionem Benedicat: (lat.) *Christus segne dieses Haus.* Abgekürzt: C+M+B, gerahmt von der Jahreszahl. Weihnachtssegen, den die Sternsinger in die Häuser der Stadt bringen.
S. 107

Credo: (lat.) *Ich glaube:* Bezeichnung und erstes Wort des Glaubensbekenntnisses.
S. 35, 124

Eingeborener Sohn: Im Lateinischen „unigenitus", also einziggeboren, bedeutet: Jesus Christus ist wahrhaft Gott und wahrhaft Mensch, nicht nur ein Prophet, nicht nur ein Geschöpf wie wir. Er offenbart uns das Wesen Gottes, des Vaters. Er sagt nicht nur etwas über Gott, sondern er, das Antlitz des Vaters, zeigt ihn, wie er ist.
S. 26, 27, 124

Empfangen aus dem Heiligen Geist, geboren von der Jungfrau Maria: Inhalt des Weihnachtsfestes: Jesus Christus ist kein Mischwesen, nicht halb Gott und halb Mensch. Er ist wahrer Mensch und wahrer Gott. Sein Ursprung, also sein „Warum" und „Woher", liegt in Gott. In Jesus bringt Gott selbst sich ein in die Geschichte der Menschen. Das übersteigt die Fähigkeiten der Menschen und das Wesen eines von Menschen gezeugten Kindes.
S. 26

Gemeinschaft der Heiligen: Sie umfasst alle, die in Gemeinschaft mit Gott sind, nicht nur diejenigen, die ausdrücklich heilig gesprochen wurden. Heilige haben Anteil an Gottes Heiligkeit: auf der Erde und im Himmel, jetzt und nach dem Tod.
S. 117

Glaubensbekenntnis: Zusammenfassung des christlichen Glaubens, ursprünglich im Taufgottesdienst angesiedelt. Im Sonntagsgottesdienst sind zwei Fassungen gebräuchlich: das (ältere) Apostolische Credo und das so genannte große Credo, das im 4. Jahrhundert auf den Konzilien von Nizäa (325) und Konstantinopel (381) zusammengestellt wurde.
S. 35, 124

Heilige katholische Kirche: „Katholisch" meint im Glaubensbekenntnis nicht die Konfession der römisch-katholischen Kirche, sondern steht für „allumfassend", „überall", „auf dem ganzen Erdkreis". Sie ist keine rein menschliche Institution, sondern die vom Heiligen Geist gestiftete Gemeinschaft Jesu Christi.
S. 52, 65, 66

Heiliger Geist: Dritte göttliche Person. Er ist die Gabe, die Christus uns versprochen hat (Johannes 14,16–18), die uns nach seiner Auferstehung und Himmelfahrt weiterhin mit ihm verbindet. Am Pfingstfest feiern wir diese Gabe des Geistes. Ohne die Gabe des Heiligen Geistes gibt es keinen Glauben, keine Kirche.
S. 47, 115

Ichthys: (griech.) *Fisch:* altkirchliches Geheimsymbol der Christen, Abkürzung für Iesous Christos Theou Yios Soter = Jesus Christus ist Gottes Sohn, der Erlöser.
S. 34

Sternsinger: Kinder der katholischen und oft auch evangelischen Gemeinde, die sich am Dreikönigstag (6. Januar) nach Matthäus 2,1–12 als Weisen aus dem Morgenland bzw. als die heiligen drei Könige Caspar, Melchior und Balthasar verkleiden. Sie bringen den Weihnachtssegen in die Häuser der Stadt, schreiben ihn an die Haustüren und sammeln Geld, damit arme Kinder leben können.
S. 26, 106

Weihnachten: Hochfest der Geburt Jesu Christi, des Sohnes Gottes, aus der Jungfrau Maria. Gott selbst wird Mensch, er gibt sich ein Gesicht und eine Stimme. Er bleibt kein „großer Unbekannter", sondern er gibt sich zu erkennen: in Jesus Christus.
S. 26, 27, 104–107

3. Brief an die Eltern der Kommunionkinder
Wir glauben an Gott

Sehr geehrte, liebe Eltern!

sicher kennen Sie den Fisch, der als Sticker auf vielen Autos klebt. Er ist eine gemalte Abkürzung des christlichen Glaubens, das erste Geheimzeichen, durch das Christen – damals noch in Zeiten der Verfolgung – einander zu erkennen gaben. Das griechische Wort Fisch (ichthys) verbindet die Anfangsbuchstaben des Bekenntnisses, dass Jesus Christus (**I**esous **Ch**ristos) der Sohn Gottes (**Th**eou **Y**os) und der Erlöser aller Menschen (**S**oter) ist. In dieser Einheit des Erstkommunionkurses beschäftigen sich die Kinder mit diesem Symbol.

Weihnachten feiern wir Christen unseren Glauben an Jesus Christus, den Sohn Gottes: Gott selbst wird in Jesus Christus ein Mensch wie wir. Er macht sich klein und kommt in unsere Welt, er erhellt die Dunkelheit. Er vertraut sich den Menschen an. Keine andere Religion kennt eine solch großartige Nähe Gottes. Die Adventsfeier der Kommunionkinder gibt dieser Erwartung, die wir mit Weihnachten verbinden, noch einmal in besonderer Weise Ausdruck.

Das Glaubensbekenntnis der Christen, das „Credo", ist das zweite große Thema. Wir Christen glauben, dass Gott nicht der „große Unbekannte" ist, der letztlich keine Bedeutung für unser Leben hat. Vielmehr glauben wir an Gott, der Vater ist, der die Welt erschuf und trägt; an seinen Sohn Jesus Christus, der Mensch wurde wie wir, und an den Heiligen Geist, der uns mit Gott und miteinander verbindet. Das Glaubensbekenntnis ist eine Zusammenfassung dieses gemeinsamen Glaubens aller Christen. Als Ihr Kind getauft wurde, haben Sie das Credo gesprochen und damit gesagt: „Ja, ich glaube!" Bei der Erstkommunion wird Ihr Kind dies selbst tun. Wie es in Fragen des Alltags immer selbständiger wird, eigene Interessen entwickelt und Freundschaften schließt, so auch im Glauben, in der Freundschaft mit Gott.

Es grüßen Sie herzlich

Familien-TIPP

■ Nehmen Sie sich Zeit, den Zauber des Advents bewusst zu erleben: die Kerze am Adventskranz zu entzünden, ein Wort aus der Bibel zu hören (z.B. Jesaja 9,1-6; Lukas 1,26-38; Lukas 1,39-56; Lukas 1,68-79) und ein Adventslied zu singen (z.B. Gotteslob 223: Wir sagen euch an den lieben Advent). Versuchen Sie, der vorweihnachtlichen Hektik zu entkommen und das Weihnachtsfest zu erwarten, es nicht vorwegzunehmen. Bauen Sie Ihre Krippe langsam auf und machen Sie sich mit Maria und Joseph auf den Weg zur Krippe. Legen Sie das Jesus-Kind erst am Abend des 24. Dezember in die Krippe. Am 1. oder 2. Weihnachtstag können Sie gemeinsam die Krippen der Kirchen in der Umgebung anschauen.

■ In den meisten Gemeinden wird die Advents- und Weihnachtszeit besonders gestaltet. Vielleicht finden Sie Zeit, an einem der Angebote teilzunehmen: an einer Frühschicht, einer Rorate-Messe oder einer Zeit der Besinnung. Vielleicht haben Sie Freude daran, beim Schmuck der Kirche, beim Aufbau der Krippe oder nach Weihnachten bei der Sternsinger-Aktion der Gemeinde mitzuwirken. Möglicherweise entstehen so neue Kontakte zu Familien und anderen Gemeindemitgliedern.

■ Basteln Sie gemeinsam das Symbol des Fisches: z.B. aus bemaltem Papier, das mit selbstklebender Folie auf der Arbeitsmappe des Kindes, am Auto oder Fahrrad festgeklebt werden kann. Einen Fisch aus Moosgummi oder Salzteig können Sie als Schlüsselanhänger oder Wandschmuck im Kinderzimmer verwenden.

✝ Gottesdienst
In Erwartung

Kyrie	**P:** Im Vertrauen auf Gottes Liebe wollen wir uns auf die Ankunft seines Sohnes vorbereiten und um sein Erbarmen bitten. **V:** Du schenkst uns die Freude, dass wir nicht alleine sind, sondern in einer Gemeinschaft unseren Glauben leben und feiern dürfen. Herr, erbarme dich. – **A:** Herr, erbarme dich. **V:** Du schenkst uns die Hoffnung, dass wir immer wieder neu das Leben erfahren und auch nach dem Tod mit dir verbunden sind. Christus, erbarme dich. – **A:** Christus, erbarme dich. **V:** Du schenkst uns die Liebe, die uns hilft und aufrichtet im Leben. Herr, erbarme dich. – **A:** Herr, erbarme dich. **P:** Nachlass, Vergebung und Verzeihung unserer Sünden gewähre uns der allmächtige Gott, der Vater, der Sohn und der Heilige Geist. Amen.
Lesung	**Jesaja 9,1–6:** Das Volk, das im Dunkeln lebt, sieht ein helles Licht
Evangelium	**Lukas 1,26–38:** Mariä Verkündigung
Credo	**Amen, wir glauben!** (S. 73)
Fürbitten	**P:** Herr Jesus Christus, wie die Menschen vor 2000 Jahren erwarten wir auch heute dein Kommen. Wir hoffen auf die Erfüllung deiner Verheißung: auf das Leben in Fülle. Wir bitten dich: **V:** Du bist das Licht der Welt, die in Dunkelheit lebt. Hilf, dass immer wieder Menschen dein Licht zu denen tragen, die ohne Hoffnung sind. Christus, höre uns. – **A:** Christus, erhöre uns. **V:** Du bist Alpha und Omega, Anfang und Ende unseres Lebens. Gib denen, die an dich glauben, Mut, anderen von dir zu erzählen. Christus, höre uns. – **A:** Christus, … **V:** Du bist für uns Mensch geworden. Hilf, dass deine Botschaft von der Liebe Gottes alle Menschen erreicht. Christus, höre uns. – **A:** Christus, … **V:** Gott hat dem Volk Israel den Retter verheißen. Lass uns die Adventszeit nutzen, uns auf das Fest deiner Geburt vorzubereiten. Christus, höre uns. – **A:** Christus, … **V:** Du bist Mensch geworden, um uns von Sünde und Tod zu erlösen. Schenke denen, die schon gestorben sind, das ewige Leben. Christus, höre uns. – **A:** Christus, … **P:** Denn dich hat der Vater gesandt als Retter der Welt. Ihn preisen wir durch dich in Ewigkeit. Amen.
Nach dem Segen	**Magnificat** (Taizé, S. 73)

Der **Adventskranz** ist keine Zimmerdekoration, sondern Zeichen unseres Glaubens und unserer Hoffnung. Er besteht aus verschiedenen Symbolen: Der Kranz ohne Anfang und ohne Ende verweist auf Gott, den Ewigen, aber auch auf die grenzenlose Liebe Gottes zu uns Menschen und das verheißene Heil. Zugleich steht der Kranz für den Erdkreis, unsere Welt.

Die Farbe grün ist Ausdruck für die Hoffnung auf (neues) Leben. Die Lichtsymbolik greift auf zurück auf Jesaja 9,1 (Lesung): Das Licht, das unser Dunkel erhellt, wird von Sonntag zu Sonntag mehr – bis dann Weihnachten das wahre Licht erscheint. Die vier Kerzen symbolisieren die vier Himmelsrichtungen, d.h. die ganze Welt. Die Farbe violett steht für die Adventszeit als Zeit der Buße und Vorbereitung auf das Kommen des Herrn.

Gruppenstunde

3.1 Jesus Christus ist der Sohn Gottes

	Struktur und Inhalt	**Umsetzung**
Gruppenraum Kerze 5 min	**Eröffnung**	Begrüßung, still werden Entzünden der Christus- bzw. Gruppenkerze Kreuzzeichen, gemeinsames Vaterunser
 Seite 73 10–15 min	**Erlernen des Liedes zur Einheit:** Magnificat **Besprechung der Hausaufgabe** (Ergänzung des Bibel-Leporellos)	Heute lernen wir ein neues Lied. Es heißt: Magnificat. In diesem Lied finden wir Worte, die Maria, die Mutter Jesu, gesprochen hat. Sie hat geglaubt, dass ihr Sohn der Sohn Gottes ist. Und so singen wir mit ihren Worten: „Meine Seele preist die Größe des Herrn."
 AB 3.1.1 in DIN A3; ggf. weitere Fisch-Symbole oder Bilder AB 3.1.1 Schere, Klebstoff, ggf. Buntstifte	**Erzählung zum Einstieg:** Situation der Christen in den ersten zwei Jahrhunderten: lebensgefährliche **Verfolgung**, Glaubensleben im Verborgenen. Grund der Verfolgung: das Bekenntnis zu Jesus Christus und zu Gott, seinem Vater, die Weigerung, sich am Götterkult des römischen Staates zu beteiligen und so dem eigenen Bekenntnis zum einen Gott untreu zu werden. Auch werden heute noch Christen für ihren Glauben verfolgt. Erzählung spannend gestalten und Neugier der Kinder auf die Möglichkeit der geheimen Verständigung der Christen untereinander lenken: **Geheimschrift, Geheimzeichen**. Beispiele, ihre Funktion (Erkennungszeichen, gleiche Überzeugung, Freundschaft bezeugen, oft Zeichen der Abgrenzung gegenüber anderen, Schutz vor Entdeckung) und Benutzer (Gleichgesinnte, Freunde); Erfahrungen der Kinder mit Geheimschrift einbeziehen. **Ichthys-Zeichen:** auf DIN A3 kopiertes Arbeitsblatt 3.1.1; Aufkleber, Kettenanhänger mit Ichthys-Zeichen oder auch Fotos altkirchlicher Grabmale mit diesem Zeichen können ergänzt werden. Gespräch greift Erzählungen der Kinder auf, die das Zeichen als Aufkleber auf dem Auto (vielleicht sogar der Eltern) kennen. **Fisch als Glaubenssymbol**, als geheimes Glaubensbekenntnis. Begriff **„Bekenntnis"** einführen; Erläuterung des Zeichens: Der Fisch (griechisch: Ichthys) als Abkürzung für: Iesous Christos Theou Yios Soter (gesprochen: Jesūs Christós Theū Hüós Sotēr) = Jesus Christus ist Gottes Sohn, der Erlöser.	In unserem Land ist es nicht gefährlich, an Jesus Christus zu glauben. In manchen Teilen der Welt, z.B. in Indien und Somalia, ist das anders. Christen werden verfolgt und getötet. Auch am Anfang des Christentums wurden Christen verfolgt. Sie konnten nicht einfach die Glocken läuten und zum Gottesdienst gehen. Sie mussten sich verstecken. Gebetet haben sie heimlich. Wer entdeckt wurde, wurde eingesperrt oder umgebracht. Es war sehr gefährlich, Christ zu sein. Was meint ihr: • Wie konnte man einander vertrauen? • Gab es eine Möglichkeit, sich geheim zu verständigen? Ein Brief konnte entdeckt werden … • Woran konnte man erkennen, dass der andere auch ein Christ ist und kein Verräter, der die Polizei ruft? … Tatsächlich gab es ein Geheimzeichen, ich habe es euch mitgebracht: … • Habt ihr dieses Zeichen schon einmal gesehen? Es ist auch ein Geheimzeichen. • Was ist dargestellt? • Weiß jemand, was dahinter steckt? • Aber warum ein Fisch? Glauben wir Christen an Fische? • Was sind das für seltsame Zeichen in der Mitte? Eine Geheimschrift? Schaut einmal unten auf das Blatt – dort gibt es eine Auflösung der Zeichen. Fisch heißt auf griechisch Ichthys. Das ist eine Abkürzung für: Iesous Christos Theou Yios Soter. Das bedeutet: Jesus Christus ist Gottes Sohn, der Erlöser. Fügt man die jeweils ersten Buchstaben der griechischen Worte zusammen, ergibt das **I CH TH Y S**.

3. Wir glauben an Gott

Vorbereitung:
- Kerze, Scheren
- Ggf. weitere Ichthys-Symbole
- Arbeitsblatt 3.1.1 groß (DIN A3) (ohne Puzzle-Stücke)
- Arbeitsblatt 3.1.1
- 2fache Kopie des Dialogs Gabriel-Maria bzw. Jesus-Petrus
- Leeres Blatt Papier für jedes Kind, gelocht

	Struktur und Inhalt	Umsetzung
20–35 min	Anleitung der Kinder, die die **Puzzle-Stücke** „Jesus" – „Christus" – „Gottes" – „Sohn" – „Retter" ausschneiden und auf der oberen Hälfte des Blattes an die Kanten des Fisches kleben.	Der Fisch ist ein **Glaubensbekenntnis**: wer ihn trägt oder aufklebt, sagt: Ich glaube an Jesus Christus, Gottes Sohn, den Erlöser der Welt. Weil wir viel besser deutsch als griechisch können, setzen wir uns das Geheimzeichen mit Schrift in unseren Buchstaben zusammen.
2-fache Kopie der Dialogtexte, Seite 70 25–35 min	Zur Vertiefung erarbeitet die Gruppe (im Advent) die Geschichte der **Verkündigung an Maria** (Lukas 1,26–38) oder das **Bekenntnis des Petrus** (Matthäus 16,13–17). Der Katechet/die Katechetin liest die Geschichte vor und vergewissert sich durch Rückfragen, dass die Kinder den Verlauf der erzählten Begebenheit verstanden haben. Fragen, Zweifel, Überlegungen und schließlich das Bekenntnis von Maria bzw. Petrus und die Handlungen und Worte des Engels bzw. Jesu werden herausgestellt. Es sollte deutlich werden, dass das Bekenntnis der Maria (bzw. des Petrus) im Vertrauen auf Gott geschieht, dass es also ein **Glaubensbekenntnis** ist und nicht auf einem Beweis beruht. Zwei Kinder werden ausgewählt, die die Szene nachlesen, nacherzählen oder pantomimisch (mit Hintergrunderzählung durch den/die Katecheten/in) nachspielen (je nach Zeit: mehrfach mit wechselnden Rollen).	Nun gehen wir einen Schritt weiter. Ich lese euch eine Geschichte aus der Bibel vor: Versucht, euch vorzustellen, wie sich Maria (Petrus) in der Situation fühlt. • Wer kann die Geschichte mit eigenen Worten erzählen? • Was denkt Maria, wie fühlt sie sich? • Woher wusste sie, was sie antworten soll? Jetzt wollen wir die Begegnung zwischen dem Engel und Maria nachspielen. Wer möchte die Rolle des Engels übernehmen? ...
Leeres Blatt Papier für jedes Kind	**Erläuterung der Hausaufgabe**	Stell dir vor, du wärst Maria (oder Petrus). Male ein Bild, was dir geschehen ist! Oder schreibe deiner Freundin / deinem Freund einen Brief, in dem du berichtest, was dir passiert ist und wie du dich dabei gefühlt hast!
Abschluss 5 min	**Abschluss an der Kerze** • Gemeinsames Lied • Gebet • Segen	Zum Schluss singen wir noch einmal Marias Lied, das wir gelernt haben. Wir werden still und schauen in die Kerze. Das Licht steht für Jesus Christus. Zu ihm beten wir: Jesus, wir danken dir, dass du unser Freund bist. Wir glauben, dass du der Sohn Gottes bist. Hilf uns, dich immer besser zu verstehen. Bleibe bei uns in der kommenden Woche. Und so segne und behüte uns alle der allmächtige Gott: der Vater, der Sohn und der Heilige Geist (gemeinsames Kreuzzeichen). Amen.

Gruppenstunde: 3.1 Jesus Christus ist der Sohn Gottes

Dialog-Texte

Verkündigung an Maria/Bekenntnis des Petrus

Verkündigung an Maria (nach Lukas 1,26–38)

*Eines Tages wurde der Engel Gabriel von Gott zu Maria gesandt.
Sie wohnte mit Josef, ihrem Verlobten, in dem kleinen Ort Nazaret.*

Gabriel: **Sei gegrüßt, Maria! Gott, der Herr, ist mit dir! Er schenkt dir seine Gnade.**

Maria: Was hat das zu bedeuten? Ich verstehe nicht, was er meint. Wer mag der Mann sein?

Gabriel: **Hab keine Angst, Maria. Gott, der Herr, schickt mich. Du wirst einen Sohn bekommen. Ihm sollst du den Namen Jesus geben. Er ist der Erlöser, den Gott den Menschen versprochen hat.**

Maria: Wie soll das geschehen? Ich soll den Sohn Gottes zur Welt bringen? Aber ich bin doch nur ein einfaches Mädchen!

Gabriel: **Gott wird dir seinen Heiligen Geist senden. Durch seine Kraft wird das Kind in deinem Leib entstehen. Es ist der Sohn Gottes.**

Maria: Das verstehe ich nicht. Wie soll ich ein Kind bekommen, ohne einen Mann zu haben?

Gabriel: **Vertrau auf Gott! Für ihn ist nichts unmöglich! Du wirst die Mutter Jesu werden, die Mutter von Gottes Sohn.**

Maria: Ja, ich vertraue auf Gott. Ja, es soll so geschehen, wie du es gesagt hast. Ich glaube, dass mein Sohn der versprochene Retter sein wird.

Das Petrusbekenntnis (nach Matthäus 16,13–17)

Jesus fragte seine Jünger:

Jesus: **Was denken die Leute? Für wen halten sie mich?**

Ein Jünger: Manche denken, du bist Johannes der Täufer. Andere sagen, du bist ein Gesandter Gottes: der Prophet Elia oder ein anderer Prophet.

Jesus: **Und ihr? Was denkt ihr?**

Simon Petrus: Du bist Gott, unserem Vater, sehr nah. Du kennst ihn und zeigst ihn uns. Durch dich habe ich erfahren, wie Gott ist.

Jesus: **Wie meinst du das? Für wen hältst du mich?**

Simon Petrus: Du bist mehr als ein Prophet. Ich glaube, dass du Gottes Sohn bist: der verheißene Erlöser, der Messias.

Jesus: **Wieso sagst du das?**

Simon Petrus: Ich bin ganz sicher, dass es so ist. Mein Herz ist voll davon. Wenn ich mit dir zusammen bin, spüre ich, dass Gott nah ist.

Jesus: **Simon, Gott, mein Vater, hat dir seine Gnade geschenkt. Er hat dir gezeigt, wer ich bin. Halte fest an diesem Glauben! Erzähle den Menschen von mir und führe sie zum Glauben! Dir vertraue ich meine Kirche an.**

Ichthys heißt Fisch

Ich glaube an:

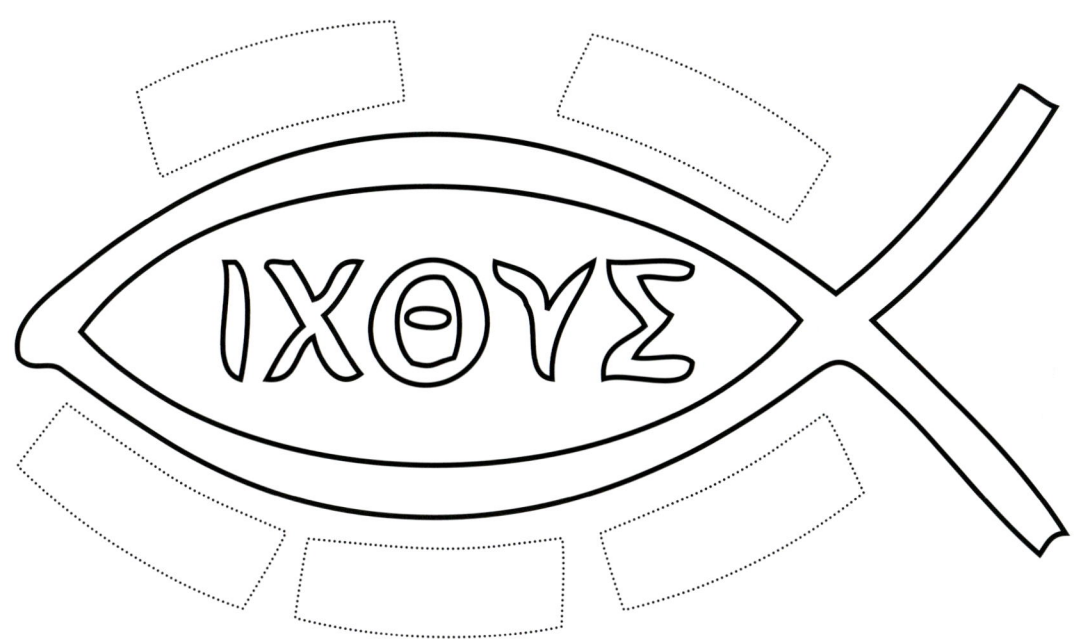

| Ιησους | Χριστος | Ξεου Υιος | Σωτηρ |
| Jesus | Christus | Gottes Sohn | Retter |

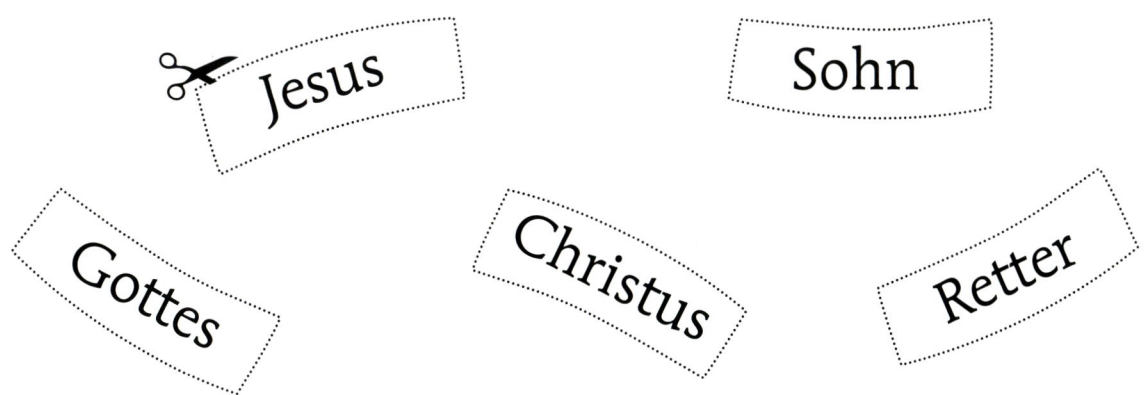

Für helle Köpfe
Warum steht an manchen Häusern ein Geheimzeichen?

Es klingelt an der Tür. Draußen in der Kälte stehen drei Kinder. Eines hat sein Gesicht schwarz angemalt. Sie alle haben sich verkleidet. Wer mag das wohl sein?
Plötzlich fangen sie an zu singen. Sie klappern mit einer Sparbüchse. Ob sie Hunger haben und sich mit ihrem Lied etwas verdienen wollen?
Nun zieht einer ein Stück Kreide aus der Tasche und bekritzelt die Haustür. Er schreibt Zahlen und Buchstaben auf das Holz. Ein Rätsel? Ein Geheimzeichen?
Was mag das bedeuten? Kannst du die Geheimschrift entziffern?
Wer sind die drei? Kennst du ihre Namen? Ergänze die Jahreszahl!

Die drei heißen:

20 * C + M + B * ____

Die Buchstaben bedeuten:

Weißt du, was sie mit dem Geld machen wollen?

....

....

....

*Caspar - Melchior - Balthasar,
Christus mansionem benedicat*

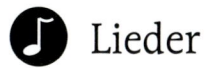 Lieder

Magnificat (Taizé, GL 390)

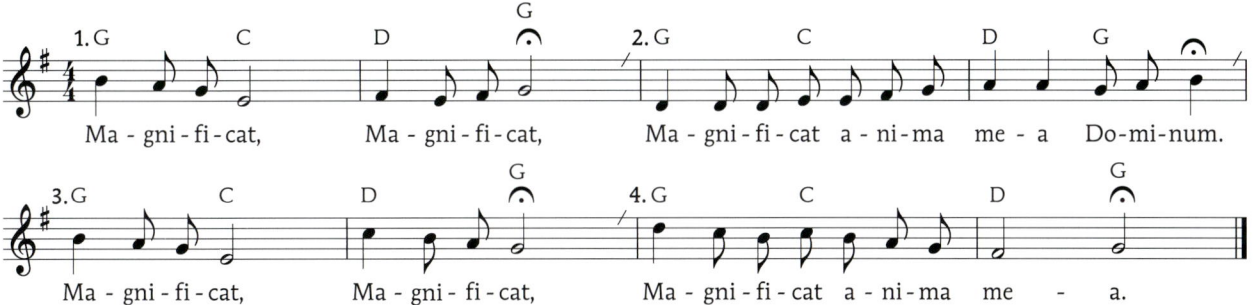

Text: Lukas 1,46 / Melodie: Jacques Berthier (1923-1994) © Atelier et Presses de Taizé, 71250 Taizé-Communauté, Frankreich

Amen, wir glauben!

Gruppenstunde

3.2 Das Glaubensbekenntnis

Vorbereitung:
- Kerze
- Arbeitsblatt 3.2.1
- Glaubensbekenntnis in Textabschnitten (auf buntem Karton) ausdrucken, ggf. laminieren
- 3. Symbolkärtchen; Grundsteine der Kinder
- 4. Elternbrief

	Struktur und Inhalt	**Umsetzung**
Gruppenraum Kerze 5 min	**Eröffnung**	Begrüßung, still werden Entzünden der Christus- bzw. Gruppenkerze Kreuzzeichen, gemeinsames Vaterunser
5–10 min	**Rückbezug zur vergangenen Stunde und Besprechung der Hausaufgabe.**	In der letzten Stunde haben wir uns mit dem Besuch des Engels bei Maria (mit dem Bekenntnis des Petrus) beschäftigt. Zu Hause habt ihr euch vorgestellt, wie Maria ihrer Freundin in einem Brief von ihrem Erlebnis berichtet oder ein Bild gemalt. • Wer mag seinen Brief vorlesen oder uns sein Bild zeigen?
Seite 73 5 min	**Erlernen des Liedes:** S. 73 (Kinder singen Antwort: Amen, wir glauben)	Das Lied zu unserer Gruppenstunde enthält das Glaubensbekenntnis, mit dem wir uns heute beschäftigen. Das letzte Wort dieses Bekenntnisses heißt: Amen. Das bedeutet: Ja, das glaube ich. In unserem Lied singen wir nach jedem Abschnitt: **Amen, wir glauben.**
Glaubensbekenntnis in Einzelblättern 40–60 min	Ichthys: Kurzform des christlichen Bekenntnisses – nun Übergang zur großen Form: **Apostolisches Glaubensbekenntnis.** Ziel dieses Abschnitts ist es, den Text des Glaubensbekenntnisses/Credo spielerisch zu erlernen. Dazu wird eine **Credo-Stafette** gespielt, möglichst mehrfach, damit sich der Text den Kindern mehr und mehr einprägt. Die Textabschnitte (auf die Zahl der Kinder abstimmen) liegen im Raum verteilt. Jedes Kind steht/sitzt an einem Textabschnitt. **Credo-Stafette in 5 Durchgängen:** 1. Gemeinsam sprechen alle: Ich glaube – dann beginnt das erste Kind, das seinen eigenen Abschnitt laut vorliest. Alle: Ich glaube – es folgt das zweite Kind usw. Am Ende sprechen alle gemeinsam: Amen. 2. Wechsel der Position! Das ganze Bekenntnis wird noch einmal/mehrmals am Stück gesprochen.	Erinnert ihr euch? Viele Menschen werden noch heute verfolgt, weil sie zu Jesus halten. Wir haben Glück: wir müssen uns nicht verstecken. Wir dürfen offen unseren Glauben bekennen. Das ist etwas ganz Besonderes. Heute lernen wir einen ganz wichtigen Text kennen: das *Glaubensbekenntnis*, das ihr bei eurer Erstkommunion sprechen werdet. Bei eurer Taufe haben eure Eltern dieses Bekenntnis abgelegt, bei der Erstkommunion seid ihr selbst an der Reihe. Es ist ein langer Text, den wir aber gemeinsam gut zusammensetzen können. Jeder von euch bekommt ein Stück! 1. Gemeinsam sprechen wir: „Ich glaube" – „Ich glaube". Aber was glauben wir? (1. Kind), du fängst an: Lies bitte vor, was auf deinem Abschnitt steht. … Am Ende: Wir sprechen gemeinsam: „Amen" – das bedeutet: Ja, das glaube ich. 2. Jetzt machen wir das ganze noch einmal – aber schneller. Passt gut auf, wann ihr dran seid, damit wir nicht den Faden verlieren! Wollen wir einmal die Abschnitte wechseln? Sucht euch einen neuen Platz!

3. Wir glauben an Gott

	Struktur und Inhalt	**Umsetzung**
	3. Die Kinder sprechen erneut jeweils ihren Abschnitt. Es folgt jeweils ein kurzes **Gespräch**, in das die Kinder einbringen, was sie schon verstehen, wozu sie etwas gelernt haben (vgl. E1, E2 und E3.1). Es wird deutlich: Das **Glaubensbekenntnis besteht aus drei großen Teilen**: es zeichnet den Weg Gottes mit den Menschen nach – von der Schöpfung (Teil 1) über Jesus Christus (Teil 2) bis zur Vollendung im Heiligen Geist (Teil 3). **Die Feste des Kirchenjahres** können einbezogen werden. Wichtig ist, dass die Kinder einzelne Elemente wiedererkennen. Sie sollen positiv einbringen, was sie schon kennen. Ein vollständiges Verstehen ist aber nicht Ziel der Stunde! Der Text wird ihnen mit der Zeit vertraut werden. Sie erleben es als Erfolg, wenn sie ihn im Gottesdienst (ganz) mitsprechen können.	3. Nun setzen wir uns hin. So einen langen Text muss man ja auch verstehen! Vieles von dem, was hier steht, kennt ihr schon. … Erinnert euch an das Leporello, das wir gemeinsam angeschaut haben! … Bald werden wir Jesu Geburt feiern … Er ist für uns gestorben, aber Gott hat ihn auferweckt. Das feiern wir Ostern … Gott möchte, dass wir gut zueinander sind, er führt uns in der Kirche zusammen … Wir werden bei ihm leben …
	4. Textabschnitte mischen und gemeinsam neu zusammensetzen.	4. Und nun schauen wir, ob wir es schaffen, das Glaubensbekenntnis selbst zusammen zu setzen.
	5. Das ganze Bekenntnis wird von einem oder mehreren Kindern am Stück gesprochen.	5. Nun dürft ihr das Glaubensbekenntnis einmal ganz sprechen: Wer fängt an?
 AB 3.2.1	**Verteilen und Erläutern der Hausaufgabe:** Glaubensbekenntnis lernen, Arbeitsblatt 3.2.1 (Glaubensurkunde) ausfüllen: „Ja, ich glaube."	Auf diesem Blatt steht das Glaubensbekenntnis – einmal als Text, einmal in Form von drei Fragen. Bei eurer Taufe haben eure Eltern diese Fragen beantwortet. Nun seid ihr schon so groß, dass ihr es selbst tun könnt. Füllt das Blatt aus und versucht, euch das Glaubensbekenntnis einzuprägen!
3. Symbolkärtchen, Glaubensgrundsteine der Kinder 4. Elternbrief	**Füllen/Bekleben des Grundsteins mit 3. Symbolkärtchen** **Verteilen des 4. Elternbriefs**	In den letzten beiden Gruppenstunden haben wir das Glaubensbekenntnis der Christen gelernt. Wir haben unseren Glaubensgrundstein weiter gefüllt. Um das deutlich zu machen, legen wir das dritte Kärtchen in unseren Stein.
Abschluss Kerze 5–10 min	**Abschluss an der Kerze** • Gemeinsames Lied • Gebet • Segen	Zum Schluss singen wir noch einmal unser Lied: Amen, wir glauben. Dann werden wir still und schauen in auf die Kerze. Wir beten: Vater, du hast uns in deinem Sohn Jesus gezeigt, wie du bist und dass du uns liebst. Dafür danken wir dir. Bleibe immer bei uns. Und so segne und behüte uns alle der allmächtige Gott: der Vater, der Sohn und der Heilige Geist (gemeinsames Kreuzzeichen). Amen.

Gruppenstunde: 3.2 Das Glaubensbekenntnis

AB 3.2.1

Meine Glaubensurkunde

Bei deiner Taufe haben deine Eltern das Glaubensbekenntnis gesprochen.
Bei deiner Erstkommunion wirst du selbst nach deinem Glauben gefragt.
Trage auf die ersten drei Linien in der rechten Spalte jeweils ein: **Ja, ich glaube.**
Auf die unterste Linie schreibst du **Amen**.

Das Apostolische Glaubensbekenntnis

Ich glaube

an Gott,
den Vater, den Allmächtigen,
den Schöpfer des Himmels und der Erde,

und an Jesus Christus,
seinen eingeborenen Sohn,
unseren Herrn,

empfangen durch den Heiligen Geist,
geboren von der Jungfrau Maria,

gelitten unter Pontius Pilatus,
gekreuzigt, gestorben und begraben,
hinabgestiegen in das Reich des Todes,

am dritten Tage auferstanden von den Toten,
aufgefahren in den Himmel;
er sitzt zur Rechten Gottes,
des allmächtigen Vaters,

von dort wird er kommen,
zu richten die Lebenden und die Toten.

Ich glaube an den Heiligen Geist,

die heilige katholische Kirche,
Gemeinschaft der Heiligen,
Vergebung der Sünden,

Auferstehung der Toten
und das ewige Leben.

Amen.

Ich bekenne meinen Glauben

Glaubst du
an Gott, den Vater, den Schöpfer des Himmels und der Erde?

....

Glaubst du
an Jesus Christus, seinen Sohn, der für uns starb und auferstand?

....

Glaubst du
an den Heiligen Geist, der uns mit Jesus Christus verbindet?

....

....

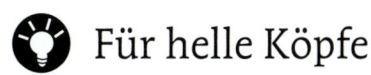 Für helle Köpfe
Verteilt der Heilige Geist Geschenke?

Gott sorgt gut für uns: Er begleitet uns in unserem Leben. Er hat uns seinen Sohn Jesus Christus geschenkt. Damit wir mit ihm auch heute noch Gemeinschaft haben, hat er den Heiligen Geist gesandt: Er macht unser Herz stark und verbindet uns mit Jesus Christus. Diesen Geist haben wir in der Taufe empfangen. Er hilft uns, gut zu leben, so dass wir Gott immer besser kennen lernen.

Doch der Heilige Geist ist unsichtbar. Hilf mit, ihn zu entdecken!

1. Am Anfang der Schöpfung __ __ h __ __ __|3|__ er über den Wassern.
Schau nach in der Bibel, Buch Genesis, Kapitel 1, Vers 2!

2. Der Heilige Geist verteilt Geschenke:

 Man nennt sie |1| a __ |10| n und __ __ ü __ __ |6|. Lies nach im Buch, S. 47!

3. Er wird oft in Gestalt eines Vogels dargestellt.

 Dieser Vogel ist die __ |9| __ b __. Lies nach im Buch, S. 115!

4. Die Farbe des Heiligen Geistes ist: R |2||4|. Lies nach im Buch, S. 103!

5. Welches Fest verbinden wir besonders mit dem Heiligen Geist?

 P __ |7| __ g |5| t __ n.

Die Lösung findest du im Buch, S. 115.

6. Wen soll der Heilige Geist besuchen? Das Herz der |11| i __ |8| e __ .
Die Lösung findest du im Gotteslob, Lied Nr. 351, 1. Strophe!

Lösungssatz:
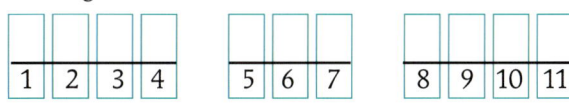

Lösung: schwebte – Gaben und Früchte – Taube – rot – Pfingsten – Kinder

Einheit 4

Wir beten zu Gott

4

ℹ️	Hinführung	Rund um das Gebet	80
📖	Glaubenslexikon	Von A bis Z: Das Gebet	82
✉️	Elternbrief	4. Brief an die Eltern der Kommunionkinder	84
✝️	Gottesdienst	Herr, lehre uns beten!	85

👥	**Gruppenstunde 4.1**	**Wir beten zu Hause**	**86**
💡	Für helle Köpfe	Unser tägliches Brot gib uns heute	91

👥	**Gruppenstunde 4.2**	**Wir beten in der Kirche**	**92**
💡	Für helle Köpfe	Kennst du Franz?	95
✨	Freies Angebot	Eine Perlenkette zum Beten	96

🎵	Lieder	• Vater unser • Heilig, heilig, heilig (GL 196)	97

ⓘ Hinführung
Rund um das Gebet

Das Gebet ist ein zentraler Vollzug des Glaubens. Es baut darauf auf, dass Gott das Schicksal und Wohlergehen der Menschen am Herzen liegen und dass wir ihn anrufen dürfen: **mit Dank und Bitte, Lob und Klage, Verehrung und Schweigen und dem Hören auf Gottes Willen**. Das Gebet ist Ausdruck eines gläubigen Lebens, das der Beter mit allen Freuden, Sorgen und Nöten des Alltags in Gottes Hand gibt. Wie in einer Freundschaft unter Menschen ist auch in der **Freundschaft mit Gott** der regelmäßige persönliche Kontakt, hier also das regelmäßige Gebet, wichtig. Denn Beten bedeutet, in Beziehung mit Gott zu stehen – zu hören und sich ihm anzuvertrauen. Allerdings ist das Gebet keine Magie, kein Versuch, Gott zu „bestechen" und so die Ordnung der Welt aus den Fugen zu heben. Dies ist für das Verständnis des **Bittgebets** wichtig. Um alles dürfen wir bitten – doch „im Namen Jesu" (Johannes 15,7): in der Bereitschaft, das eigene Leben mit den Augen Jesu zu sehen und in den Dienst der Nachfolge zu stellen. So können wir aus der Kraft unseres Glaubens heraus tun, was uns am Herzen liegt, und Gott das anvertrauen, was über unsere Kraft hinaus geht.

In der Tradition der Kirche hat sich ein **Schatz an Gebeten** ausgebildet. Diese Gebete sollen den Kindern vertraut werden, nicht zuletzt, damit sie in Situationen, in denen eigenes Formulieren einmal versagt, auf sie zurückgreifen können. Beim Austausch der Erfahrungen, die die Kinder mit dem Gebet (zu Hause) machen, ist sensibel auf Aussagen der Kinder zu reagieren, dass etwa zu Hause die Mama nicht an Gott glaubt und auch kein Tischgebet möchte, oder dass sich niemand die Zeit nimmt, vor dem Schlafengehen gemeinsam ein Gebet zu sprechen. Die Kinder dürfen nicht in einen für sie unlösbaren Konflikt gebracht werden. Hier ist der Hinweis hilfreich, dass man still für sich beten kann und auf das **stellvertretende Gebet** anderer vertrauen darf, etwa der Ordensleute in einem nahegelegenen Kloster, der anderen Kommunionkinder, der Katechet(inn)en und des Pfarrers. Wo die Unterstützung der Eltern gegeben ist, kann zu Haus ein **Gebetswürfel** gebastelt werden (Familientipp und Bastelbogen), der die Tisch- oder Abendgebete oder Lieblingsgebete des Kindes enthält. *S. 39–41, 62–63, 69*

 Gruppenstunde 4.1: Wir beten zu Hause

Zunächst widmen wir uns dem **persönlichen Gebet**, dem Sprechen mit Gott – als einzelne, in der Familie, in Gruppen. Aus dem Glauben an Gott können sich unterschiedliche Gebetsformen ergeben: Das Ruhigwerden und Dasein vor Gott, das Anzünden einer Kerze, das freie Gebet, aber auch das Nach- und Mitsprechen vorformulierter Texte. Das Falten der Hände ist Ausdruck besonderer Konzentration beim Beten sowie dafür, dass wir uns vertrauensvoll in die Hand Gottes geben. Das **Vaterunser**, das jede Gruppenstunde eröffnet und einen festen Platz im Gottesdienst hat, kennen die Kinder bereits – die Vertonung bringt es ihnen noch einmal auf besondere Weise nah. Darüber hinaus lernen sie verschiedene **Morgen-, Abend- und Tischgebete** kennen. Die **Psalmen** spielen in der Gebetstradition der Kirche eine wichtige Rolle. Anknüpfend an das Bild von Jesus als dem guten Hirten (siehe Einheit 2) beschäftigen sich die Kinder mit Psalm 23 und lesen oder verfassen selbst eine kindgemäße Fassung. *S. 18, 36, 39–41, 84*

💡 Für helle Köpfe: Unser tägliches Brot gib uns heute

Eine der Bitten des Vaterunser bezieht sich auf das Brot, das wir brauchen. Mehr als 2 Milliarden Christen auf der ganzen Welt sprechen diese Bitte, oftmals täglich. Für viele geht es um das ganz reale Überleben. Wir können in christlicher Solidarität an der Erfüllung dieser Bitte mitwirken. Interessierte Kinder erfahren, dass es Millionen Menschen gibt, darunter viele Kinder, die in großer Armut leben, die morgens nicht wissen, was sie essen und abends nicht wissen, wo sie schlafen sollen. In Europa sagen wir: Ihnen fehlt das **Brot zum Leben** – in asiatischen Ländern ist es eher der Reis, der fehlt. *S. 25, 40, 123*

Jede Messe enthält das **Sanctus**. Es wird unmittelbar vor dem dichtesten Moment der Eucharistiefeier, der Wandlung, gesungen. Das hier gewählte Lied (GL 196) gehört zu den „Klassikern" des Gemeindegottesdienstes und sollte zu den Liedern zählen, die den Kindern vertraut sind. *S. 25, 49, 62, 63, 87*

Gruppenstunde 4.2: Wir beten in der Kirche

Nach dem persönlichen Gebet geht es nun um das gemeinsame Beten in der Kirche. Die Kinder erkunden das **Gotteslob** und üben den Umgang damit (für die Durchführung des Kurses in der Schweiz lässt sich die Einheit auf das Kirchengesangbuch anpassen). Sie sprechen über die verschiedenen **Körperhaltungen** (Stehen, Sitzen, Knien), die das Gebet unterstützen. Sie thematisieren und üben die verschiedenen Formen des **gemeinsamen Betens im Gottesdienst.** Besonders das **Fürbittgebet** kommt in den Blick. Wie in der ersten Stunde gilt: Wir sprechen nicht nur *über* das Gebet, sondern beten auch gemeinsam. Die Kinder formulieren selbst eine Fürbitte, die sie am Ende der Stunde, begleitet vom Aufstellen eines Teelichts, als Gebet vortragen. Ziel der Stunde ist es, die Kinder an verschiedene Gebetsformen und -haltungen heranzuführen; der Ablauf der Messe wird später (Einheit 9) noch ausführlich thematisiert.

💡 Für helle Köpfe: Kennst du Franz?

Interessierte Kinder können sich mit dem heiligen **Franziskus** beschäftigen, indem sie etwas über sein Leben erfahren und eine klassisch gewordene Darstellung sowie den Sonnengesang in kindgerechter Form kennen lernen.

✨ Freies Angebot: Eine Perlenkette zum Beten

Je nach Gepflogenheit der Gemeinde bietet es sich an, eine **Rosenkranzandacht** mit den Kindern zu halten, bei/vor der auch erklärt wird, warum wir den Rosenkranz beten und wie es geht. Wenn Zeit bleibt, kann man mit den Kindern aus Perlen einen Rosenkranz auffädeln und ein Kreuz dazu basteln; die fertigen Rosenkränze werden gesegnet. *S. 64*

Hinführung: Rund um das Gebet

Glaubenslexikon
Von A bis Z: Das Gebet

Angelus/Angelus-Läuten: (lat.) *Engel:* gemeint ist: „Engel des Herrn". Gebet, das morgens, mittags und abends gebetet wird. Das Läuten der Glocken (in der Regel um 6 Uhr, 12 Uhr, 18 Uhr) lädt dazu ein, die Arbeit für dieses Gebet kurz zu unterbrechen. Das Angelus-Gebet strukturiert den Tag und hat in früheren Zeiten die Armbanduhr ersetzt. Wichtige Bestandteile sind der Verkündigungsdialog zwischen dem Engel Gabriel und Maria (Ave Maria), das Vaterunser und ein Schlussgebet. Der Papst betet den Angelus jeden Sonntagmittag um 12 Uhr vom Fenster seiner Wohnung aus mit den Gläubigen auf dem Petersplatz und in aller Welt.
S. 49, 64

Ave Maria: (lat.) *Gegrüßet seist Du, Maria.* Neben dem Vaterunser eines der meist gesprochenen Gebete der Kirche und zentraler Bestandteil des Rosenkranzgebetes. 1. Teil angelehnt an die Worte des Engels Gabriels bei der Verkündigung der Geburt Jesu, 2. Teil Bitte um Beistand, vor allem im Sterben.
S. 49, 64

Ehre sei dem Vater und dem Sohn und dem Heiligen Geist: Sogenannte kleine oder trinitarische Doxologie (Lobpreis), die vielfach Gebete abschließt. Es beschließt z.B. im Stundengebet jeden Psalm.
S. 122

Fürbitte: Bestandteil des Wortgottesdienstes und Stundengebets. Die Bitten und Anliegen der Gemeinde werden von einem Lektor vorgetragen und jeweils mit einer gemeinsamen Bitte (z.B. „Wir bitten dich, erhöre uns") beantwortet. Es handelt sich um Bitten für die Kirche, die Gesellschaft und Politik, die versammelte Gemeinde, für Notleidende und Verstorbene.
S. 41, 86

Gebet: Abgeleitet vom deutschen Wort „bitten", zentrale Ausdrucksform des Glaubens, meint Sprechen, Kontakt halten mit Gott. Es gibt das persönliche und das liturgische Gebet, das vorformulierte und das frei formulierte Gebet, das Lob-, Dank- und Bittgebet. Auch ganze Gottesdienste können als Gebet verstanden werden. Ordensleute, deren Tages- und Jahresablauf durch Gebetszeiten strukturiert ist, verstehen in einem übertragenen Sinn ihr ganzes Leben als Gebet.
S. 40, 41, 63, 122, 123

Gotteslob: Abgekürzt GL, katholisches Gebet- und Gesangbuch für den deutschen Sprachraum, besteht aus einem gemeinsamen, überall gleichen Hauptteil (Nr. 1–684) und einem Anhang mit Eigengut des jeweiligen Bistums (ab Nr. 701).

Magnifikat: (lat.) *Es preise:* das erste Wort des Lobpreises, mit dem Maria (nach Lukas 1,46–55; Text: GL 689) auf den Gruß ihrer Verwandten Elisabeth antwortet, die sie nach der Verkündigung des Engels Gabriel besucht. Sie preist die Größe des Herrn, der voll Erbarmen auf die Kleinen, Armen und Ausgegrenzten schaut und der seine Verheißungen wahr macht. Das Magnifikat gehört zu den Grundgebeten des Christentums, es wurde vielfach vertont und findet in der Liturgie reiche Verwendung.
S. 25

Prozession: Feierlicher Umzug aus religiösem Anlass mit Gebet und Gesang. Am weitesten verbreitet ist die Fronleichnamsprozession, bei der der Priester die Monstranz mit dem Leib Christi durch die Straßen und Felder trägt und die Gemeinde das Sakrament mit Singen und Beten begleitet. Zur Liturgie des Palmsonntags gehört die Palmprozession; innerhalb des Gottesdienstes kann zur Gabenbereitung eine Gabenprozession stattfinden. Besonders im ländlichen Raum haben Prozessionen eine lange Tradition, z.B. Brand- und Bittprozessionen, die an ein Ereignis der Dorf-/Stadtgeschichte erinnern.
S. 116

Psalmen: 150 Gebetslieder, die sich im AT im Buch der Psalmen finden, das in der vorliegenden Form ungefähr 200 v.Chr. abgeschlossen war. Es gibt Klage-, Bitt-, Lob- und Dankpsalmen. Das Christentum hat die Psalmen in sein Gebetsleben übernommen. Neben dem Psalmengesang als Antwort auf eine Lesung sind die Psalmen Inhalt des kirchlichen

Stundengebets, wo der einzelne Psalm mit der trinitarischen Schlussformel „Ehre sei dem Vater..." abgeschlossen wird.
S. 18, 24

Rosenkranz: Die Perlenschnur zum Beten des Rosenkranzgebets, aber auch das Gebet selbst. Der Rosenkranz besteht aus einem Kreuz und 59 Perlen, wobei die großen Perlen für ein Vater unser und die kleinen Perlen für ein Ave Maria stehen. Das Gebet selber gibt es seit ca. 1000 Jahren. An jeweils zehn Ave Maria (Gegrüßet seist du, Maria...) wird der gleiche kurze Glaubenssatz angehängt. Ein Vaterunser, zehn Ave Maria und ein Ehre sei dem Vater bilden ein Gesätz (abgeleitet von Satz, nicht Gesetz!). Ein Rosenkranz umfasst fünf Gesätze; ein vollständiges Rosenkranzgebet drei Rosenkränze, also 150 Ave Maria in Analogie zu den 150 Psalmen. Das Rosenkranzgebet ist der Versuch, Leben, Leiden und Auferstehen Jesu Christi zu meditieren, es gewissermaßen aus der Perspektive der Mutter Maria zu betrachten. Es gibt vier verschiedene Rosenkränze: den freudenreichen Rosenkranz mit den Geheimnissen der Menschwerdung Gottes und des verborgenen Lebens Jesu, den lichtreichen Rosenkranz mit den Geheimnissen des öffentlichen Wirkens Jesu (2004 von Papst Johannes Paul II. hinzugefügt), den schmerzhaften Rosenkranz mit den Geheimnissen der Passion Jesu Christi und den glorreichen Rosenkranz mit dem Geheimnis der Auferstehung.
S. 64

Stundengebet: Gebet der Kirche zu bestimmten Tageszeiten (Horen), deren wichtigste sind: Laudes (am frühen Morgen), Vesper (am Abend) und Komplet (als Abschluss des Tages). Die Tagzeitenliturgie besteht aus Hymnen und Psalmen, gesprochen oder gesungen, sowie aus kurzen Lesungen, Gebet und Fürbitten. Das Stundengebet macht deutlich, dass unsere Zeit in Gottes Händen liegt. Bischöfe, Priester und Ordensgemeinschaften sind zum täglichen Stundengebet verpflichtet.
S. 69

Wallfahrt: Weg, den Menschen meist zu Fuß in religiöser Absicht zurücklegen, als „Beten mit den Füßen" bezeichnet, weil die Menschen unterwegs Gott in besonderer Weise (neu) begegnen wollen. Santiago de Compostela ist einer der bekanntesten Wallfahrtsorte der Welt, auf dem berühmten Jakobsweg pilgert jährlich eine wachsende Zahl von Menschen dorthin. Bekannte deutsche Wallfahrtsorte sind u.a. Altötting und Kevelaer.

4. Brief an die Eltern der Kommunionkinder
Wir beten zu Gott

Sehr geehrte, liebe Eltern!

Beten – dazu hat doch heute keiner Zeit, mögen die viel Beschäftigten unter uns denken. Beten – das ist etwas für alte Menschen, mögen die aufgeklärten Zeitgenossen unter uns denken. Sprechen mit Gott – das ist doch unmöglich, mögen die Realisten unter uns denken.

Doch Beten ist ganz anders als viele Menschen denken. Gebet, verstanden als Sprechen mit Gott, baut auf unseren Glauben an Gott auf, der sich anreden lässt und dem die Menschen nicht gleichgültig sind. Beten ist zuerst eine Grundhaltung, die uns dazu führen kann, im Vertrauen auf Gott unser Leben mit allem, was uns bewegt, mit Freuden, Sorgen und Nöten in seine Hand zu geben. Das möchten wir Ihrem Kind nahebringen. Aus dieser Grundhaltung können sich ganz unterschiedliche Gebetsformen ergeben: das Ruhig-werden und Dasein-vor-Gott, das Anzünden einer Kerze, das freie Gebet, aber auch das Nach- und Mitsprechen vorformulierter Texte. Ihr Kind wird neben den christlichen Grundgebeten einige Morgen-, Abend- und Tischgebete kennen lernen – Gebete, die den Alltag begleiten und uns unter Gottes Segen stellen. Durch regelmäßige Erfahrung und Praxis kann Ihr Kind so zusammen mit Ihnen als Eltern einen Zugang zum Gebet finden. Vielleicht gelingt es Ihnen, eine neue Kultur des Tischgebets zu entwickeln – oft genug ist das einfach der Alltagshektik oder der zeitlich auseinandergerissenen Tischgemeinschaft zum Opfer gefallen. Vielleicht gelingt es Ihnen auch, die altbewährte Praxis des Abendgebets auf der Bettkante der Kinder (wieder) zu beleben, ein Gespür für die besondere Stimmung vor dem Einschlafen zu entwickeln, auf den vergangenen Tag zu blicken und ihn Gott anzuvertrauen, mit allem, was an ihm gut und auch, was an ihm schlecht gewesen ist. Frei und persönlich formulierte Gebete können dabei ebenso ihren Platz haben wie traditionelle Gebete. Das Vertrautsein mit diesen Gebeten ist sehr wertvoll, um gemeinsam mit anderen beten zu können, nicht zuletzt aber auch, um in Situationen, in denen eigene Worte fehlen, auf diesen Schatz der Kirche zurückgreifen zu können. Wir wünschen Ihnen, dass auch Sie zusammen mit Ihrem Kind Zugang zum Gebet und Freude daran finden!

Es grüßen Sie herzlich

Familien-TIPP

- Basteln Sie mit den Kindern einen Familiengebetswürfel! Ihr Kind wird nach der ersten Gruppenstunde dieser Einheit eine Bastelvorlage dafür mitbringen. Beschriften und verzieren Sie gemeinsam die Seiten des Würfels mit Tisch- und Abendgebeten, dem Vaterunser o.ä. Setzen Sie dann den Würfel zusammen. Nun können Sie ihn z.B. vor dem Essen oder am Abend benutzen und jeweils ein gemeinsames Gebet sprechen.
- Kaufen Sie für Ihr Kind nicht erst zum Fest, sondern schon in der Zeit der Kommunionvorbereitung das „Gotteslob"! Nutzen Sie doch mal einen Sonntagnachmittag, um in alten Gebetbüchern von der Großmutter zu stöbern und dabei auch die Gebetbuchbildchen und Totenzettel, die viele alte Erinnerungen und Gebete enthalten können, anzuschauen.
- Vielleicht gehen Sie einmal an einem Nachmittag auf den Friedhof und stellen Sie eine Kerze auf – auf dem Grab eines Angehörigen oder auf einem Grab, das so aussieht, als ginge dort sonst nie jemand hin. Denn eine Kerze ist ein Gebet, das zum Himmel aufsteigt. Die Kinder haben im Glaubensbekenntnis gelernt: Wir glauben an die Auferstehung der Toten und das ewige Leben. Die brennende Kerze sagt: Wir denken an die Verstorbenen und bitten Gott, dass er ihm das ewige Leben schenke. Es soll ihm gut gehen. Sie können am Grab im Wechsel oder allein ein kurzes Gebet sprechen: Herr, gib (Namen) die ewige Ruhe. – Und das ewige Licht leuchte ihm. – Lass ihn ruhen in Frieden. – Amen.

✝ Gottesdienst
Herr, lehre uns beten! Das Vaterunser

Kyrie	**P:** Unser Herr Jesus Christus empfängt uns trotz all unserer Schuld mit offenen Armen. Wir wollen ihn in unserer Mitte begrüßen: **V:** Herr Jesus Christus, wir dürfen dir unsere Bitten bringen. Du weißt von unseren Sorgen. Herr, erbarme dich. – **A:** Herr, erbarme dich. **V:** Wir dürfen auf dich vertrauen. Du weist uns den Weg. Christus, erbarme dich. – **A:** Christus, erbarme dich. **V:** Du lässt uns mit deiner Liebe nie im Stich. Du schenkst uns deine Nähe. Herr, erbarme dich. – **A:** Herr, erbarme dich. **P:** So bitten wir: Steh uns mit deiner Gnade und Güte bei jetzt und alle Tage bis in Ewigkeit. **A:** Amen
Lesung	**Philipper 4,4–10:** Sorgt euch um nichts, sondern bringt eure Bitten mit Dank vor Gott!
Evangelium	**Lukas 11,1–3 (bzw. 11,1–10):** Herr, lehre uns beten!
Fürbitten	*Die Kinder bringen evtl. selbst formulierte Fürbitten aus dem Kommunionunterricht mit. Ist dies nicht der Fall, können folgende Bitten vorgetragen werden:* **P:** Herr Jesus Christus, du hast uns gelehrt, wie wir beten können. Dir vertrauen wir unsere Bitten an: **V:** Lass uns und alle Christen auf der Welt so leben, dass alle Menschen deine Güte und Größe erfahren. Geheiligt werde dein Name! – **A:** Geheiligt werde dein Name. **V:** Lass uns und alle Christen auf der Welt ein Leben führen, das deinem Willen entspricht und dir gefällt. – **A:** Geheiligt … **V:** Lass uns und alle Christen auf der Welt, dazu beitragen, dass alle Menschen ihr tägliches Brot haben und leben können. – **A:** Geheiligt … **V:** Lass uns und alle Christen auf der Welt immer wieder bereit sein, die Hand zur Versöhnung auszustrecken und zu verzeihen. – **A:** Geheiligt … **V:** Lass uns und alle Christen auf der Welt von der Hoffnung Zeugnis geben, dass der Tod nicht das letzte Wort hat, dass du uns das ewige Leben schenken willst. – **A:** Geheiligt … **P:** Denn du bist unser Herr, der Trost der ganzen Welt. Durch dich preisen wir den Vater in alle Ewigkeit. Amen
Sanctus	**Heilig, heilig, heilig** (S. 97 oder GL 196)
Vaterunser	**Gesungen** (S. 97)

Das **Vaterunser**, das Gebet, das Jesus Christus uns geschenkt hat, enthält sieben zentrale Bitten.
Die Bitten 1–3 betreffen die „vertikale" Dimension, die Beziehung zwischen Gott und den Menschen, die Bitten 4–7 die „horizontale" Dimension der Beziehung zwischen den Menschen. Diese Bitten können mit Hilfe eines Symbols, das die Kinder vor den Altar legen, entfaltet werden:
1. Geheiligt werde dein Name: Gotteslob und Kerze.
2. Dein Reich komme: Evangeliar (Reich-Gottes-Gleichnis) und Opferkörbchen als Zeichen für Hilfe untereinander.
3. Dein Wille geschehe: Schild mit einem großen JA.
4. Unser tägliches Brot gib uns heute: Laib Brot, Foto von gemeinsamer Mahlzeit in größerer Runde.
5. Und vergib uns unsere Schuld …: Stola und zwei Kinder, die sich die Hände zur Versöhnung reichen.
6. Und führe uns nicht in Versuchung: Schild mit großem (durchgestrichenem) ICH (Egoismus als die dahinter stehende Geisteshaltung).
7. Sondern erlöse uns von dem Bösen: Kreuz.

 Gruppenstunde

4.1 Wir beten zu Hause

Vorbereitung:
- Kerze
- Arbeitsblatt 4.1.1
- ggf. die Gebete von Arbeitsblatt 4.1.1 vergrößert
- Bibel: Psalm 23
- Große Pappe und Filzstift, um Psalm 23 aufzuschreiben

	Struktur und Inhalt	Umsetzung
Gruppenraum Kerze 5 min	**Eröffnung**	Begrüßung, still werden Entzünden der Christus- bzw. Gruppenkerze Kreuzzeichen, gemeinsames Vaterunser (oder nur gesungen)
 Seite 97 10 min	**Erlernen des Liedes zur Einheit:** Vater unser	Heute lernen wir ein neues Lied: Den Text kennt ihr schon – es ist das Vaterunser.
5 min	**Besprechung der Hausaufgabe und Überleitung von E3** **Einführung in das neue Thema:** Wir beten, d.h. wir sprechen mit Gott, allein, in der Familie, in einer Gruppe	Zu Hause habt ihr eine eigene Glaubensurkunde erstellt. Wir wollen sie anschauen und noch einmal gemeinsam das Glaubensbekenntnis sprechen. Denn es ist ganz wichtig für uns zu wissen, was wir glauben, und das auch sagen zu können.
	Hinführung zum Verständnis von Gebet als einer zentralen Ausdrucksform des Glaubens • Beten heißt Sprechen zu Gott, Hören auf sein Wort. • Vergleich mit Freundschaft: Begegnung zweier Freunde durch zwei Kinder spielen lassen: herzliche Begrüßung, Erzählen, Interesse am anderen. • Beten basiert auf dem Vertrauen auf Gott, der uns hört und uns immer nahe sein will. • Verschiedene Formen des Betens; ergänzende Erläuterungen durch den Katecheten/die Katechetin zur Freundschaft Gottes. Wichtiger Unterschied in der Freundschaft mit Gott ggü. zwischenmenschlicher Freundschaft: Gott verliert uns nicht aus dem Auge, wenn wir nicht beten, aber wir Menschen verlieren den Kontakt zu ihm und das Bewusstsein dafür, dass unser Leben in seinen Händen liegt! Kein „Dialog" auf Augenhöhe, sondern: Hören, sich Gott anvertrauen, danken, bitten, sich unter sein Wort stellen Hinweis auf **Händefalten** und **Kreuzzeichen** als Gebetseröffnung und -abschluss	Es gibt noch andere Möglichkeiten, wie wir unseren Glauben ausdrücken und Gott nah sein können ... (verschiedene Antworten aufgreifen: etwas Gutes tun ..., Beten) • Was geschieht denn, wenn wir beten? Könnte man das Gebet mit etwas vergleichen? • Stellt euch einmal vor, zwei Freunde treffen sich nach den Sommerferien und begrüßen und unterhalten sich: Wer möchte das einmal spielen? ... • Was würde passieren, wenn wir nicht miteinander sprächen? Das Gleiche gilt im Blick auf unsere Freundschaft mit Gott, er will unser Freund sein, immer für uns da sein und für all unsere Anliegen ein offenes Ohr haben. So können wir mit ihm wirklich sprechen – aber wie? Wir konzentrieren uns auf das Sprechen mit Gott – wir falten die Hände, denn jetzt wollen wir ganz bei Gott sein, ganz Ohr für ihn sein – denn Beten ist nicht nur sprechen, sondern auch hören auf das, was er uns sagen will. Wir begrüßen ihn, indem wir das Kreuzzeichen machen. Es erinnert uns an Jesu Tod und Auferstehung.

- Bastelvorlage Gebetswürfel für die Kinder, ggf. vergrößert und nach Möglichkeit auf festerem Papier

	Struktur und Inhalt	**Umsetzung**
Gebete für Kinder, Psalm 23 noch zurückhalten AB 4.1.1 15–25 min	**Gemeinsames Lesen der (groß ausgedruckten) Gebete, Austausch über Erfahrungen mit den Gebeten** Verschiedene Gebete und Gebetstypen: • freie und vorformulierte Gebete • Bitt-, Dank- und Lobgebete • Morgen-, Abend- und Tischgebete Austeilen von Arbeitsblatt 4.1.1; die Blätter jeweils an der Schneidelinie ausschneiden, senkrecht knicken, so dass zwei Heftchen mit je 4 DIN-A6-Seiten entstehen.	Ich habe euch hier verschiedene **wichtige Gebete** mitgebracht. Manche davon kennt ihr schon, andere sind euch vielleicht neu. Jeder von euch wählt sich eins aus und schaut es ganz in Ruhe an. Wir wollen dann hinterher etwas über die einzelnen Gebete sprechen. • Kennt ihr eines dieser Gebete? Woher? • Gefällt es euch? Warum? • Wann könnte man es beten? Auf diesen Blättern findet ihr die verschiedenen Gebete. Daraus machen wir uns ein eigenes kleines Gebetsheft, das in unser Gotteslob passt.
Psalm 23 Große Pappe für Psalm 23, dicker Filzstift; ggf. Kinderfassungen Psalm 23 15–25 min	**Gemeinsames Erarbeiten von Psalm 23** Der Katechet/die Katechetin informiert kurz über die Bedeutung von Psalmen im Allgemeinen und von Psalm 23 im Besonderen. Hier können die Kinder anknüpfen an ihre bereits erworbenen Bibelkenntnisse und die Bedeutung der Rede vom guten Hirten. Im Gespräch werden die einzelnen Verse und Bilder des Psalm 23 erarbeitet und auf der Pappe festgehalten. (Hilfestellung bieten Kinderbibel-Fassungen; siehe auch die Beispiele kindgerechter Formulierungen von Psalm 23 auf der CD-ROM)	Schaut euch einmal dieses Gebet an: Es hat die Überschrift: **Der gute Hirt**. Es handelt sich hierbei um einen Psalm, also ein Gebet der Bibel, genauer aus dem Alten Testament. Dieser Psalm ist sehr berühmt geworden, weil er viele Menschen getröstet hat, die in Not und Verzweiflung waren. • Wie zeigt sich Gott hier? (als Hirt) • Kommt euch das bekannt vor? (Jesus Christus: der gute Hirt) Dieser Psalm ist in einer Sprache geschrieben, die uns heute nicht mehr ganz leicht verständlich ist. Wir wollen versuchen, den Psalm in unsere Sprache zu übersetzen. • Was könnte dieser Satz bedeuten? • Habt ihr einen Vorschlag, wie man den ersten Satz formulieren könnte? Wir schreiben unsere neue Formulierung auf diese große Pappe.
Bastelvorlage Gebetswürfel	**Erläutern der Hausaufgabe:** Gebetswürfel basteln; **Hinweis zur nächsten Stunde:** Gotteslob mitbringen.	Als Hausaufgabe bekommt ihr diese Bastelanleitung für einen **Gebetswürfel**. Wer ein eigenes Gotteslob hat, bringt das bitte in der nächsten Woche mit.
Abschluss 5–10 min	**Abschluss an der Kerze** Es bietet sich hier an, die Kinder ruhig werden zu lassen und zum Abschluss den umformulierten Psalm 23 vorbeten zu lassen. Abschluss mit Ehre sei dem Vater … Die Ruhe – je nach Stimmung der Kinder – langsam ausklingen lassen.	Wir haben viele verschiedene Gebete kennen gelernt. Aber Gebete sind eigentlich nicht zum Darüber-Reden da, sondern zum Beten – und das wollen wir zum Abschluss auch tun. Wir werden ganz still und schauen einen Moment auf die flackernde Flamme unserer Kerze. Danach betet ein Kind unseren Psalm 23 vor. … Ehre sei dem Vater und dem Sohn und dem Heiligen Geist. Wie im Anfang, so auch jetzt und alle Zeit und in Ewigkeit. Amen.

Gruppenstunde: 4.1 Wir beten zu Hause

AB 4.1.1 Grundgebete

Psalm 23
Der Herr ist mein Hirte, nichts wird mir fehlen.
Er lässt mich lagern auf grünen Auen
und führt mich zum Ruheplatz am Wasser.
Er stillt mein Verlangen;
er leitet mich auf rechten Pfaden,
treu seinem Namen.
Muss ich auch wandern in finsterer Schlucht,
ich fürchte kein Unheil; denn du bist bei mir,
dein Stock und dein Stab geben mir Zuversicht.
Du deckst mir den Tisch vor den Augen meiner Feinde.
Du salbst mein Haupt mit Öl,
du füllst mir reichlich den Becher.
Lauter Güte und Huld
werden mir folgen mein Leben lang
und im Haus des Herrn
darf ich wohnen für lange Zeit.

8

Wir falten beim Beten die Hände.

Wir bringen so zum Ausdruck, dass wir uns vertrauensvoll in die Hand Gottes geben.

Kreuzzeichen
Im Namen des Vaters
und des Sohnes
und des Heiligen Geistes.
Amen.

Ehre sei dem Vater
Ehre sei dem Vater
und dem Sohn
und dem heiligen Geist.
Wie im Anfang,
so auch jetzt und alle Zeit
und in Ewigkeit.
Amen.

1

Morgengebete
Lieber Gott, ich bin hier,
für den Morgen dank ich dir.
Beschütz mich heute,
meine Freunde, alle Kinder, alle Leute.
Lieber Gott, ich bin hier,
für den Morgen dank ich dir.
Amen.
Rosemarie Harbert

Wenn die Sonne aufgegangen
Und der Tag hat angefangen,
will ich Gott im Himmel droben
fröhlich und von Herzen loben.
Volksgut

6

Glaubensbekenntnis
Ich glaube an Gott,
den Vater, den Allmächtigen,
den Schöpfer des Himmels und der Erde,
und an Jesus Christus,
seinen eingeborenen Sohn,
unseren Herrn,
empfangen durch den Heiligen Geist,
geboren von der Jungfrau Maria,
gelitten unter Pontius Pilatus,
gekreuzigt, gestorben und begraben,
hinabgestiegen in das Reich des Todes,
am dritten Tage auferstanden von den Toten,
aufgefahren in den Himmel;
er sitzt zur Rechten Gottes,
des allmächtigen Vaters,
von dort wird er kommen,
zu richten die Lebenden und die Toten.
Ich glaube an den Heiligen Geist,
die heilige katholische Kirche,
Gemeinschaft der Heiligen,
Vergebung der Sünden,
Auferstehung der Toten
und das ewige Leben.
Amen.

3

Grundgebete AB 4.1.1

Vaterunser

Vater unser im Himmel,
geheiligt werde dein Name.
Dein Reich komme.
Dein Wille geschehe
wie im Himmel, so auf Erden.
Unser tägliches Brot gib uns heute.
Und vergib uns unsere Schuld,
wie auch wir vergeben unseren Schuldigern.
Und führe uns nicht in Versuchung,
sondern erlöse uns von dem Bösen.

Denn dein ist das Reich und die Kraft
und die Herrlichkeit in Ewigkeit.
Amen.

Abendgebete

Ein langer Tag ist jetzt vorbei;
ich sage gute Nacht
Und danke Gott – er war dabei und
hat an mich gedacht.
Für meine Eltern bitte ich und alle, die ich mag.
Mein Gott, du trägst sie sicherlich
auch in den nächsten Tag.
Und hab ich etwas falsch gemacht,
dann tut es mir sehr Leid,
ich bitte, vor Beginn der Nacht,
dass Gott es mir verzeiht.
Für jedes Kind in diesem Land
bitt ich um Segen nun.
Gott, halte uns in deiner Hand
und lass uns friedlich ruhn.
Rainer Haak

Großer guter Gott. Vielen Dank für diesen Tag.
Wir haben gespielt, wir haben gelacht.
Wir haben geweint, wir haben gezankt,
wir haben uns lieb gehabt. ...
Segne uns alle und gibt uns eine gute Nacht.
Amen.

Ave Maria – Gegrüßet seist du, Maria

Gegrüßet seist du, Maria,
voll der Gnade,
der Herr ist mit dir.
Du bist gebenedeit unter den Frauen
und gebenedeit ist die Frucht deines Leibes Jesus.
Heilige Maria, Mutter Gottes,
bitte für uns Sünder,
jetzt und in der Stunde unseres Todes.
Amen.

Tischgebete

Segne, Vater, diese Gaben!
Amen, Amen.

Alle guten Gaben,
alles, was wir haben,
kommt, o Gott, von dir.
Wir danken dir dafür.

Komm, Herr Jesus, sei unser Gast
und segne, was du uns bescheret hast.
Amen.

Gebetswürfel

Diese Vorlage sollte (nach Möglichkeit um mindestens 50% vergrößert) auf festem Papier ausgedruckt und an die Kinder ausgehändigt werden. Eine vergrößerte Vorlage befindet sich auf der CD-ROM. Sie können sich aussuchen, ob sie Morgengebete, Tischgebete, Abendgebete oder Grundgebete aufschreiben wollen. Im Gebetsheft (Arbeitsblatt 4.1.1) finden sich einige Beispiele, die leicht um weitere ergänzt werden können (Erfahrungen der Familien, der Großeltern, Kinder-Gebetbücher, GL 14, 16, 17, 18, 22).

Jede Würfelseite wird mit einem Gebet beschrieben und ggf. verziert. Ist ein Gebet zu lang, aber bekannt (z.B. das Vaterunser), wird nur der Beginn des Gebets aufgeschrieben. Sind die Würfelseiten fertig beschrieben und geschmückt, knickt man die Vorlage an den Kanten und bestreicht die Laschen mit Klebstoff, so dass die Vorlage zu einem Würfel zusammengefügt werden kann. Dieser letzte Arbeitsschritt sollte nach Möglichkeit gemeinsam mit einem Erwachsenen geschehen, der ggf. dieses Blatt als Kopie bekommt.

um mindestens 50% vergrößern

💡 Für helle Köpfe
Unser tägliches Brot gib uns heute

Wir bitten Gott im Vaterunser immer wieder neu: „Unser tägliches Brot gib uns heute". Damit ist nicht nur „Brot" gemeint, sondern alles, was wir Menschen brauchen, um leben zu können.

Vielleicht hast du schon einmal von der Not der Kinder in Lateinamerika, in Afrika und auch in Asien gehört. Am Schriftenstand in eurer Kirche gibt es bestimmt Informationen über ein Projekt der Sternsinger oder über andere Hilfswerke, die sich für die Armen einsetzen. Vielleicht entdeckst du auch an anderer Stelle etwas über die Armut in der Welt. Dann kannst du sicher ein Bild zu dieser Vaterunser-Bitte gestalten:

**Was brauchen Kinder und Erwachsene, um leben zu können?
Schreibe oder male es in die Kästchen!**

„Unser tägliches Brot gib uns heute"

Gruppenstunde
4.2 Wir beten in der Kirche

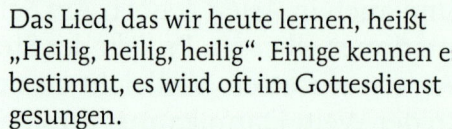

Vorbereitung:
- Kerze, Teelichter
- Gotteslob für jedes Kind
- Nummern von Liedern aus dem GL heraussuchen: z.B. Glaubensbekenntnis (Nr. 2.5); Vaterunser (Nr. 2.2; gesungen: 363); Lieder aus dem EK-Kurs; Fest soll mein Taufbund; ...
- Einige leere/linierte (Kartei-) Karten und Stifte, kleines Körbchen

	Struktur und Inhalt	Umsetzung
Gruppenraum Kerze	**Eröffnung**	Begrüßung, still werden Entzünden der Christus- bzw. Gruppenkerze Kreuzzeichen, gemeinsames Vaterunser
 Seite 97 10 min	**Erlernen des Liedes:** „Heilig, heilig, heilig" (GL 196)	Das Lied, das wir heute lernen, heißt „Heilig, heilig, heilig". Einige kennen es bestimmt, es wird oft im Gottesdienst gesungen.
5 min	**Besprechung der Hausaufgabe, Überleitung von der letzten Stunde:** Beten kann man überall; Gottesdienstraum: Ort des gemeinsamen Betens im Gottesdienst.	• Habt ihr den Gebetswürfel gebastelt? Welche Gebete habt ihr ausgewählt? • Habt ihr euch schon einmal überlegt, warum es überhaupt Kirchen (Gebäude) gibt? ...
Gotteslob (GL) für alle Kinder, vorab: Auswahl bekannter Nummern 10–20 min	**Unser Gebetbuch: Das Gotteslob** Die Kinder blättern zunächst im Gotteslob, um damit vertraut zu werden, und zeigen, wenn ihnen etwas auffällt (seltsame Formulierungen, Gebete und Lieder, Wappen des Bistums, bekanntes Lied ...). Anschließend üben sie, einzelne **Nummern zu finden** (dabei Unterscheidung Nr. – Strophe/Abschnitt). Hinweise/gemeinsames Erkunden: Aufbau des GL; Gebete für Kinder: Nr. 22; Messablauf: Nr. 352ff; Diözesananteil (S. 7 und ab Nr. 801). Bedeutung eines **eigenen Gebetbuchs**: Hier kann der Katechet/die Katechetin den Kindern das eigene Gotteslob mit Bildchen, Totenzettel ... zeigen.	Wenn viele gemeinsam beten, brauchen wir ein Buch, aus dem wir beten können: Das Gotteslob, unser Gebetbuch. • Schaut es euch einmal genau an ... • Versucht einmal, die Nr. 491 zu finden! Wie geht ihr vor? • Weitere Nummern mit Liedern/Texten, die die Kinder bereits kennen, suchen. Egal, ob ihr in Köln, Hamburg, Freiburg, Berlin, Wien ... seid, überall werdet ihr dieses Gotteslob finden. Einige von euch haben heute schon ihr eigenes Gotteslob mitgebracht, andere bekommen es vielleicht zur Erstkommunion geschenkt. In jeder Kirche liegen einige Bücher zum Ausleihen aus, denn jeder soll mitbeten können. Aber das Exemplar, das wirklich mir gehört, wird schnell zu meinem ganz persönlichen ...
 10–20 min	**Gebetshaltungen** Verschiedene Körper-Haltungen werden ausprobiert, Eindrücke mitgeteilt und auf die drei Körperhaltungen im Gottesdienst bezogen: • Stimmungen im Standbild verdeutlichen und erraten: Traurigkeit, Freude, Gebet, Zuhören, Nachdenken • Paare bilden, sich gegenseitig zusprechen: „Ja, wir wollen Freunde sein!" – im Sitzen, im Stehen, im Laufen; Übertragung auf Gottesdienst: Bsp. Vaterunser, Glaubensbekenntnis (Freundschaftserklärung) • Stehen (bereit sein), sitzen (zuhören, nachdenken), knien (anbeten): Eindrücke sammeln, mitteilen, Gebetsbeispiele	Wir unterstützen das, was wir beim Gebet ausdrücken wollen, durch Zeichen und Haltungen, z.B. vor dem Evangelium durch drei Kreuze auf Stirn, Mund und Herz („Ich will das Wort in meinem Kopf bedenken, mit meinem Mund erzählen und in meinem Herzen bewahren.") Jedes Kind bekommt die Aufgabe, ein bestimmtes Gefühl darzustellen, ohne zu sprechen ... • Wie würden wir einander sagen, dass wir Freunde sind? Unsere Körperhaltung drückt aus, was und wie wir beten ...

- Absprache mit dem Zelebranten der nächsten Sonntagsmesse bzgl. der Fürbitten der Kinder
- Arbeitsblatt 4.2.1
- 4. Symbolkärtchen; Grundsteine der Kinder
- 5. Brief an die Eltern der Kommunionkinder

	Struktur und Inhalt	**Umsetzung**
10–15 min	**Gebet als gemeinsame Ausdrucksform des Glaubens** Gebetsformen (gemeinsam, Dialog, Priestergebet mit Gemeinde-Antwort); Rollen im Gottesdienst (Zelebrant, Lektor/in, Kantor/in, Gemeinde, …); Textformen (Lesungen, Fürbitten) Wortlaut und Bedeutung der **Dialoge**: • Tagesgebet: „Lasset uns beten." – „Amen" • vor dem Evangelium: „Der Herr sei mit euch" – „und mit deinem Geiste" – „aus dem heiligen Evangelium nach …" – „Ehre sei dir, o Herr" • Fürbitten: z.B. „Wir bitten dich, erhöre uns" • Friedensgruß: „Der Friede sei mit dir!"	Ihr seid jetzt schon oft sonntags im Gottesdienst gewesen. • Bestimmt kennt ihr schon einige Gebete, die dort gesprochen werden … (Vaterunser, Glaubensbekenntnis …) • Beten immer alle gemeinsam? … (Gebetsformen) • Manchmal wird auch etwas erzählt … (Lesungen, Predigt) Es gibt in der Messe einige Gebete, bei denen der Priester vorbetet und die Gemeinde antwortet. Fällt euch ein solches Gebet ein? … Wir wollen einige **Antworten** üben. Oft wird eine besonders feierliche Sprache verwendet, die schon sehr alt ist – wir wollen herausfinden, was jeweils gemeint ist …
Zettel für die Fürbitten, Stifte, Körbchen; zuvor Absprache mit Zelebrant 5–10 min	**Bittgebet und Fürbitte:** Ermutigung zur Bitte; Gott will unser Freund sein. Wichtig: Gott verwandelt unser Herz und zeigt uns den Weg – aber er „zaubert" nicht, macht z.B. nicht aus einer schlechten Klassenarbeit eine gute, … Fürbitten formulieren, sammeln	Die **Fürbitten** werden für jede Messe neu überlegt. Wir dürfen Gott um alles bitten … (Beispiele der Kinder aufgreifen, ggf. korrigieren). Wir wollen nun – jeder für sich – überlegen, worum wir Gott bitten möchten. Jeder von euch schreibt seine Bitte auf diesen Zettel. Wir sammeln sie in einem Körbchen, das wir am Sonntag auf den Altar stellen.
4. Symbolkärtchen, Grundsteine der Kinder, 5. Elternbrief	**Füllen des Grundsteines** **Verteilen des 5. Elternbriefes.**	In den letzten beiden Gruppenstunden haben wir viel über das Gebet gelernt und auch selbst gebetet. Wir bekleben unseren Grundstein mit dem 4. Kärtchen. Eure Eltern bekommen wieder einen Brief.
AB 4.2.1	**Verteilen und Erläutern der Hausaufgabe**; ggf. GL ausleihen	Als Hausaufgabe bekommt ihr ein Rätsel. Um es zu lösen, braucht ihr ein Gotteslob …
Abschluss ⏱ 10 min	**Abschluss an der Kerze und Segen** Jedes Kind trägt seine Fürbitte vor (freiwillig) und stellt ein Teelicht an die Gruppenkerze. Die Fürbitten werden am Sonntag in einem Körbchen auf den Altar gestellt, einzelne können als Fürbitten vorgetragen werden.	Auch heute wollen wir zum Abschluss unserer Stunde gemeinsam beten. Wie in der Messe tragt ihr eure Fürbitte vor, und alle antworten darauf: Wir bitten dich, erhöre uns. Danach dürft ihr ein Teelicht an unserer Kerze entzünden und es dort hinstellen. Wir beten: Guter Gott, du hörst unsere Bitten und bist mitten unter uns, wenn wir in der Kirche Gottesdienst feiern. Bleibe immer bei uns und zeige uns deine Nähe. Darum bitten wir durch Jesus Christus, unseren Herrn. Amen. Und so segne und behüte uns der allmächtige Gott: der Vater, der Sohn und der Heilige Geist (gemeinsames Kreuzzeichen). Amen.

Gruppenstunde: 4.2 Wir beten in der Kirche

AB 4.2.1

Ein Buch mit sieben Siegeln?

Das folgende Rätsel löst du mit Hilfe des Gotteslobs (das wird im Folgenden immer GL abgekürzt). Auf die freien Linien schreibst du jeweils die passende Zahl. Das Ergebnis einer ganzen Zeile kommt in die Ergebnis-Spalte. Rechne alle Ergebnis-Zahlen zusammen! Jetzt weißt du, wie alt der älteste Mensch geworden ist, den die Bibel erwähnt.

Frage	Tipp	Ergebnis
Das Lied „Wir sagen euch an den lieben Advent" steht im GL unter der Nr.	Schlag hinten im Inhaltsverzeichnis nach.	....
Das Vaterunser findet sich im GL unter der Nr. 3, Abschnitt .... Multipliziere diese Zahl mit 2! Welches Ergebnis erhältst du?	Achte auf den Unterschied zwischen Nr. und Abschnitt.	....
Das Lied „Kommt herbei, singt dem Herrn!" steht unter der Nr.	Schlag hinten im Inhaltsverzeichnis nach.	....
Ein ganz berühmtes Lied heißt: „Großer Gott, wir loben dich". Es steht unter der Nr.	Schlag hinten im Inhaltsverzeichnis nach.	....
Schlag die Nr. 37 auf. Dort findest du Psalm 23. Wie viele Verse hat er?	Die Verse sind die nummerierten Sätze.	....
Tischgebete findest du im GL ab S. 66, das ist die Nr.	Achte auf den Unterschied zwischen Seite und Nummer.	....
Das Lied „Ich lobe meinen Gott von ganzem Herzen" steht im GL unter der Nr. .... Teile diese Zahl durch 2. Welche Zahl erhältst du?	Schlag hinten im Inhaltsverzeichnis nach!	....
Jetzt zähle alle Zahlen zusammen. Welches Ergebnis erhältst du?		....

Im Buch Genesis (Gen 5,27) kannst du das nachlesen:

Methusalem, ein Mann in der Bibel, soll .... Jahre alt geworden sein.
So alt kann natürlich in Wirklichkeit kein Mensch werden. In der Bibel wird mit diesem hohen Alter ausgedrückt, dass Methusalem ganz eng mit Gott verbunden war: Gottes Freundschaft war für ihn so groß und wunderbar, dass sie für fast 1000 Jahre gereicht hätte.

223 – 4 – 140 – 380 – 10 – 12 – 200

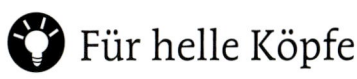 Für helle Köpfe
Kennst du Franz?

Franz wurde vor etwa 900 Jahren in Italien, in der Stadt Assisi geboren. Seine Familie war sehr reich. Franz hatte viele Freunde. Er gab viel Geld aus und feierte für sein Leben gern. Er wollte Ritter werden. Eines Nachts hatte er einen Traum, der sein ganzes Leben veränderte. Der reiche Junge verschenkte alles, was er besaß. Er wollte nichts mehr besitzen, nicht einmal Kleidung, obwohl sein Vater Stoffhändler war. Franz trug als Kleidung einen alten Sack, den er mit einem Strick um den Bauch zusammenband. Er ging zu den Bettlern und Kranken. Er sorgte für sie.
Er lebte wie Jesus und erzählte allen Menschen von ihm. Er war sehr vertraut mit Jesus. Bald fanden sich viele andere Männer und Frauen, die mit ihm lebten. Es gibt sie bis heute: Sie nennen sich Franziskaner.
Für Franz waren alle Geschöpfe Bruder und Schwester: die Sonne, Bäume und Blumen, Wind und Wasser, Vögel und all die anderen Tiere. Man sagt sogar, dass er mit den Tieren sprechen konnte. Franziskus entdeckte in allen, wie gut Gott ist. Er wusste: all das ist wunderbar! Er schrieb ein großartiges Gebet: den Sonnengesang. Unten findest du die erste Strophe dieses schönen Gesangs, den wir heute noch manchmal im Gottesdienst singen: Laudato si! Das bedeutet: Sei gepriesen!

Sei gepriesen für alle deine Werke!
Sei gepriesen für Sonne, Mond und Sterne!
Sei gepriesen für Meer und Kontinente!
Sei gepriesen – denn du bist wunderbar, Herr!

Freies Angebot
Eine Perlenkette zum Beten

Die Kinder kennen vielleicht den Rosenkranz als Gebetsschnur von den Großeltern. Sie lernen, dass diese Perlenkette als „Zählschnur" für die Gebete dient, die nach einer festen Zahlenordnung gesprochen werden. Das Kreuz, das Zeichen des Erlösers und der Erlösung, bildet den Mittelpunkt des Rosenkranzes. Rosenkranzbeten bedeutet also, mit der Gottesmutter Maria auf Leben, Sterben und Auferstehen Jesu Christi zu schauen.

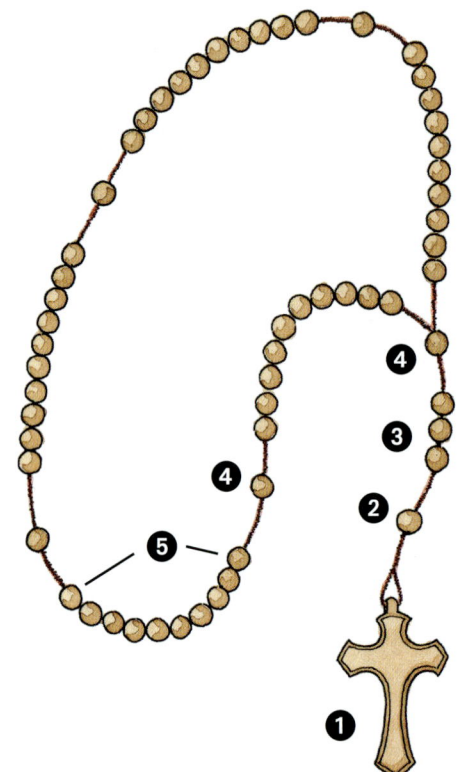

❶ *Kreuzzeichen, Glaubensbekenntnis, Ehre sei dem Vater*

❷ *Vater unser*

❸ Drei *Ave Maria*, nach „deines Leibes Jesus" wird angehängt:
1. der in uns den Glauben vermehre
2. der in uns die Hoffnung stärke
3. der in uns die Liebe entzünde
Anschließend: Ehre sei dem Vater ...

❹ *Vater unser*

❺ *Gesätz* mit zehn *Ave Maria* (bei denen jeweils ein kurzer Satz (ein „Geheimnis") aus den vier unterschiedlichen Rosenkränzen angehängt wird) *Ehre sei dem Vater.*

In einer solchen Stunde können, durch Erzählungen und Erklärungen unterbrochen, gemeinsam ein oder zwei Gesätze des „lichtreichen Rosenkranzes" gebetet werden; ein großer Rosenkranz kann dann bei jedem Ave Maria an das nächste Kind weitergegeben werden. Es bietet sich an, die Andacht an verschiedenen Orten in der Kirche zu halten:

Legende zur Entstehung dieses Gebets
Ein junger Mönch hat vor seinem Eintritt ins Kloster, wann immer es von der Jahreszeit her möglich war, der Jungfrau Maria einen Kranz aus Rosen geflochten und damit das Haupt ihrer Statue geschmückt. Durch den Tagesablauf im Kloster an der Fortsetzung dieses Brauches häufig gehindert, ist ihm durch die Gottesmutter selbst oder durch einen Mönch mitgeteilt worden, Maria seien fünfzig Ave Maria noch weit willkommener als ein Kranz von fünfzig Rosen.

- Am Taufbrunnen: **Jesus, der von Johannes getauft worden ist.** (Krug und Schale können als Zeichen für die Taufe dort stehen)
- Am Ambo: **Jesus, der uns das Reich Gottes verkündet hat.** (Große Bibel oder Evangeliar und Kerzen als Zeichen für die Verkündigung)
- Am Altar: **Jesus, der uns die Eucharistie geschenkt hat.** (Kelch und Schale als Zeichen für die Eucharistie)

🎵 Lieder

Vater unser

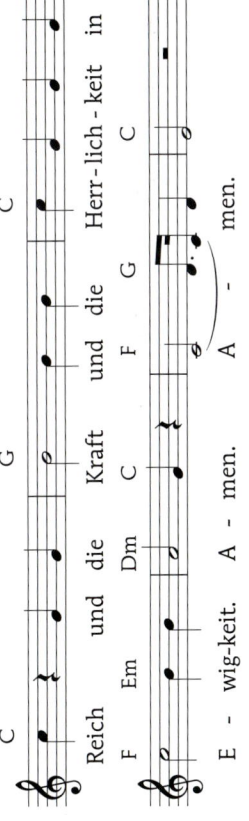
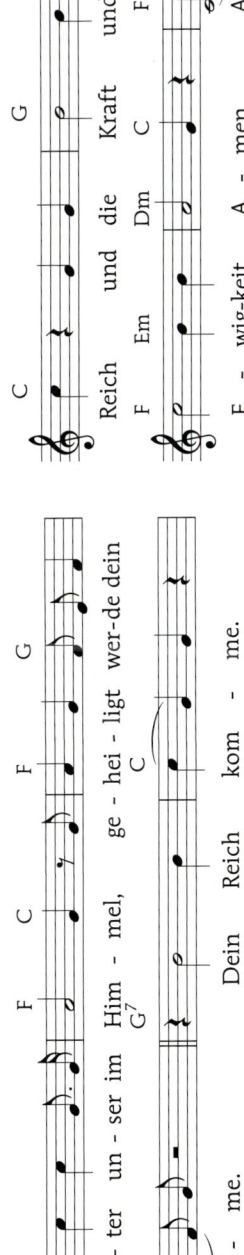

Text: Liturgie, Melodie: Peter Janssens, aus: Wir haben einen Traum, 1972; alle Rechte im Peter Janssens Musik Verlag, Telgte-Westfalen

Heilig, heilig, heilig (GL 196)

Melodie: nach dem Choralbuch Steinau 1726

Einheit **5**

Wir leben aus dem Glauben

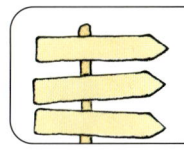

5

ℹ️	Hinführung	Rund um die Gebote	100
📖	Glaubenslexikon	Von A bis Z: Die Gebote	102
✉️	Elternbrief	5. Brief an die Eltern der Kommunionkinder	104
✝️	Gottesdienst	Liebt einander, wie ich euch geliebt habe	105

👥	**Gruppenstunde 5.1**	**Wegweiser für unser Leben**	**106**
💡	Für helle Köpfe	Wann beginnt das Jahr?	110
🎵	Lieder	• Dies ist mein Gebot: Liebet einander, wie ich euch geliebt (GL 305,4) • Gloria! Ehre sei Gott! (GL 169)	111
👥	**Gruppenstunde 5.2**	**In der Kirche unterwegs**	**112**
💡	Für helle Köpfe	Weg meines Lebens	115
⭐	Freies Angebot	Wir helfen der Gemeinde*	

*siehe Hinführung S. 101

ⓘ Hinführung
Rund um die Gebote

Unser Glaube findet seinen Ausdruck nicht nur in der Feier der Sakramente und in der Verkündigung des Wortes Gottes, sondern auch in der Gestaltung unseres Lebens. Gottes Gebote, besonders die Zehn Gebote (der sogenannte Dekalog; in der Bibel finden wir ihn in Exodus 20,2–17 und Deuteronomium 5,6–21), sind **Wegweiser unseres Alltags**. Sie sind zeitlos gültig und verpflichtend und spielen für uns Christen eine zentrale Rolle. Aber was ihre Forderungen konkret bedeuten, muss in jeder Zeit neu bedacht werden.

Die Bibel ordnet die Zehn Gebote in den **Bund Gottes** mit dem Volk Israel ein. Dies ist sehr wichtig, denn damit wird deutlich: Gottes Gebote sind keine Anweisungen „mit erhobenem Zeigefinger", sondern sie erwachsen aus der Beziehung zwischen Gott und Mensch. Sie zu befolgen ist die **Antwort des Menschen** auf Gottes Befreiungstat – aus der Knechtschaft Israels in Ägypten, aber auch aus Sünde und Tod. Gott sagt uns in seinen Geboten: „Ich schenke euch Freiheit. Euer Glaube an mich wird in eurem Leben sichtbar sein. Meine ewige Treue zu euch werdet ihr beantworten mit eurer Liebe zu mir und zu euren Mitmenschen." Gebote geben unserer Freiheit Raum, indem sie sie ordnen – im Privaten wie in der Gesellschaft. Die Lieder zur Einheit thematisieren Jesu Aufforderung, auf Gottes Liebe mit dem ganzen Leben zu antworten **(Dies ist mein Gebot: Liebet einander, wie ich euch geliebt)**, sowie unseren Dank und Lobpreis Gottes, der aus der Knechtschaft von Tod und Sünde befreit und den Weg zum Leben eröffnet **(Gloria! Ehre sei Gott)**. *S. 14, 16, 24*

👥 Gruppenstunde 5.1: Wegweiser für unser Leben

Zunächst erfahren die Kinder mithilfe von Wegweisern, dass Gebote uns die richtige Richtung für unser Leben zeigen. Sie schützen unseren Freiheitsraum und verhindern, dass wir vom Weg abkommen. Dabei ist es wichtig, sie nicht als bloße Mittel zur Moralerziehung zu verstehen, sondern unser Leben nach den Geboten als **Antwort** auf Gottes vorausgehende Liebe und Treue zu bedenken. Dies wird besonders deutlich im **Doppelgebot der Gottes- und Nächstenliebe**, dem wichtigsten und höchsten Gebot (Markus 12,28–31; vgl. Deuteronomium 6,4f; Levitikus 19,18.34).

Die Erfahrungswelt der Kinder ist wesentlich mit einzubeziehen. Speziell beim sechsten Gebot ist es sehr wichtig, sensibel auf die Situation und ggf. Fragen der Kinder einzugehen, deren Eltern z.T. getrennt oder in einer neuen Verbindung leben. Es geht nicht um eine Verurteilung der Menschen in dieser Lebenssituation. Menschliches Leben scheitert immer wieder an Idealvorstellungen. Doch Gott lässt uns nicht allein; er bietet immer wieder seine Güte und Versöhnung an. *S. 14, 24*

5. Wir leben aus dem Glauben

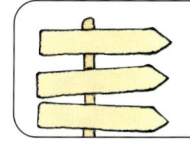

💡 Für helle Köpfe: Wann beginnt das Jahr?

Das Kirchenjahr und das „normale" Jahr beginnen versetzt zueinander. Da unser Land christlich geprägt ist, sind die meisten Feste christlich: Bei Weihnachten und Ostern ist uns dies bewusst – aber auch Silvester und Karneval sind ursprünglich Feste der Kirche. Interessierte Kinder können sich noch näher mit dem Kirchenjahr und seinen Festzeiten beschäftigen. (Zu den liturgischen Farben siehe auch E6: Freies Angebot). *S. 100-101*

⚙ Gruppenstunde 5.2: In der Kirche unterwegs

Um die Zehn Gebote und das Doppelgebot der Liebe auf die Gemeinschaft der Kirche hin noch einmal zu konkretisieren, hat die Kirche im Laufe ihrer Geschichte die sogenannten Kirchengebote, die „Weisungen der Kirche", entwickelt. Sie formulieren wichtige Elemente des christlichen Lebens: Es geht sowohl um den Sakramenten-Empfang als auch um die Struktur der Woche und des Jahres und schließlich um den Einsatz für Kirche und Gemeinde. Letzteres wird nun in dieser Gruppenstunde besonders thematisiert. Zielführend ist die Aussage, die sich an einigen im Krieg beschädigten Kreuzen findet: „Ich habe keine anderen Hände als die euren.": Er sucht unsere Hände, uns selbst, um in Kirche und Gesellschaft zu helfen. Gemeinsam werden Ideen entwickelt, wie und wo die Kinder helfen und sich in die Gemeinde einbringen können. *S. 34*

💡 Für helle Köpfe: Weg meines Lebens

Im Laufe der Erstkommunion-Vorbereitung lernen die Kinder viele Stationen und Gestalten des christlichen Lebens kennen – in dieser Einheit auch die Gebote als Wegweiser für das eigene Leben. An dieser Stelle können interessierte Kinder ihren eigenen Lebensweg bewusst wahrnehmen und zugleich Wünsche und Vorstellungen formulieren, wie sie einmal leben möchten.

✦ Freies Angebot: Wir helfen der Gemeinde

Das fünfte Kirchengebot lautet: Unterstütze im Rahmen deiner Möglichkeiten die Kirche in ihrer Arbeit, ihrem Auftrag, ihren Aufgaben. Auch die Kinder können hier einen Beitrag leisten, z.B. indem sie als Messdiener/in oder im Kinderchor den Gottesdienst bereichern. Besuchs-Patenschaften können gebildet werden, die die verschiedenen Generationen miteinander verbinden. Verschiedene kleinere Aktionen fördern den Zusammenhalt der Gemeinde und bringen die Familien der Kommunionkinder stärker zusammen. Am Pfarrfest können die Kinder etwas vorführen oder vorbereiten, backen oder basteln oder zum Osterschmuck der Kirche beitragen. Das Pfarrheim kann geschmückt oder entrümpelt werden, möglicherweise braucht ein Raum auch einen neuen Anstrich. Oder die Blumenbeete vor der Kirche oder der nahegelegene Spielplatz können verschönert werden. Die Kinder können die Lese-Bändchen der Gotteslobe in der Kirche entknoten oder den Schriftenstand neu ordnen.

Glaubenslexikon
Von A bis Z: Die Gebote

Dekalog: (griech.) *Zehnwort*: Bezeichnung für die Zehn Gebote. Mose empfängt sie nach Exodus 20,2-17 und Deuteronomium 5,6-21 von Gott auf dem Berg Sinai. Gott gibt sie dem Volk Israel als Hilfe, als es nach der Befreiung aus der Gefangenschaft in Ägypten auf dem langen Weg durch die Wüste sein Vertrauen auf Gott verliert. Die Gebote sind keine moralisierenden Verbote. Vielmehr umschreiben sie eine gottgewollte gerechte Lebensordnung, sie sind Ausdruck der Gottesbeziehung, dankbare Antwort auf Gottes Befreiungstat und seine Treue zu den Menschen. Sie gelten nicht nur für Israel, sondern universal, wobei sie auf die jeweilige Kultur und Gegenwart hin anzuwenden sind. Die ersten drei Gebote umfassen das Verhältnis der Menschen zu Gott, die übrigen sieben das Verhältnis der Menschen untereinander. Die folgenden Formulierungen der Gebote sind an die Formulierungen und Erklärungen angeglichen, die die Kinder erhalten, und auf unsere Gegenwart im „Wir" der Kirche hin gedeutet.

1. Du sollst keine anderen Götter verehren: Im Alten Testament hören wir vom Goldenen Kalb, um das die Israeliten tanzten, also von einem greif- und sichtbaren Ersatz-Gott, einem Götzen. Solche Götter können all die Dinge unserer Welt sein, die in unserem Leben zur alles bestimmenden Größe – zum Gottes-Ersatz – werden: z.B. Reichtum, der sich in bestimmten Luxusgütern zeigt, Macht, Ansehen, Dinge, die wir um alles in der Welt haben wollen, die wir „vergöttern", denen wir alles opfern. Das 1. Gebot hilft, den richtigen Maßstab zu finden: Gott an erster Stelle zu halten und alles andere ihm unterzuordnen.

2. Du sollst den Namen Gottes heilig halten: Das, was uns in unserem Leben am wichtigsten ist, halten wir in Ehren, ist uns heilig. Nicht wir selbst, sondern Gott steht im Mittelpunkt unseres Denkens und Handelns: Er ist der Heilige schlechthin. Ein Leben nach seinem Willen, so wie Christus es vorgelebt hat, öffnet unser Leben und unsere Welt für Gott, so dass seine Heiligkeit schon jetzt sichtbar wird.

3. Du sollst den Tag des Herrn achten und würdigen: Die Juden halten den Sabbat, den Ruhetag, der an die Vollendung der Schöpfung am 7. Tag erinnert. Der Sabbat ist der Tag des Herrn: Tag des Gebets, der Familie und des Studiums der heiligen Schrift. Im Christentum entwickelte sich der Sonntag, der Tag der Auferstehung Jesu Christi, als heiliger Tag. Wir Christen sind aufgefordert und eingeladen, uns an diesem Tag Zeit für Gott zu nehmen, seine Größe zu feiern. Wir tun dies im Gottesdienst der Gemeinde.

4. Du sollst Vater und Mutter ehren: Zur Zeit der Entstehung der Gebote war die Sorge um die alt gewordenen Eltern überlebenswichtig, weil sie sich nicht mehr selbst versorgen konnten. Darüber hinaus verweist uns dieses Gebot heute auf den für alle Mitglieder wichtigen Zusammenhalt in der Familie. Hier finden wir Stabilität und Vertrauen; hier wächst auch der Glaube. Alle Familienmitglieder sollen wechselseitig Verantwortung füreinander übernehmen.

5. Du sollst nicht töten: Wir glauben, dass das Leben seinen letzten Ursprung in der schöpferischen Kraft der Liebe Gottes hat. Demzufolge ist unbeschadet aller naturwissenschaftlichen Fragestellungen der Anfang des Lebens ein von Gott gesetzter Akt, der nicht von Menschen gemacht oder vom Zufall hervorgebracht ist. Daraus folgt, dass wir nicht das Recht haben, mit dem Leben und dem Körper – weder mit dem eigenen noch mit dem der anderen – willkürlich umzugehen und es bzw. ihn zu missbrauchen, zu vernichten oder zu töten. Wir sind aufgerufen, jegliches Leben zu achten und zu schützen: das menschliche Leben von Beginn an in jedem seiner Stadien sowie das Leben in der Natur und Umwelt.

6. Du sollst nicht die Ehe brechen: Wir glauben, dass Gottes Liebe zu uns Menschen trotz all unserer Fehler und Sünden unzerstörbar ist. Das hat uns Jesus Christus gesagt und durch seinen Tod am Kreuz besiegelt. Die Liebe zwischen Mann und Frau, die ihre besondere und endgültige Gestalt in der ehelichen Gemeinschaft findet, soll davon Zeugnis geben: So, wie Gott uns Menschen in Liebe treu ist, sollen auch Mann und Frau einander in Liebe treu sein.

7. Du sollst nicht stehlen: Eigentum sichert jedem Menschen das, was er zum Leben braucht. Es ist oft der Lohn seiner Arbeit. Zugleich aber ist Eigentum sozialpflichtig, denn Gott hat die Güter der Erde allen Menschen gegeben. Darum verbietet dieses Gebot, jemandem etwas von seinem Eigentum unrechtmäßig wegzunehmen. Es untersagt zugleich, einem anderen das Lebensnotwendige vorzuenthalten, und gebietet, Armut zu bekämpfen.

8. Du sollst nicht lügen: Wir glauben, dass Gott immer und ohne Vorleistung treu zu uns Menschen ist. Ein Leben im Vertrauen darauf ermöglicht uns Aufrichtigkeit, Verbindlichkeit und Verlässlichkeit als tragfähige Basis für das menschliche Miteinander. Lügen, Intrigen und „halbe Wahrheiten" zerstören Vertrauen und entziehen dem menschlichen Zusammenleben die Grundlage.

9. Du sollst nichts Böses denken: Gott liebt und achtet jeden Menschen unendlich in seiner Würde, Einmaligkeit und Freiheit. Diese

Würde verletzen wir nicht nur, wenn wir Böses tun, sondern auch, wenn wir Böses denken, wenn wir nicht achten, was dem anderen wertvoll ist, wenn wir uns entscheiden, ihn nicht zu unterstützen, wenn wir unrechtmäßig in seine Privatsphäre eindringen.

10. Du sollst nicht neidisch sein: Gott hat die Güter der Erde allen Menschen gegeben. Sie bilden die Lebensgrundlage des Einzelnen und prägen die Ordnung der Gemeinschaft. Dem anderen das nicht zu gönnen, was er kann, oder haben zu wollen, was er hat, zerstört diese Ordnung und offenbart eine ausschließlich auf das eigene Ich bezogene Haltung.

Doppelgebot: „Du sollst den Herrn, deinen Gott, lieben mit ganzem Herzen und ganzer Seele, mit all deinen Gedanken und all deiner Kraft. Du sollst deinen Nächsten lieben wie dich selbst." (Markus 12,30f) Herzstück der Botschaft Jesu, das er als inhaltliche Kurzformel zum Verständnis des Gesetzes, zur Erfüllung des Willens Gottes gibt. Das Doppelgebot verknüpft Religion und Ethik, die Liebe gegenüber Gott, dem Nächsten und sich selbst und stellt das ganze Leben unter die
Verheißung und den Anspruch des Gottesreiches. Wenn sich der Mensch ganz auf Gott hin ausrichtet, ist sein gesamtes Handeln von dieser Haltung geprägt; umgekehrt zeigt sich am Verhalten gegenüber dem Nächsten und sich selbst die Ernsthaftigkeit des Glaubens, der Hand und Fuß bekommen will. Den Nächsten zu lieben wie sich selbst bezieht sich auf das Maß des Wohlwollens und der Verantwortung dem anderen gegenüber: Er soll nicht weniger barmherzig und liebevoll behandelt und beurteilt werden, als man spontan in Selbstliebe sich selbst gegenüber handeln und urteilen würde.

Kirchengebote: Weisungen der Kirche, die die Zehn Gebote auf das Leben in der Gemeinschaft der Christen hin konkretisieren. Auch hier ist der Zusammenhang von Gottes (Vor-) Gabe und unserer Antwort als Christen zentral. Die folgenden Formulierungen der Gebote sind an die Formulierungen und Erklärungen angeglichen, die die Kinder erhalten.

1. Feiere den Sonntag als Tag des Herrn: Am Sonntag gedenken wir in besonderer Weise des Todes und der Auferstehung Jesu Christi. Deshalb sollen wir uns Zeit für Gott und füreinander nehmen und die Arbeit ruhen lassen.

2. Am Sonntag und an Feiertagen nimm regelmäßig an der Eucharistiefeier teil: An allen Sonn- und Feiertagen sind wir zur Teilnahme an der heiligen Eucharistie eingeladen: das Wort Gottes zu hören, Gemeinschaft mit Jesus Christus zu haben und unseren Glauben zu feiern.

3. Am Freitag bringe ein Opfer: Am Freitag erinnern wir uns an den Karfreitag, an dem Jesus Christus am Kreuz sein Leben für uns Menschen geopfert hat. Deshalb sollen auch wir am Freitag ein Opfer bringen, indem wir auf etwas verzichten (z.B. auf Fleisch, Alkohol, Luxusgüter) oder eine besondere Tat der Liebe tun.

4. Empfange regelmäßig, wenigstens aber vor Ostern, das Sakrament der Versöhnung (die Beichte): Am Fest der Auferstehung Jesu Christi (Ostern) sind wir in besonderer Weise zur Gemeinschaft mit Jesus Christus, zur (Oster-) Kommunion eingeladen. Darauf bereiten wir uns in der Fastenzeit vor und bitten im Sakrament der Versöhnung (der Beichte) um Vergebung unserer Sünden und unserer Schuld.

5. Hilf der Kirche und deiner Gemeinde: Durch die Sakramente der Taufe, Kommunion und Firmung sind wir in die Kirche aufgenommen. Die Kirche lebt und wächst durch den gelebten Glauben der Christen und den Zusammenhalt aller Glieder. Das Gebot der Gottes- und Nächstenliebe verpflichtet uns, einander zu lieben, zu helfen und Verantwortung zu übernehmen.

5. Brief an die Eltern der Kommunionkinder
Wir leben aus dem Glauben

Sehr geehrte, liebe Eltern!

Unser Glauben kommt nicht nur im Glaubensbekenntnis und im Gebet zum Ausdruck, sondern auch durch die Art und Weise, wie wir leben. In dieser Einheit lernt Ihr Kind darum die Zehn Gebote und ihre biblische Herkunft kennen. Es erfährt, dass die Bibel in ihnen ein Geschenk Gottes für ein gelingendes Leben sieht. Die Gebote sind Wegweiser eines Lebens aus dem Glauben. Sie geben unserer Freiheit Halt und Orientierung. Auch die sogenannten Kirchengebote sind Wegweiser, wie das Leben der Christen im Alltag gelingen kann: Beispielsweise das Gebot, am Sonntag am Gottesdienst teilzunehmen und ihn als Tag der Ruhe und des Dankes zu begehen. Oder das Gebot, die Arbeit der Kirche zu unterstützen – ein Gebot, das in unserer Gesellschaft nur allzu bedeutsam ist, wird es doch zunehmend schwierig, Menschen zu motivieren, etwas für das Wohl der Gemeinschaft, sei es der Gesellschaft oder der Kirche, zu tun.

Religiöse Gebote sind immer wieder Gegenstand öffentlicher Auseinandersetzung. Die einen sehen in ihnen den Grundbestand der Gesellschaft und hilfreiche Hinweise für das menschliche Zusammenleben, eine Menschheitsweisheit, die nicht veraltet. Die anderen verstehen sie pauschal als Überbleibsel der Vergangenheit, das unserem heutigen Verständnis von Freiheit und Moral nicht mehr entspricht. Ihr Kind hat es in gewisser Weise leichter als wir Erwachsenen. Es wird unbefangener und offener an das Thema Gebote herangehen können. Denn es hat in Elternhaus und Schule die positive Bedeutung von Regeln und Geboten für ein gutes Miteinander erfahren. Auch für die psychische Entwicklung Ihres Kindes sind verlässliche Orientierungspunkte unverzichtbar – nicht nur im sozialen, auch im religiösen Bereich. Vielleicht können auch Sie vor diesem Hintergrund einen (neuen) Zugang zu den biblischen Geboten finden. Unterstützen Sie Ihr Kind in Wort und Tat dabei, diese sinnvollen und hilfreichen Regeln einzuüben!

Es grüßen Sie herzlich

Familien-TIPP

- Suchen Sie in Ihrem Familienkalender den nächsten Sonntag, den Sie bewusst als Familie gemeinsam gestalten als Tag der Ruhe und des Dankes – vielleicht beginnen Sie mit dem Besuch der Sonntagsmesse und schließen dann einen Ausflug an, mit einem Picknick, mit viel Zeit zum Erzählen, zum Miteinander-Spielen und Essen.
- Sicher gibt es in Ihrer Familie bereits ein paar Grundregeln des Zusammenlebens (z.B. die Spülmaschine räumt ... aus, den Abendbrottisch deckt ..., den Müll bringt ... in die Tonne). Vielleicht bietet diese Einheit im Kommunionkurs auch den Anlass, solche Regeln mit dem Kommunionkind und den Geschwisterkindern aufzustellen, sie aufzuschreiben und an einem gut sichtbaren Platz aufzuhängen.
- Nehmen Sie sich in den nächsten Wochen nach und nach einzelne Gebote vor und versuchen Sie, sie mit allen Familienmitgliedern bewusst umzusetzen (vgl. Gotteslob Nr. 29,6).

✝ Gottesdienst
Liebt einander, wie ich euch geliebt habe

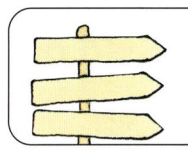

Kyrie	**P:** Gott will jedem Menschen das Heil schenken. Wir bringen unsere Freude und Hoffnung, unsere Trauer und Angst vor ihn und bitten um seine Nähe: **V:** Herr Jesus Christus, du bist Mensch geworden, um uns den Weg zum ewigen Leben zu weisen. – **A:** Herr, erbarme dich. **V:** Du zeigst uns den Willen des Vaters. Christus, erbarme dich. – **A:** Christus, erbarme dich. **V:** Auch heute bist du den Menschen nahe und begleitest uns. Herr, erbarme dich. – **A:** Herr, erbarme dich. **P:** Herr Jesus Christus, auf deine Gegenwart, auf deine Treue hoffen wir. Bringe Licht in unser Leben und sei uns allezeit nahe. Das gewähre uns der dreifaltige Gott, der Vater, der Sohn und der heilige Geist. Amen.
Gloria	**Gloria, Ehre sei Gott** (GL 169 und S. 111)
Lesung	**1 Johannes 2,3–6 (oder: 2,3–11):** Wenn wir seine Gebote halten
Antwortgesang	**Dies ist mein Gebot: Liebet einander, wie ich euch geliebt** (S. 111 oder GL 305,4 mit Psalm)
Evangelium	**Johannes 13,31–35:** Wie ich euch geliebt habe, so sollt auch ihr einander lieben
Fürbitten	**P:** Vater im Himmel, du siehst voller Barmherzigkeit auf alle Menschen, die sich auf den Weg zu dir machen, aber auch auf die, die den Weg zu dir noch nicht oder nicht mehr gehen können. Wir bitten dich: **V:** Die Zehn Gebote sind auch heute Wegweiser zu einem Leben, das aufrichtig ist und Erfüllung schenkt. Steh allen Menschen bei, die auf dem Weg zu dir sind. Herr, erhöre uns. – **A:** Herr, erhöre uns. **V:** Deine Gebote weisen den Weg zu einem gerechten Leben in der Welt. Hilf allen Menschen, die den Weg zu dir suchen. Herr, erhöre uns. – **A:** Herr, erhöre uns. **V:** Als Christen sollen wir den Mitmenschen dienen und Frieden und Freude in die Welt tragen. Schenke uns die Bereitschaft und die Kraft, dein Reich zu verkünden und mit aufzubauen. Herr, erhöre uns. – **A:** Herr, erhöre uns. **V:** Die Liebe zu Gott und zu den Menschen gehört ganz eng zusammen. Lass allen Menschen in Not Hilfe und Solidarität erfahren. Herr, erhöre uns. – **A:** Herr, erhöre uns. **V:** Viele Menschen, deren Glauben nur du kennst, sind uns auf dem Weg zu dir vorausgegangen. Lass sie in deiner Herrlichkeit leben. Herr, erhöre uns. – **A:** Herr, erhöre uns. **P:** Herr, erhöre unsere Bitten – die ausgesprochenen und auch die unausgesprochenen. Halte deine schützende Hand über all unsere Wege, auch wenn sie nicht immer gradlinig verlaufen. Darum bitten wir dich durch Christus, unsern Herrn. Amen.

Die Verbindung zwischen Gottes- und Nächstenliebe wird durch **betende und helfende Hände** symbolisiert. Menschen, die wissen, dass sie selbst mit leeren Händen vor Gott stehen, die sich ganz in Gottes Hand geben, sich ihm öffnen und die dieses Vertrauen auch durch ihr Gebet zum Ausdruck bringen, können auch beide Hände zum Helfen reichen, zum Austeilen der Liebe, die sie durch Gott im Sakrament und im Wort empfangen haben.

Die Kinder bringen zu diesem Gottesdienst ggf. die beschrifteten Hände aus dem Kommunionunterricht mit in die Kirche, auf denen sie notiert haben, wie sie sich in der Gemeinde einbringen wollen.

Gruppenstunde
5.1 Wegweiser für unser Leben

Vorbereitung:
- Kerze
- Arbeitsblätter 5.1.1 und 5.1.2
- Wegweiser mit Zehn Geboten und Doppelgebot ausdrucken und ausschneiden (oder von AB 5.1.1 und 5.1.2 abschreiben)

	Struktur und Inhalt	Umsetzung
Gruppenraum Kerze 5 min	**Eröffnung**	Begrüßung, still werden. Entzünden der Christus- bzw. Gruppenkerze. Kreuzzeichen, gemeinsames Vaterunser
S. 111 10 min	**Erlernen des Liedes:** Dies ist mein Gebot (GL 305,4)	Heute lernen wir ein neues Lied. Wir werden es auch im Sonntagsgottesdienst nach der Lesung singen. Es passt gut zu unserer Stunde.
	Besprechung der Hausaufgabe	Habt ihr das Rätsel der letzten Stunde lösen können? Wie alt wurde Methusalem?
5 min Wegweiser verteilen, unbeschriftete Seite oben	**Einführung ins Thema: Die Bedeutung von Wegweisern** Kinder kommentieren und erschließen die Bedeutung von Wegweisern, Grenzpunkten, Orientierung bei Hindernissen, Abwegen, Sackgassen.	• Kennt ihr Wegweiser? • Wozu sind sie gut? Schilder markieren einen Weg und zeigen die richtige Richtung.
5 min	**Übertragung** auf unseren Weg zu Gott: Mögliche Wegweiser Gottes, die die Kinder nennen, werden aufgegriffen (biblische Geschichten, Jesus Christus, Gebete, Sakramente, Kirche, …); Gespräch wird auf die Zehn Gebote gelenkt.	• Welcher Weg könnte gemeint sein? … (Wir sind auf unserem Lebensweg, Weg der Nachfolge Jesu, auf dem Weg zum ewigen Leben …) • Habt ihr eine Idee, was auf diesem Weg zu Gott ein Wegweiser sein könnte?
5–15 min	**Biblischer Hintergrund zu den Zehn Geboten:** Mose empfängt nach Exodus 20,2–17 und Deuteronomium 5,6–21 von Gott auf dem Berg Sinai die Zehn Gebote. Gott verkündet sie dem Volk Israel, das nach der Befreiung aus der Gefangenschaft in Ägypten auf dem Weg durch die Wüste den Bund mit Gott bricht. Sie umschreiben die Ordnung eines Lebens vor Gott und sind Ausdruck der Gottesbeziehung, Antwort auf Gottes Befreiungstat und seine Treue zum Volk Israel. Wichtig ist: Die Zehn Gebote sind **Gabe Gottes**, durch die das Leben der Menschen gelingen kann. Sie geben **Halt und Orientierung**, ohne die menschliche Freiheit nicht möglich ist.	Im Alten Testament wird uns erzählt, dass Moses von Gott den Auftrag bekommen hat, das Volk Israel aus Ägypten zu führen. Das Volk wanderte 40 Jahre lang durch die Wüste. Dabei geriet es in Zweifel darüber, ob Gott es denn wirklich nicht allein gelassen habe. Die Israeliten schimpften. Sie wichen von den Wegen Gottes ab, denn sie wussten nicht recht, woran sie sich halten sollten. Sie beteten andere Götter an. Eines Tages rief Gott Moses auf einen hohen Berg. Auf dem Berg schenkte Gott Moses die Zehn Gebote. Sie sollten dem Volk Israel helfen, auf Gottes Wegen zu bleiben und ein Leben in Freiheit zu führen und einmal in das verheißene Land zu kommen.
	Gültigkeit der Zehn Gebote heute Die Wegweiser werden umgedreht und so gestellt/gelegt dass sie rechts und links einen Weg markieren, der auf die Kerze zuläuft.	Diese Gebote gelten bis heute. Sie sind Wegweiser, um auf unserem Lebensweg nicht vom Weg Gottes abzukommen, um einmal in das uns verheißene Land, das heißt: das ewige Leben, zu kommen. Wir wollen unseren Weg mit Gott mit den Wegweisern stellen.

106   5. Wir leben aus dem Glauben

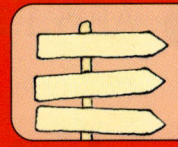

	Struktur und Inhalt	Umsetzung
Wegweiser mit den Zehn Geboten 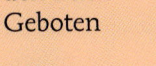 15–25 min	**Bedeutung der Zehn Gebote** Im Gespräch wird überlegt, was die Zehn Gebote für uns heute bedeuten (Glaubenslexikon und Arbeitsblatt 5.1.1). Die Frage nach dem Unterschied der Gebote 1–3 und 4–10, die die Kinder zu Hause beantworten sollen, kann bereits kurz angesprochen werden (1–3: Beziehung zu Gott; 4–10: Beziehung zu den Mitmenschen und zur Schöpfung).	Wir wollen uns nun einmal genauer anschauen, was Gott uns für Wegweiser gegeben hat, was der Inhalt der Zehn Gebote ist. • Das erste Gebot heißt: … Was könnte damit gemeint sein? … • Du sollst Vater und Mutter ehren: … Die ganze Familie ist gemeint … • Du sollst nichts Böses denken: … Das Böse fängt in unseren Gedanken an, nicht erst in den Taten – wenn wir …
AB 5.1.1 10 min	**Sicherung** Die Kinder ordnen mit Arbeitsblatt 5.1.1 Gebote und ihre Bedeutung einander zu (Ruhephase), indem sie sie entweder mit Linien verbinden oder ausschneiden und auf einem neuen Blatt zusammentragen.	Auf diesem Blatt findet ihr noch einmal alle Zehn Gebote und Erklärungen dazu. Allerdings sind die Erklärungen in einer falschen Reihenfolge. Findet ihr die richtige Erklärung zu jedem Gebot?
Markus 12,28–31 Doppelgebot (siehe auch AB 5.1.2)  5–10 min	**Übertragung auf das Doppelgebot:** Jesus ist Jude. Seine Zusammenfassung des ganzen Gesetzes hebt die Zehn Gebote nicht auf, sondern benennt in der Tradition Israels, worauf sie alle zielen: Auf die Liebe zu Gott und zum Nächsten. Im Gespräch wird die Eigenart des Doppelgebots erarbeitet (siehe Glaubenslexikon). Gottes-, Nächsten- und Selbstliebe gehören zusammen. Karte mit Doppelgebot wird an die Kerze gelegt.	Das sieht ja alles ziemlich kompliziert und schwierig aus. Jesus wurde einmal gefragt, was das wichtigste Gebot sei. Er hat das in der Tradition seines Volkes, der Juden, so ausgedrückt: Du sollst den Herrn … • Den ersten Teil des großen Gebots kennen wir schon … • Was ist wichtig, um auf dem Weg mit Gott zu bleiben? … • Was bedeutet der zweite Teil des großen Gebots, das wir gehört haben? Wir legen das Doppelgebot an das Ende des Weges. Es fasst die Zehn Gebote zusammen.
AB 5.1.2 5 min	**Verteilen und Erläutern der Hausaufgabe**	Als Hausaufgabe bekommt ihr unseren Weg noch einmal als Arbeitsblatt. Ihr dürft den Weg anmalen und die Frage auf dem Blatt beantworten …
Abschluss Kerze 5 min	**Abschluss an der Kerze und Segen** • Gemeinsames Lied • Gebet • Segen	Wir singen noch einmal unser Lied: „Dies ist mein Gebot" Wir beten: Guter Gott, wir danken dir, dass du uns auf unserem Weg zu dir Wegweiser gegeben hast, die uns helfen, gut und sicher an unser Ziel zu kommen. Wir danken dir, dass du mit uns auf dem Weg bist und uns hilfst, ein Leben aus dem Glauben an dich zu führen. Bleibe bei uns in der kommenden Woche. Und so segne und behüte uns alle der allmächtige Gott: der Vater, der Sohn und der Heilige Geist (gemeinsames Kreuzzeichen). Amen.

Gruppenstunde: 5.1 Wegweiser für unser Leben

AB 5.1.1

Gott schenkt uns seine Gebote

Gott sprach zu Mose, damit er es dem Volk Israel sage, und er sagt auch zu uns: Ich bin euer Gott, der euch aus der Gefangenschaft in Ägypten und aus der Gefangenschaft der Sünde befreit hat. Meine ewige Treue zu euch werdet ihr beantworten mit eurer Liebe: zu mir und zu euren Mitmenschen. Darum schenke ich euch diese Gebote:

1. Du sollst keine anderen Götter verehren.	Wir gönnen anderen das, was sie haben.
2. Du sollst den Namen Gottes heilig halten.	Mann und Frau achten einander in Liebe und sind sich treu.
3. Du sollst den Tag des Herrn achten und würdigen.	In der Familie helfen wir, so gut wir können.
4. Du sollst Vater und Mutter ehren.	Wir achten auf die Schöpfung und schützen das Leben von Menschen und Tieren.
5. Du sollst nicht töten.	Wir achten das, was dem anderen wertvoll ist, in unserem Denken, Reden und Tun.
6. Du sollst nicht die Ehe brechen.	Gott ist der Mittelpunkt unseres Lebens.
7. Du sollst nicht stehlen.	Vor allem an Sonn- und Feiertagen gehen wir in die Messe.
8. Du sollst nicht lügen.	Wir achten das, was dem anderen gehört und was er zum Leben braucht.
9. Du sollst nichts Böses denken.	Gott ist unser guter Vater im Himmel. Es gibt keinen anderen Gott.
10. Du sollst nicht neidisch sein.	Wir sind ehrlich und zuverlässig.

Welche Erklärung gehört zu welchem Gebot? Verbinde die Wegweiser, die zueinander passen, mit einer Linie.

Die Zehn Gebote

Jesus hat einmal die Gebote so zusammengefasst: Du sollst den Herrn, deinen Gott, lieben mit ganzem Herzen und ganzer Seele, mit all deinen Gedanken und all deiner Kraft. Du sollst deinen Nächsten lieben wie dich selbst. (vgl. Markus 12,29–31)

> Male das Bild aus! Die Wegweiser der ersten drei Gebote haben eine andere Farbe als die anderen. Hast du eine Idee, warum? Welchen Unterschied gibt es zwischen den ersten drei Geboten und den anderen sieben?

....

....

....

💡 Für helle Köpfe
Wann beginnt das Jahr?

Die meisten Feste, die wir im Laufe eines Jahres feiern, sind Feste der Kirche. Sie werden von allen Christen auf der ganzen Welt gefeiert. Sie richten sich nach dem Kalender der Kirche, den wir „Kirchenjahr" nennen. Es beginnt am 1. Adventssonntag, also fast einen Monat vor Weihnachten. Das normale Jahr hat vier Jahreszeiten und unterscheidet Sonntage und Wochentage. Das Kirchenjahr hat dagegen Festzeiten: den Weihnachtfestkreis und den Osterfestkreis. Wenn keine Feste gefeiert werden, ist Alltag: Jahreskreis. Dafür stehen verschiedene Farben, die im Gottesdienst zum Beispiel im Gewand des Priesters vorkommen. Eine Erklärung der Farben findest du im Buch auf den Seiten 102 und 103.

Farbe	Sie bedeutet	Sie wird verwendet
violett	Vorbereitung, Übergang	Advent und Fastenzeit
weiß	Licht, Freude, etwas Besonderes, Neues	Weihnachten, Hochfest der Gottesmutter Maria, Taufe Jesu, Dreikönige, Gründonnerstag, Ostern, Christi Himmelfahrt, Sonntage der Osterzeit, Fronleichnam, Allerheiligen, Christkönig
rot	Bekenntnis zu Jesus Christus, Verbindung mit Jesus Christus, Heiliger Geist	Palmsonntag, Karfreitag, Pfingsten
grün	Hoffnung, Wachsen im Glauben	Jahreskreis, alle Tage, die keine andere Farbe haben, Erntedank

Unten siehst du eine Abbildung des katholischen Kirchenkalenders: seine Feste und verschiedene Symbole dafür. Der weiße Kreis ist noch nicht fertig: Male seine Abschnitte in der Farbe aus, die jeweils zu den Festen und Zeiten passt. Nun schneide Kreis und Pfeil aus und befestige den Pfeil mit einer Briefklammer in der Mitte. Jetzt kannst du einstellen, in welcher Zeit im Kirchenjahr wir uns gerade befinden.

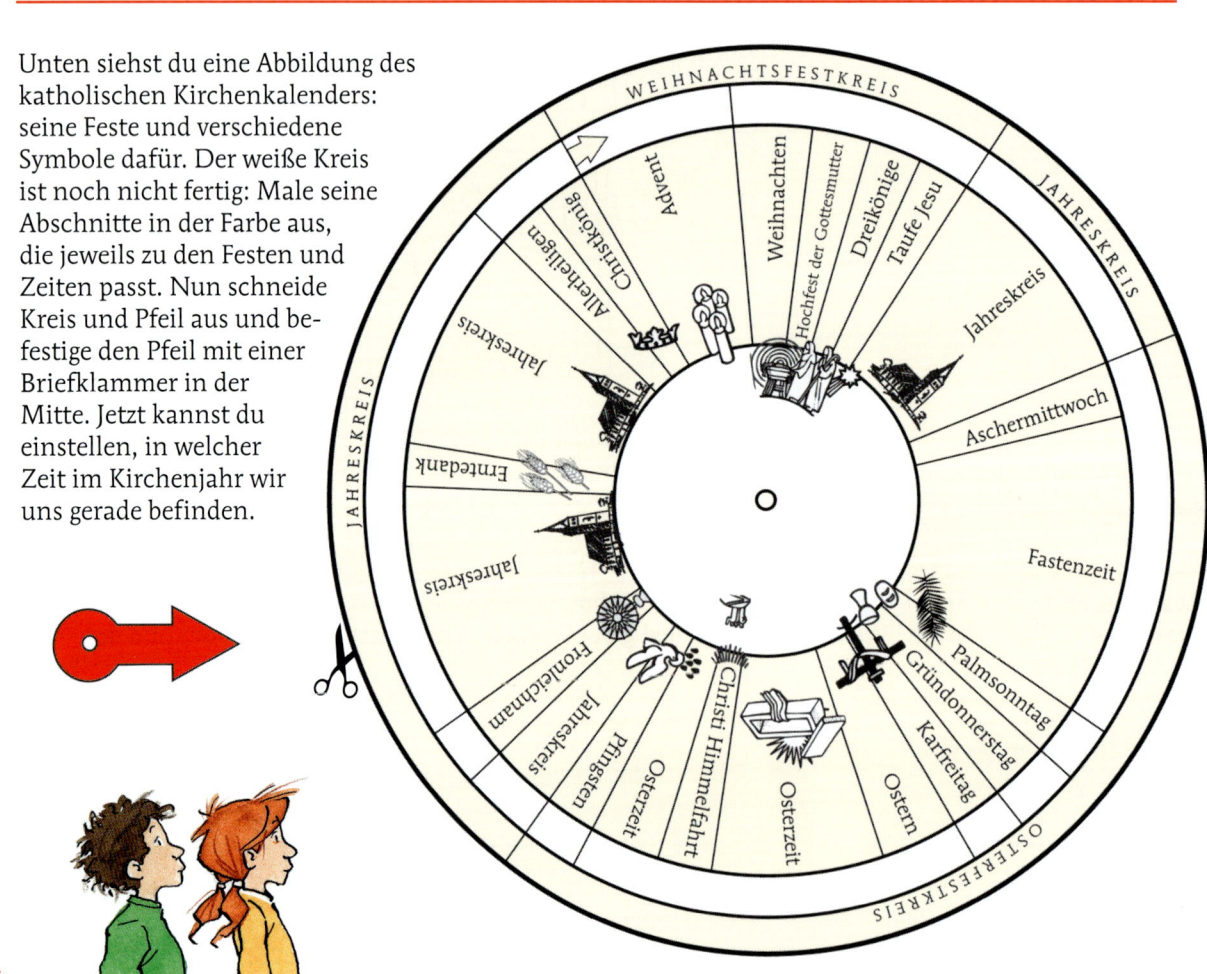

 Lieder

Dies ist mein Gebot: Liebet einander, wie ich euch geliebt (GL 305,4)

Text: Johannes 15,12 / Melodie: Johann Baptist Hilber © Carus-Verlag, Stuttgart

Gloria! Ehre sei Gott (GL 169)

Text und Melodie: Kathi Stimmer-Salzeder, aus: Lied der Hoffnung (www.musik-und-wort.de)

Gruppenstunde

5.2 In der Kirche unterwegs

Vorbereitung:
- Kerze
- Ggf. Wegweiser aufstellen
- Doppelgebot
- 5 Kirchengebote und Erklärungen, evtl. laminieren
- Arbeitsblatt 5.2.1, Scheren, Klebestifte
- Ggf. Bild eines beschädigten Kreuzes ohne Arme des Gekreuzigten

	Struktur und Inhalt	**Umsetzung**
Gruppenraum Kerze 5 min	**Eröffnung**	Begrüßung, still werden Entzünden der Christus- bzw. Gruppenkerze Kreuzzeichen, gemeinsames Vaterunser
  S. 111 10 min	**Erlernen des Liedes:** Gloria! Ehre sei Gott! (GL 169)	Mit dem Lied, das wir heute lernen, loben wir Gott und danken ihm für seine großen Taten.
Wegweiser und Zehn Gebote 5–10 min	**Rückbezug zur vergangenen Stunde** (ggf. mit Hilfe der erneut aufgestellten Wegweiser) und **Besprechung der Hausaufgabe**.	Zu Hause habt ihr den Weg mit den Geboten ausgemalt. Habt ihr eine Antwort auf die Frage gefunden? …
  Puzzlestücke/ Karten mit Kirchengeboten  20–30 min	Überleitung: **Gebote zu halten bedeutet, Gottes Gabe dankbar zu beantworten.** Auch die Kirchengebote beziehen sich auf Gottes Heilshandeln in Jesus Christus, mit dem wir in der Kirche und den Sakramenten Gemeinschaft haben. **Die Kirchengebote** Im Gespräch wird jeweils eine Gabe Gottes erinnert und das Gegenstück – die menschliche Antwort – zugeordnet und auf den Erfahrungshintergrund der Kinder bezogen. Dabei wird die Formulierung der fünf Kirchengebote noch bis zum Ende dieses Arbeitsschrittes zurückgehalten. Das 5. Kirchengebot wird zunächst nicht ausführlich besprochen. Wichtig: Die Kirchengebote sind aus der Erfahrung der Kirche erwachsen und immer wieder neu auf die jeweilige Gegenwart zu beziehen. Dies lässt sich am Freitagsgebot zeigen (Freitagsopfer – in früheren Zeiten meist der Verzicht auf Fleisch; heute allgemein Verzicht auf Luxusgüter, ein Werk der Nächstenliebe). Die Kirchengebote strukturieren Woche und Jahr sowie das Leben der Gemeinde: Sie rufen die Bedeutung des Sonntags (1. und 2. Kirchengebot) und des Freitags als Fasttag (3. Gebot) in Erinnerung, prägen Festzeiten und Alltag (Fasten- und Osterzeit, 4. Gebot). Siehe zur Bedeutung der Einzelgebote auch das Glaubenslexikon. Sowohl die Zehn Gebote als auch die Kirchengebote weisen uns den Weg – sie wollen helfen, das **Reich Gottes** sichtbarer werden zu lassen.	• Erinnert ihr euch noch, wie es dazu kam, dass Gott dem Volk Israel die Gebote geschenkt hat? (Orientierungslosigkeit, Wegweiser, Erinnerung an Befreiung aus Ägypten, Bundesschluss Gott – Israel) • Gott hat das Volk befreit – die dankbare Antwort ist … Wir Christen richten uns nach den Zehn Geboten. Wir beziehen uns aber auch auf Jesu Leben, Sterben und seine Auferstehung. Diese Ereignisse sind Gottes endgültiges Geschenk an uns. Was Gott in seinem Sohn Jesus Christus für uns getan hat, wollen wir dankbar beantworten. • Findet ihr heraus, was zusammengehört? • Warum ist es denn wichtig, dass wir auf Gottes Taten antworten? • Freitag ein Opfer bringen – was könnte denn damit gemeint sein? • … Im Laufe der Kirchengeschichte wurde die Antwort der Menschen in Geboten formuliert. Man nennt sie „Kirchengebote". Wir wollen einmal versuchen, die Gabe Gottes, unsere Antwort und das passende Kirchengebot zusammenzusetzen.

- Weißes Blatt Papier
- Farbige Papiere für die Hände
- Absprache mit dem Zelebranten der Sonntagsmesse bzgl. der „helfenden Hände", die zur Gabenbereitung vor den Altar gelegt werden
- 5. Symbolkärtchen; Grundsteine der Kinder
- 6. Elternbrief

	Struktur und Inhalt	Umsetzung
Ggf. Kreuz mit Gekreuzigtem ohne Arme (z.B. aus St. Ludgeri, Münster) Farbiges Papier für jedes Kind 20–25 min	Konzentration auf das **5. Kirchengebot** – den caritativen Wesenszug der Kirche; hier bietet sich der Verweis auf ein Bild eines im Krieg beschädigten Kreuzes an, an dem der Corpus ohne Arme hängt und an dem zu lesen ist: „Ich habe keine anderen Hände als die euren." Jedes Kind bekommt Papier in einer Farbe und malt darauf die Umrisse seiner **Hände**. Diese Hände werden ausgeschnitten und mit einem eigenen Vorsatz beschriftet, wie das 5. Kirchengebot umgesetzt werden könnte.	Wir schauen uns noch einmal genau das 5. Kirchengebot an: Hilf der Kirche und deiner Gemeinde! • Was könnte denn damit gemeint sein? In manchen Kirchen gibt es Kreuze, an denen Jesus keine Arme hat … Er möchte, dass wir ihm unsere Hände zur Verfügung stellen: Unsere Hände sollen den Menschen helfen. Wir wollen einmal überlegen, was das für uns heißen könnte. Dazu habe ich euch hier buntes Papier mitgebracht: Jeder und jede nimmt sich eine andere Farbe, und auf jedes Blatt könnt ihr eure Hand zweimal aufmalen und diese dann ausschneiden. Wir überlegen gemeinsam: Wie könnte meine Hand, wie könnte ich der Gemeinde helfen? Wir schreiben das auf.
Grundsteine, 5. Symbolkärtchen	**Füllen des Grundsteins**	Wir haben den Grundstein unseres Glaubens weiter gefüllt. Wir haben Wegweiser unseres Lebens und Glaubens kennen gelernt. Wir legen das 5. Kärtchen in unseren Grundstein.
6. Elternbrief AB 5.2.1 weißes Blatt	**Erläuterung der Hausaufgabe 6. Elternbrief**	Zu Hause dürft ihr noch einmal die Teile der Kirchengebote zusammensetzen und auf ein Blatt Papier kleben. Am Sonntag bringt ihr bitte eure ausgeschnittenen Hände mit zum Gottesdienst. Dort bringen wir sie bei der Gabenbereitung zum Altar. Eure Eltern bekommen wieder einen Brief …
Abschluss Kerze 5–10 min	**Abschluss an der Kerze und Segen** Die Hände werden beim Abschlussritual um die Kerze gelegt. Anschließend können sie durch die verschiedenen Farben den Kindern wieder zugeordnet werden. • Gemeinsames Lied • Gebet • Segen	Wir singen: Gloria … Wir beten: Herr Jesus Christus, deine Gebote und dein Leben sind uns Wegweiser auf unseren eigenen Lebensweg. Hilf uns, in deiner Liebe zu leben und zu bleiben. Wir wollen uns immer daran erinnern, dass du uns Menschen zum Leben in deiner Herrlichkeit führen möchtest. Hilf uns, mit unserem Leben zu zeigen, dass wir dafür dankbar sind. So segne uns der gütige und treue Gott der Vater, der Sohn und der Heilige Geist (Kreuzzeichen). Amen.

AB 5.2.1

Die Gebote der Kirche

Die Kirchengebote wollen unseren Dank, unsere Antwort auf Gottes gute und befreiende Gaben benennen. Auf diesem Blatt findest du die fünf Kirchengebote und ihre Erklärung: Gottes Gabe und unsere Antwort. Schneide sie aus und klebe sie in der richtigen Reihenfolge auf ein weißes Blatt Papier: zuerst das Gebot, dann Gottes Gabe, dann unsere Antwort.

1. Feiere den Sonntag als Tag des Herrn!

Wir helfen der Gemeinschaft.

Am Sonntag, dem ersten Tag der Woche, ist Jesus Christus auferstanden.

In der Taufe sind wir in die Gemeinschaft der Christen, die Kirche, aufgenommen worden.

3. Am Freitag bringe ein Opfer!

Zur Erinnerung daran verzichten wir am Freitag auf etwas oder tun ganz bewusst ein gutes Werk.

Wir besuchen regelmäßig den Gottesdienst

2. Am Sonntag und an Feiertagen nimm an der Eucharistiefeier teil!

In der hl. Messe stiftet Christus Gemeinschaft mit ihm und unter uns Menschen.

Am Karfreitag hat Jesus für uns sein Leben gegeben.

Wir lassen die Arbeit ruhen und feiern die Gemeinschaft mit ihm.

Wir empfangen mindestens einmal im Jahr das Sakrament der Versöhnung (die Beichte).

4. Empfange regelmäßig, wenigstens aber vor Ostern, das Sakrament der Versöhnung (die Beichte)!

5. Hilf der Kirche und deiner Gemeinde!

Christus schenkt uns die Vergebung unserer Sünden und den Frieden.

Tipp: Wenn du nicht weiter weißt, helfen dir die Farben am unteren Rand der Puzzleteile, die richtige Zusammenstellung zu finden.

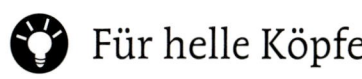 Für helle Köpfe
Weg meines Lebens

Wie alt bist du? Acht, neun oder schon zehn Jahre? Das ist eine ganz schön lange Zeit. In den Jahren deines Lebens ist viel geschehen. Stell dir nur vor, wie du als kleines Baby ausgesehen hast! Du hast laufen und sprechen und Fahrrad fahren und lesen und malen und turnen gelernt – und noch so viel mehr! Deine Eltern und Freunde haben dich begleitet. Sie kennen dich gut und haben dich gern. Gott begleitet dich auch. Er ist immer für dich da. Vielleicht haben deine Eltern ein Foto-Album angelegt. Dort kannst du Bilder anschauen, die deinen Lebensweg zeigen. Gibt es ein Bild von deiner Taufe? Und von deinem ersten Schultag? Welche wichtigen Stationen gab es bisher auf deinem Lebensweg?

Hier kannst du deinen Lebensweg malen:
Was ist alles geschehen – zu Hause, im Kindergarten, in der Kirche, in der Schule? Hast du einen Bruder oder eine Schwester bekommen? Ist jemand gestorben, den du gern hattest? Wann wird deine Erstkommunion sein? Und wie soll es weiter gehen? Was wünschst du dir in deinem Leben? Male auf, wie dein Leben weiter gehen könnte! Was willst du einmal werden? Möchtest du heiraten?

Ich werde .... *(Berufswunsch)*

Meine Erstkommunion ....

Mein erster Schultag ....

Mein .... Geburtstag

Ich gehe in den Kindergarten

Meine Taufe ....

Ich heiße ....

Einheit 6

Gott ist uns nahe

	Hinführung	Rund um die Sakramente	118
	Glaubenslexikon	Von A bis Z: Die Sakramente	120
	Elternbrief	6. Brief an die Eltern der Kommunionkinder	122
	Gottesdienst	Der Himmel auf Erden	123

| | **Gruppenstunde 6.1** | **Gott lässt uns nicht allein** | **124** |

| | Für helle Köpfe | Biblische Mathematik: Die himmlische Stadt | 128 |
| | Lieder | • Der Herr wird dich mit seiner Güte segnen (GL 452)
• Sanctus (Taizé) | 129 |

| | **Gruppenstunde 6.2** | **Wir erfahren Gottes Nähe in den Sakramenten** | **130** |

	Für helle Köpfe	Küster Franz	134
	Für helle Köpfe	Buchstabenrätsel	135
	Freies Angebot	Hinter den Kulissen*	

* siehe Hinführung S. 119

ℹ Hinführung
Rund um die Sakramente

Gott hat sich dem Mose als der „Ich-bin-da" geoffenbart (Exodus 20,2). Er ist Grundlage und Begleiter unseres Lebens. Dies hat er im Laufe seiner Geschichte mit seinem Volk Israel auf vielfältige Weise gezeigt. Seine Nähe gipfelt in seinem Sohn Jesus Christus, den er uns als Messias und Retter gesandt hat. Wer ihn sieht, sieht Gott, den Vater (vgl. Johannes 14,9). Im Heiligen Geist begleitet er die Kirche und einen jeden von uns. Damit wir das erfahren, spüren und verstehen können, gibt es besondere Zeichen: die **sieben Sakramente: Taufe, Firmung und Eucharistie** (Kommunion), das **Sakrament der Versöhnung** (Beichte), die **Krankensalbung, Ehe** und **Weihe** (zum Diakon, Priester und Bischof). Sakramente sind wirksame Zeichen der Gegenwart Jesu Christi. Sie sind nicht nur Platzhalter, leblose Zeichen, „als ob" Gott handeln würde. Sondern indem sie vollzogen werden, geschieht wirklich, wofür sie stehen. Im Sakrament wirkt Christus das Heil, das er selbst für uns ist. *S. 78-83, 90-95*

Wir können Gottes Nähe an den unterschiedlichsten Orten erfahren. Sie ist nicht auf die Feier der Sakramente begrenzt. Aber uns tut es gut, dass Gott uns in Zeichen nahe sein will. Das kennen wir auch aus dem Bereich menschlicher Freundschaften und der Ehe: Auch selbstverständlich vorhandene Zuneigung und Liebe wollen in Wort und Tat deutlich werden. Die Sakramente sind Stütze und Begleiter unseres Lebens und Alltags: Am Sonntag die Eucharistie, in Momenten der Umkehr und der Sorge die Sakramente der Versöhnung und der Krankensalbung, an entscheidenden Stationen unserer Lebensgeschichte die Taufe, die Firmung, die Ehe oder die Weihe. Wer diese Zeichen empfängt, gibt selbst öffentlich **Zeugnis von Gott**, der uns seine Nähe schenkt. Er zeigt seine Wertschätzung über die Nähe Jesu Christi und die Freundschaft mit ihm und möchte diese Freude in der Gemeinschaft der Kirche erfahren und feiern.

Die Sakramente sind deshalb besondere **Stationen unserer Lebensgeschichte** und zugleich **Feiern der Kirche**. Die Kirche selbst soll in gewisser Weise „Sakrament" sein: ein wirksames Zeichen der Nähe Gottes zum Heil der Menschen. Die Feier jedes Sakramentes ist deshalb ein **Gottesdienst**. Hier ereignet sich Gemeinschaft mit Christus, Einheit in seinem Leib, der Kirche. Wer ein Sakrament empfängt, zeigt daher auch, dass er selbst Teil dieser Kirche ist und sein will.

🎵 **Der Herr wird dich mit seiner Güte segnen** ist ein erzählendes Lied, das Gottes Nähe von Beginn der Schöpfung bis heute und bis in das persönliche Leben jedes Einzelnen ins Wort bringt. Es ist im Gottesdienst als Danklied vor dem Segen geeignet. Unser Lobpreis und Dank für Gottes Nähe kommt im Gottesdienst im **Sanctus** besonders zum Ausdruck. Mit der hier gewählten Vertonung wird Liedgut aus Taizé aufgenommen, das einen leicht erlernbaren kurzen Vers meditativ wiederholt. *S. 34, 49, 52, 55-57*

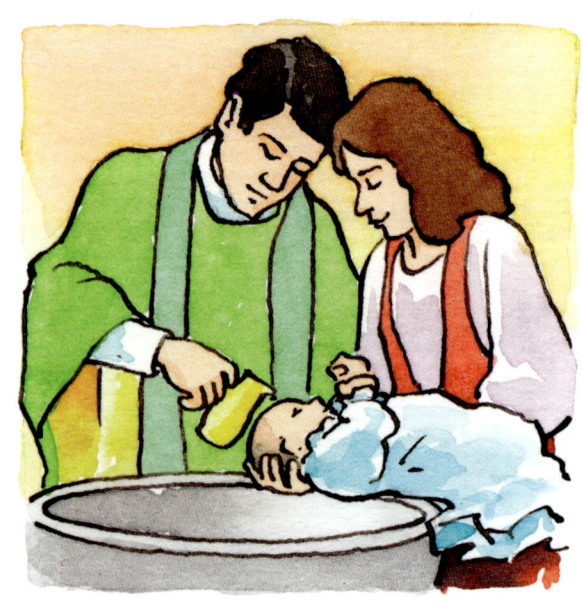

 Gruppenstunde 6.1: Gott lässt uns nicht allein

Zunächst werden die Kinder anhand eines **Freundschaftsbändchens**, also eines Zeichens, das sie aus ihrem Alltag kennen, an die Bedeutung von Zeichen und Symbolen herangeführt. Dieses Bändchen wird als Symbol für die Nähe und Verbundenheit mit anderen Menschen erarbeitet. Gott weiß um die Sehnsucht der Menschen, seine Nähe zu erfahren. Er hat den Menschen immer wieder Zeichen seiner Nähe geschenkt. Dies wird anhand einiger kurzer Bibeltexte aus dem Alten und Neuen Testament verdeutlicht (Regenbogen, Wolken- und Feuersäule, Jesus Christus, Heiliger Geist). Den Kindern sind diese **Zeichen der Nähe Gottes** zum Teil aus den früheren Stunden bekannt, hier werden sie in den entsprechenden Zusammenhang eingeordnet. *S. 16, 78*

 Für helle Köpfe: Biblische Mathematik: die himmlische Stadt

Interessierte Kinder erfahren, dass nicht nur Dinge und Handlungen Zeichen für eine unsichtbare Wirklichkeit sein können, sondern dass in der jüdischen und christlichen Tradition auch einige **Zahlen** eine besondere Bedeutung haben. Sie vermitteln neben ihrem Zahlenwert eine Botschaft. *S. 19*

 Gruppenstunde 6.2: Wir erfahren Gottes Nähe in den Sakramenten

Nun setzen sich die Kinder gezielt mit den **sieben Sakramenten** der katholischen Kirche auseinander. Da die Kinder in der ersten Einheit des Kommunionkurses bereits über die Taufe gesprochen haben und die Sakramente der Versöhnung und der Eucharistie noch ausführlich thematisiert werden (Einheit 7–9), werden diese hier nur kurz behandelt, während die anderen Sakramente etwas ausführlicher in den Blick kommen. Die Kinder lernen die **liturgischen Gegenstände und Orte** kennen und erfahren etwas über den Bezug von Zeichen und Gebet, über die besondere Art der jeweiligen Gottesbegegnung und nicht zuletzt über die gottesdienstliche Feier der einzelnen Sakramente. *S. 80–83, 90–96*

 Für helle Köpfe: Küster Franz

Interessierte Kinder können die Zeichen und Orte der Sakramente aus der Perspektive von **Küster Franz** vertiefen, der ein anstrengendes Wochenende vor sich hat. *S. 76, 78–79*

 Für helle Köpfe: Buchstabenrätsel

Mit einem Buchstabenrätsel können die Kinder noch einmal ein besonderes Augenmerk auf die sieben Sakramente werfen.

 Freies Angebot: Hinter den Kulissen

Falls noch Zeit bleibt, können die Kinder gemeinsam mit dem Pfarrer, dem Küster/der Küsterin oder den Ministrant(inn)en bei einer **Besichtigung der Sakristei** die liturgischen Geräte näher kennen lernen, die man für die kirchliche Feier von Sakramenten benötigt. In dem Zusammenhang bietet es sich an, die Bedeutung der **liturgischen Farben** aufzuzeigen, die (z.B. bei den liturgischen Gewändern) symbolischer Ausdruck für die entsprechenden Zeiten des Kirchenjahres sind. *S. 76, 100–103*

Hinführung: Hinführung: Rund um die Sakramente | 119

Glaubenslexikon
Von A bis Z: Die Sakramente

Beichte: Sakrament der Versöhnung. Nach dem Sündenbekenntnis erteilt der Priester die Lossprechung (Absolution) mit den Worten „So spreche ich dich los von deinen Sünden im Namen des Vaters und des Sohnes und des Heiligen Geistes. Amen." Dadurch geschieht die Vergebung der Sünden und die Versöhnung mit Gott. Das Sakrament der Versöhnung kann immer wieder empfangen werden, die Kirchengebote raten zum Empfang einmal im Jahr, möglichst vor Ostern.
S. 61, 90-91

Ehe: Durch das gegenseitige Anstecken des Eherings und die Worte „Ich nehme dich an als meine Frau/meinen Mann", bestätigt und gesegnet durch Diakon oder Priester, empfangen die Brautleute das Ehesakrament. Das Sakrament der Ehe ist nicht auf den Tag der Hochzeit beschränkt; vielmehr erfahren und verwirklichen es die Eheleute täglich in ihrer Lebensgemeinschaft. Die unauflösliche Ehe ist ein Abbild des unauflöslichen Bundes zwischen Christus und seiner Kirche. Der sakramentale Bund der Eheleute (die Ehe) endet mit dem Tod eines der Partner.
S. 93

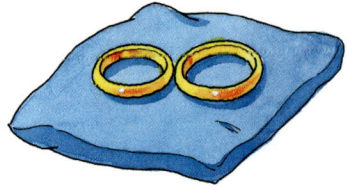

Erbsünde: genauer: Ursünde, erzählerisch mit der Geschichte vom Sündenfall Adams und Evas verbunden (Genesis 3). Gemeint ist: Noch bevor wir in eigener Verantwortung schuldig werden, sind wir Teil eines großen Zusammenhangs, der auf allen Ebenen auch vom Bösen gekennzeichnet ist. Jeder einzelne ist auf Gottes rettende Zuwendung angewiesen, niemand kann sich selbst oder gar die ganze Welt erlösen. In der Taufe beginnt diese Befreiung: die Gemeinschaft mit Jesus Christus, der das Heil aller Menschen ist.

Eucharistie: (griech.) *Danksagung*, auch „Kommunion" genannt. Eucharistie bezeichnet die Messe bzw. genauer: den dritten großen Teil der Messe nach Eröffnung und Wortgottesdienst und vor der Entlassung. Dieser Teil besteht aus dem Hochgebet und der Kommunionfeier.
S. 82-83, 85-87, 89

Firmung: (lat.) *Stärkung*: eines der sogenannten Initiationssakramente (Taufe, Firmung, Eucharistie), die in die Kirche eingliedern. Die Firmung wird im Normalfall vom (Weih-) Bischof gespendet. Durch die Salbung der Stirn mit Chrisam in Kreuzesform und durch die Worte „(Name des Firmlings), sei besiegelt durch die Gabe Gottes, den Heiligen Geist" wird die in der Taufe begonnene Aufnahme in die Kirche vollendet. Der Firmling bestätigt in eigener Verantwortung seinen Glauben und seine Zugehörigkeit zur Kirche. Er/sie wird durch die Kraft des Heiligen Geistes zum Zeugnis seines Glaubens und zu einem selbstverantwortlichen christlichen Leben berufen und gestärkt.
S. 81

Kommunion: (lat.) *Gemeinschaft, Teilhabe*, gemeint ist: Teilhabe am Heiligen, der Eucharistie. Im Deutschen wird der Begriff häufig für die Eucharistie verwendet. Brot und Wein sind die Zeichen, die mit den Wandlungsworten „Das ist mein Leib" und „Das ist mein Blut" zu Leib und Blut Jesu Christi werden. Wer kommuniziert, erhält im Sakrament Gemeinschaft mit Jesus Christus in seinem Leib, der Kirche. Wer die Hostie empfängt, zeigt seinen Glauben an Tod und Auferstehung Jesu Christi und seine Bereitschaft, sie zu verkünden, bis er wiederkommt in Herrlichkeit (1 Korinther 11,26). Erstkommunion ist das Fest, an dem man zum ersten Mal an den Tisch des Herrn geladen ist. Kommunion wird in jeder Messe gefeiert.
S. 82-83

Krankensalbung: Sie wurde früher nur Sterbenden kurz vor dem Tod als Sterbesakrament oder „letzte Ölung" gespendet, heute bei schwerer, lebensbedrohlicher Krankheit und in hohem Alter. Sie kann wiederholt empfangen werden. Die Salbung von Händen und Stirn mit Krankenöl sowie eine Segensformel bezeichnen die Gewissheit der Nähe Gottes und die Hoffnung auf das ewige Leben. Der Kranke begegnet in seinem

Leiden Christus, der für ihn gelitten hat. Wer die Krankensalbung empfängt, zeigt auch im Moment der Krise und der Sorge seine christliche Hoffnung, dass der Tod nicht das letzte Wort hat. Viele Gemeinden gestalten heute regelmäßig Krankensalbungsgottesdienste.
S. 92

Küster/in, Messner/in: Wirkt im Hintergrund der Gottesdienste: in der Bereitstellung der liturgischen Geräte (Hostienschale, Kelch, Kännchen; liturgische Bücher usw.) und Gewänder, in der Herrichtung der Kirche.
S. 69

Sakrament: Zeichen, das bewirkt, was es zum Ausdruck bringt: das Heil Jesu Christi in einer bestimmten (Lebens-) Situation. Das Sakrament gibt Anteil an Gottes Heil und dient der Begegnung zwischen Mensch und Gott. Die katholische Kirche unterscheidet sieben Sakramente: die *Initiationssakramente Taufe*, Firmung und Eucharistie; die *Sakramente der Vergebung und Heilung*: Buße und Krankensalbung; die *Standessakramente*: Ehe und Weihe.
Kinder empfangen die Initiationssakramente in zeitlichem Abstand entsprechend ihrem Alter, Erwachsene bei ihrer Aufnahme in die Kirche in einem einzigen Gottesdienst in der altkirchlichen Reihenfolge Taufe – Firmung – Eucharistie. Die Spendung der Sakramente geschieht im Normalfall durch einen Amtsträger (Bischof, Priester, Diakon). Taufe und Firmung sowie die Sakramente der Lebensform Ehe und Weihe kann man (im Normalfall) nur einmal empfangen; Eucharistie, Buße und Krankensalbung öfter. Die Sakramente werden in einer (Klein-) Form von Gottesdienst mit Zeichen, Gebeten, Schriftlesung und Segen empfangen. Sie bringen die Bereitschaft des Empfängers zum Ausdruck, Zeugnis zu geben von Christus und aktives Glied der Kirche zu sein.
S. 78–83

Taufe: Die Taufe bewirkt die Befreiung des Täuflings von der Ursünde, die Aufnahme in die Gemeinschaft der Christen (die Kirche) und gibt Anteil am ewigen Leben. Sie gehört zu den sogenannten Initiationssakramenten und kann nur einmal empfangen werden. In der frühen Kirche wurde der erwachsene Täufling untergetaucht; seit der Entwicklung der Säuglingstaufe (4. Jahrhundert) wird geweihtes Wasser über den Kopf des Täuflings gegossen und dazu die Taufformel gesprochen: „(Name des Täuflings), ich taufe dich im Namen des Vaters und des Sohnes und des Heiligen Geistes. Amen."
S. 34, 80

Weihe: Durch Herabrufung des Heiligen Geistes, Handauflegung und Gebet weiht der Bischof Männer zu Diakonen, Priestern und Bischöfen. Kandidaten für das Diakonen- und Priesteramt versprechen ihrem Ortsbischof bzw. Abt vorher Gehorsam und geloben Ehelosigkeit (Ausnahme: ständiger Diakon, der verheiratet sein kann). Das Weiheamt in der Kirche steht symbolisch dafür, dass die Gemeinde ihr Heil nicht selbst wirkt, sondern immer von Christus empfängt. Der Amtsträger handelt, wenn er die Sakramente spendet, nicht eigenmächtig, sondern mit der Vollmacht und im Namen Christi.
S. 94–95

Von A bis Z: Die Sakramente

6. Brief an die Eltern der Kommunionkinder
Gott ist uns nahe

Sehr geehrte, liebe Eltern!

viele von Ihnen kennen es, manche von Ihnen tragen es vielleicht am Handgelenk: ein Freundschaftsbändchen, von Ihrem Kind liebevoll geknüpft und dann mit großem Ernst geschenkt, „damit du immer an mich denkst" oder „damit du immer ein Stück von mir bei dir hast". Ein einfaches Band schafft Nähe zwischen zwei Menschen, auch wenn einer der beiden gerade nicht anwesend ist. Übrigens, genau das sagt uns der Ehering auch!

Auch mit Gott sind wir verbunden. Gott will uns unser Leben lang begleiten, uns immer nahe sein. Deswegen hat er durch die Propheten gesprochen und seinen Sohn Jesus Christus in die Welt geschickt, deswegen begleitet er im Heiligen Geist die Kirche und einen jeden von uns. Schon früh haben sich in der Kirche Zeichen entwickelt, in denen Gottes Nähe und Güte erfahrbar wird. Gemeint sind die Sakramente. Sie begleiten unseren Alltag und wichtige Stationen unseres Lebens. Vielleicht haben Sie das eine oder andere Sakrament selbst empfangen: Die Taufe (als Säugling), die Kommunion (zum ersten Mal als Grundschulkind, dann immer wieder in der Messe), die Firmung (als Jugendliche/r), das Ehesakrament (als Erwachsene). Vielleicht haben Sie einmal die Krankensalbung eines erkrankten oder sterbenden Angehörigen erlebt. Wenn Ihr Kind in wenigen Wochen das Sakrament der Kommunion zum ersten Mal und dann immer wieder empfängt, sagt Gott in einem Stück Brot, mehr noch als beim Freundschaftsbändchen: „Das ist nicht nur ein Stück von mir, sondern das bin ich ganz – für Euch und für alle. Ich bin ganz bei Dir."

Die Sakramente sind die intensivsten Feiern unseres Glaubens. Bitte unterstützen Sie Ihr Kind in dieser wichtigen Phase der Vorbereitung auf das Fest der Erstkommunion. Lassen Sie sich einladen, ohne falsche Scheu einen (neuen) Zugang zu den Zeichen zu suchen, die die Kirche feiert. Feiern Sie mit – in der Teilnahme wächst das Verständnis und das Vertraut-Werden mit den Sakramenten.

Es grüßen Sie herzlich

Familien-TIPP

- Kaufen Sie eine „Rose von Jericho" und erleben in Ihrer Familie diese erstaunliche Pflanze als Wunder der Natur und als Zeichen der Hoffnung auf neues Leben. Die Rose von Jericho ist in den Wüsten von Israel, Jordanien, auf dem Berg Sinai und in Teilen Nordafrikas beheimatet. Wenn sie trocken wird, rollt sie sich zusammen und sieht abgestorben aus. Aber wenn die Regenzeit kommt, entfaltet sie sich innerhalb eines Tages und wird dunkelgrün. Sie ist Zeichen der Hoffnung dafür, dass auch nach trockenen und dürren Zeiten im eigenen Leben wieder lebensspendendes Wasser kommt; dass sich das, was hoffnungslos schien, zum Guten wendet, sogar aufblühen kann. Für uns Christen ist diese Rose Zeichen der Auferstehung.

- Erzählen Sie in der Familie von Dingen, hinter denen für Sie mehr als das Sichtbare steht, die Sie an besonders schöne oder vielleicht auch traurige Erlebnisse erinnern: eine getrocknete Rose, der heiß geliebte Teddybär, eine Kette, ein Brief, eine alte Kaffeemühle, der Füller des Großvaters etc. Vielleicht wird das, was Sie mit diesen Gegenständen verbinden, wieder lebendig für Sie.

- Sicher beginnen Sie schon bald mit den Vorbereitungen für die Feier des Erstkommunionfestes. Überlegen Sie mit Ihrem Kind, ob nicht eines der vielen Zeichen, die es im Kommunionunterricht kennen gelernt hat (z.B. der Fisch, Brot und Wein, der Regenbogen), als Symbol auf der Einladungskarte geeignet wäre.

✝ Gottesdienst
Der Himmel auf Erden

Kyrie	**P:** Unser Herr, Jesus Christus, hat uns zugesagt, dass er bei uns bleibt bis zum Ende der Welt. Wir wollen ihn in unserer Mitte begrüßen: **V:** Du willst immer bei uns sein. Herr, erbarme dich. – **A:** Herr, erbarme dich. **V:** Du begleitest unseren Lebensweg. Christus, erbarme dich. – **A:** Christus, erbarme dich. **V:** In den Sakramenten begegnen wir dir. Herr, erbarme dich. – **A:** Herr, erbarme dich. **P:** Der allmächtige und gute Gott komme uns mit seiner Gnade entgegen und bleibe bei uns. Amen.
Lesung	**Offenbarung 21,1–4:** Dann sah ich einen neuen Himmel und eine neue Erde
Evangelium	**Matthäus 5,3–11:** Selig, die arm sind vor Gott: ihnen gehört das Himmelreich
Fürbitten	**P:** Guter Gott, deine Gegenwart unter den Menschen ist ein Segen für uns. Wir wissen: Du lässt uns nicht allein und hast ein offenes Ohr für unsere Anliegen. Höre unsere Bitten: **V:** Du willst den Menschen nahe sein. Für alle Getauften: Um Freude und Kraft im Glauben. Gott, unser Vater – **A:** Wir bitten dich erhöre uns. **V:** Du willst den Menschen nahe sein. Steh all denen, die in Welt und Gesellschaft besondere Verantwortung tragen, in ihren Entscheidungen bei. – **A:** Wir … **V:** Du willst den Menschen nahe sein. Sei mit deinem Heiligen Geist gegenwärtig, wo Menschen einander dienen. – **A:** Wir … **V:** Du willst den Menschen nahe sein. Sende denen, die in Leid und Elend leben, Boten des Himmels und deiner Nähe. – **A:** Wir … **V:** Du willst den Menschen nahe sein. Lass all die, deren Tod wir betrauern, deine Herrlichkeit schauen. – **A:** Wir … **P:** Diese und all die Bitten, die wir im Herzen haben, tragen wir vor dich, unseren guten Gott. Schenke uns deine Nähe, ein Stück Himmel auf Erden. So bitten wir durch Christus, unseren Herrn. Amen.
Sanctus	**Sanctus** (Taizé, S. 129)
Vor dem Segen	**Der Herr wird dich mit seiner Güte segnen** (GL 452 und S. 129)

Das Wort „Himmel" ist im Deutschen mehrdeutig. Theologisch ist nicht das Firmament, der Ort der Sterne und Planeten (Plakat eines Sternenhimmels, Astronauten im Weltall) gemeint, sondern Gottes Nähe zu uns Menschen: das Reich Gottes, das bereits begonnen hat. Jesus hat uns bei seiner Himmelfahrt nicht als Waisen auf der Welt zurückgelassen. Manches, was wir hier erfahren (menschliche Begegnung, Zeichen der Zuwendung, Trost und Sendung im Wort Gottes, Sakramente), lässt uns die Nähe Gottes spüren: den Himmel auf Erden.

Die Seligpreisungen verweisen wie die Verheißungen aus der Johannes-Offenbarung auf dieses Reich des Himmels. Den Himmel in seiner Vollgestalt erwarten wir bei der Vollendung der Schöpfung in der kommenden Welt. Die Erlösten werden Gott dann nicht nur in Zeichen begegnen, sondern ihn schauen, wie er ist.

Gruppenstunde

6.1 Gott lässt uns nicht allein

Vorbereitung:
- Kerze
- Arbeitsblätter 6.1.1 und 6.1.2
- Ggf. Wollreste (zum Austeilen an die Kinder am Ende der Stunde für ein Freundschaftsbändchen)
- ggf. fertiges Freundschaftsbändchen
- Stifte

	Struktur und Inhalt	Umsetzung
Gruppenraum Kerze	**Eröffnung**	Begrüßung, still werden Entzünden der Christus- bzw. Gruppenkerze Kreuzzeichen, gemeinsames Vaterunser
S. 129 10 min	**Erlernen des Liedes zur Einheit:** Der Herr wird dich mit seiner Güte segnen (GL 452)	Heute lernen wir ein neues Lied: Es erzählt von Gottes Freundschaft mit jedem einzelnen von uns. Über diese Freundschaft werden wir heute einiges erfahren.
  AB 6.1.1 (erst nach der Erzählung an die Kinder austeilen) 15–25 min	**Einführung in das Thema der Gruppenstunde** Geschichte von Anna und Miriam zum Einstieg. Gespräch, das ausgehend von der Geschichte die Bedeutung des Freundschaftsbändchens herausarbeitet: Es ist ein Zeichen für die Freundschaft, Erinnerungsstück an jemanden, der nicht immer da ist, Symbol für seine Präsenz und Nähe. Dabei werden Erfahrungen der Kinder aufgegriffen. Sicherung des Zwischenergebnisses: **Zeichen der Freundschaft**	Heute habe ich euch eine Geschichte mitgebracht, die ich euch erzählen möchte. Hört einmal gut zu, vielleicht ist es dem einen oder der anderen schon einmal ähnlich ergangen. • Könnt Ihr das verstehen? • Wieso ist denn ein Freundschaftsbändchen so wichtig? Schaut mal, ich habe euch eines mitgebracht ... • Habt ihr auch schon einmal ein Freundschaftsbändchen bekommen? Erzählt uns davon! Das Freundschaftsbändchen ist ein Zeichen dafür, dass wir nicht allein gelassen werden von jemandem, den wir sehr lieb haben.
  AB 6.1.2 Stifte	**Übertragung auf die Freundschaft zwischen Gott und Mensch:** Auch hier gibt es Zeichen, mit denen Gott den Menschen seine Nähe zeigt. Die Bibelstellen (Arbeitsblatt 6.1.2) werden vorgelesen; gemeinsam überlegen die Kinder, welches Zeichen sie dazu malen möchten (s.u.). **Zeichen der Nähe Gottes im Alten Testament** • **Regenbogen:** Zeichen für Gottes Bund mit Noah nach der großen Sintflut und sein Versprechen, die Menschen nicht mehr zu vernichten. Zu einem Bund, d.h. einem gegenseitigen Treuevertrag, gehört ein Zeichen, das die beiden Bundespartner ständig an ihren Bund erinnert (siehe Genesis 6,5–8,22). • **Wolken- oder Feuersäule:** Begleitung Gottes auf dem Weg des Volkes Israel ins verheißene Land (siehe Exodus 13,17–22).	Die Angst, allein gelassen zu werden, ist eine Angst, die die Menschen seit Urzeiten umtreibt. Aber Gott begleitet unser Leben. Er lässt uns nie allein. Das hat er dem Volk Israel und auch uns Christen bis heute gezeigt. • Wer möchte die erste Stelle vorlesen? • Welches Bild oder Symbol würde dazu gut passen? • Wie könnten wir es malen? • **Regenbogen:** Habt ihr verstanden, was der Regenbogen in der Geschichte bedeutet? ... • **Wolken- und Feuersäule:** Gott begleitet sein Volk und zeigt ihm den Weg ...

124   *6. Gott ist uns nahe – Die Sakramente*

	Struktur und Inhalt	Umsetzung
25–40 min	**Zeichen der Nähe Gottes im Neuen Testament** • **Jesus Christus:** In ihm ist Gott wirklich gegenwärtig. Er hat sich in seinem Sohn eine Stimme und ein Gesicht gegeben. Jesus ist das unüberbietbare Zeichen Gottes, Gegenwart Gottes schlechthin. • **Heiliger Geist:** Beistand, den Jesus nach seiner Auferstehung gesandt hat (Johannes 14,15–19). Er verbindet uns mit Jesus Christus, lässt uns an ihn glauben. Der Heilige Geist ist in unterschiedlichen Situationen erfahrbar (oft erst im Nachhinein verständlich) und wichtig für das Verständnis der Kirche und der sieben Sakramente: hier kommt es wirklich zur Begegnung mit Jesus. Symbol des Heiligen Geistes ist die Taube.	Im Neuen Testament gibt es ein einzigartiges Zeichen, das für die Nähe Gottes zu den Menschen steht: Jesus Christus. Zugleich ist er mehr ist als ein Zeichen. Er ist Gottes Nähe in Person. In ihm hat sich Gott ein Gesicht und eine Stimme gegeben. Jesus Christus zeigt uns Gott, den Vater. Jesus Christus selbst hat die Sorgen der Menschen gespürt. Er schenkt uns einen ganz besonderen Beistand, wir können sagen: eine ganz besondere Begleitung für unser Leben: den Heiligen Geist. Seine Nähe spüren wir in besonderer Weise in der Gemeinschaft der Christen, die durch den Heiligen Geist zusammengeführt wird: in der Kirche. In ihm ist Jesus Christus bei uns, auch wenn wir ihn nicht sehen und anfassen können.
Ggf. Wollreste verteilen 5–10 min	**Erläuterung der (freiwilligen) Hausaufgabe**, ein Freundschaftsbändchen zu knüpfen oder zu flechten und dann zu verschenken. Drei verschiedenfarbige geflochtene Bänder, noch einmal gemeinsam verflochten, ergeben bereits ein leicht machbares Freundschaftsbändchen.	Habt ihr Lust, ein Freundschaftsbändchen zu knüpfen oder zu flechten? Es geht ganz leicht. Ihr könnt es natürlich der besten Freundin oder dem Freund schenken. Oder fällt euch jemand aus der Klasse oder aus der Nachbarschaft ein, der sonst nie so etwas geschenkt bekommt und keinen hat, der an ihn denkt?
Abschluss 5–10 min	**Abschluss an der Kerze:** • Gemeinsames Lied • Gebet • Segen	Still werden. Lied: Der Herr wird dich mit seiner Güte segnen. Wir beten: Jesus, wir danken dir, dass du unser Freund bist. Wir glauben, dass du der Sohn Gottes bist, der mit seiner Gnade immer bei uns sein will. Hilf uns, darauf immer tiefer zu vertrauen. Und so segne und behüte uns der allmächtige Gott: der Vater, der Sohn und der Heilige Geist (gemeinsames Kreuzzeichen). Amen.

Gruppenstunde: 6.1 Gott lässt uns nicht allein

Anna und Miriam

Ach, war das ein trauriger Tag – dabei hatte die Woche doch so gut begonnen: Das Wetter war so schön, dass Anna mit ihrer besten Freundin Miriam schon gemeinsame Sommerferien auf dem Reiterhof geplant hatte.
Aber dann kam die traurige Nachricht: Miriams Familie musste umziehen, ungefähr 150 Kilometer weg. Ihr Vater hatte dort ganz plötzlich eine neue Arbeitsstelle bekommen. Miriams Eltern hatten auch schon eine schöne große Wohnung gefunden. Klar, dass alle sich freuten.
Aber welch traurige Gedanken gingen denn Anna durch den Kopf? „150 Kilometer – das ist doch schrecklich weit. Wir können dann ja gar nicht mehr nachmittags zusammen spielen, uns nicht mehr eben schnell besuchen, nicht mehr zusammen zur Schule gehen und Hausaufgaben machen. Miriam ist dann gar nicht mehr bei mir, meine beste Freundin ist weg."
Auch Miriam war schrecklich traurig, aber beide sprachen nicht viel darüber, sie nutzten eher die Zeit, die ihnen noch blieb, zum Spielen, Schwimmen und Basteln. Schneller als ihnen lieb war, kam Miriams letzter Tag. Dafür hatte sich Anna mit ein paar anderen Freundinnen etwas ganz Besonderes überlegt: Eine Überraschungsparty für Miriam. Sie hatten zusammen eine Mandarinen-Quark-Torte gebacken, denn die aß Miriam besonders gern; es gab Limonade, und abends wollten sie Stockbrot am Lagerfeuer backen. Wie überrascht war Miriam, als sie kam und sah, was die Freundinnen für sie vorbereitet hatten. Das hatte sie ja überhaupt nicht erwartet! Die sechs Mädchen vergnügten sich den ganzen Nachmittag. Schließlich kamen Miriams Eltern, um ihre Tochter abzuholen. Sie hatten für alle einen Zettel mit der neuen Adresse mitgebracht, auch die Telefonnummer stand drauf. Die anderen Mädchen versprachen Miriam alle, sich zu melden und anzurufen, wünschten ihr einen guten Start in der neuen Schule, umarmten sie noch einmal und radelten davon.
Während die Erwachsenen sich noch unterhielten, holte Anna einen kleinen Briefumschlag hervor. In ihrer schönsten Sonntagsschrift hatte sie Miriams Namen darauf geschrieben und mit Glitzerpulver liebevoll verziert. Sie überreichte ihn feierlich der Freundin. Und auch Miriam holte ein kleines Geschenk für Anna aus ihrer Tasche. Beide saßen auf der Treppe und packten ganz andächtig aus. Aus dem Briefumschlag kam für Miriam ein wunderschönes gelb-orange-rotes Freundschaftsbändchen. Das war ja toll! Genau ihre Lieblingsfarben! Sie band es gleich um ihr Handgelenk, ganz fest zog sie den Knoten. In der Zwischenzeit hatte Anna auch ihr Päckchen ausgepackt: In einem kleinen Döschen lag auch ein Freundschaftsbändchen, in rosa-lila-violett.
So ein Zufall – beide Freundinnen hatten die gleiche Idee gehabt: der Freundin etwas zu schenken, was selbst gemacht war und was sie immer an die andere erinnerte. Sie fielen sich glücklich um den Hals. Als die Eltern zum Abschied riefen, wussten beide, dass es jetzt hieß, „Tschüss und bis bald" zu sagen. Ganz schnell ging es, denn das war einfach zu traurig! Aber beide wussten auch, dass die andere gar nicht ganz weggeht: Das Freundschaftsbändchen erinnerte sie doch immer aneinander und sagte ihnen: Liebe Miriam, liebe Anna – ein Stück von mir habe ich doch bei dir gelassen.

Zeichen der Nähe Gottes

AB 6.1.2

Die Texte aus der Bibel erzählen von Gottes Nähe zu den Menschen. Auf der rechten Seite kannst du Bilder malen, die diese Nähe zum Ausdruck bringen.

„Nie mehr soll eine Flut kommen wie diese und alles verderben und zerstören. Das verspreche ich. Seht den Regenbogen, denn er ist das Zeichen für meinen Bund mit euch und allen kommenden Generationen. Der Regenbogen wird mich an diesen Bund erinnern, wenn sich wieder einmal dunkle Wolken am Himmel sammeln."
(Genesis 5,3-9,16)

Der Herr geleitete sein Volk durch die Wüste bis zum großen Schilfmeer. Solange es hell war, zog er in einer Wolkensäule vor den Israeliten her und zeigte ihnen den Weg.
In der Dunkelheit aber stand eine Feuersäule an der Spitze des Zuges, die allen leuchtete.
(Exodus 13,17-14,31)

„Wer mich sieht, sieht den Vater." *(Johannes 14,9)*
„Ich bin der gute Hirte. Ich kenne meine Schafe und meine Schafe kennen mich. So kennt mich auch der himmlische Vater und ich kenne ihn."
(Johannes 10,14f)

Da hörten sie auf einmal ein Brausen, das vom Himmel kam. ... Es klang so, als würde ein Sturm durch das Haus fegen. Gleichzeitig leuchtete ein heller Schein über den Jüngern. In Feuerzungen stieg das Licht auf jeden von ihnen nieder.
So kam der Heilige Geist zu den Jüngern. Plötzlich redeten sie in fremden Sprachen, die sie nie zuvor gesprochen hatten.
(Apostelgeschichte 2,1-13)

Bibeltexte nach Erich Jooß

💡 Für helle Köpfe
Biblische Mathematik: Die himmlische Stadt

Auch Zahlen können Zeichen sein! In der Bibel werden Zahlen nicht nur verwendet, um etwas zu zählen, sondern sie tragen eine besondere Bedeutung. Manche Gelehrte haben versucht, diese Botschaft zu entdecken. Sie haben mit den Zahlen in der Bibel nicht gerechnet, sondern gefragt: Welche Botschaft drücken diese Zahlen aus?

Die **1** steht für Gott: Er ist einzig, es gibt keine anderen Götter neben ihm.

Die **3** steht für Gott als Vater, Sohn und Heiliger Geist. So hat er sich gezeigt, so beten wir ihn an. Die 3 bedeutet: gewiss, ganz sicher.

Die **4** steht für die ganze Erde, für die Völker der ganzen Erde, für alle vier Himmelsrichtungen. Ein Quadrat hat vier gleich lange Seiten und vier Ecken.

Die **7** wird verwendet, wenn ausgedrückt werden soll, dass etwas vollständig ist, dass nichts fehlt. In 7 Tagen hat Gott alles geschaffen. Jesus hat uns aufgetragen, einander 7mal 70mal zu vergeben: das Herz zur Versöhnung ganz weit zu machen.

Fällt dir etwas ein, was es in der Kirche sieben Mal gibt? _____

Die **10** bezeichnet alles oder das Ganze: **1+2+3+4=10**. Wir haben **10** Finger. Gott hat uns **10** Gebote geschenkt.

Die **12** steht für die Erwählung durch Gott, für das Volk Gottes: Gottes Volk Israel entstand aus den Kindern und Enkeln der **12** Söhne Jakobs. Jesus hat **12** Apostel erwählt.

144 ist **12** mal **12**: Diese Zahl steht für alles, was Gott liebt, für alle Erlösten.

Der Prophet Johannes hatte einen Traum. Im letzten Buch der Bibel schreibt er davon: Ein Engel zeigte ihm die heilige Stadt, die Stadt Gottes. Hier versammeln sich am Ende der Zeiten die Erlösten aller Völker und Länder. Sie beten Gott voll Freude an. Johannes sah sogar, welche Form diese wunderbare Stadt hatte. Er beschreibt, wie viele Tore die Stadtmauern hatten, wie viele Türme es gab und wie sie aussahen.

Kannst du dir diese himmlische Stadt vorstellen? Male ein Bild von dieser Stadt! Wie viele Türme und Tore willst du ihr geben? Welche Form hat die Stadt? Wie viele Menschen kommen in diese Stadt? Jede Zahl hat eine Bedeutung! Wer sie kennt, kann dein Bild entschlüsseln wie eine Geheimschrift.

Wenn du dir von Johannes helfen lassen möchtest, kannst du im letzten Buch der Bibel nachschlagen: In der Offenbarung des Johannes, Kapitel 21, Verse 10 bis 21.

Lösung: Die Sakramente

 Lieder

Der Herr wird dich mit seiner Güte segnen (GL 452)

Text: Helmut Schlegel (Nach Numeri 6,22-27) © Studio Union c/o Lahn Verlag, Kevelaer / Melodie: Thomas Gabriel © Rechte beim Urheber

Sanctus, sanctus, sanctus

Kanon für 4 Stimmen

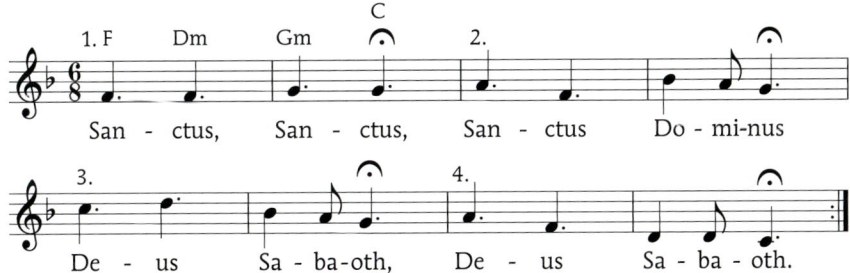

Text: Liturgie / Melodie: Jacques Berthier (1923-1994) © Atelier et Presses de Taizé, 71250 Taizé-Communauté, Frankreich

Gruppenstunde

6.2 Wir erfahren Gottes Nähe in den Sakramenten

	Struktur und Inhalt	**Umsetzung**
Gruppenraum Kerze	Eröffnung	Begrüßung, still werden Entzünden der Christus- bzw. Gruppenkerze Kreuzzeichen, gemeinsames Vaterunser
Seite 129 10 min	**Erlernen des Liedes:** **Sanctus** (Taizé)	Unser heutiges Lied ist ganz leicht. Es ist eine kurze Melodie, die oft wiederholt wird. Dadurch kommen wir zur Ruhe und geben Jesus Christus einen Platz in unserer Mitte. Das Wort „Sanctus" meint „heilig".
10–15 min	**Rückbezug zur vergangenen Stunde und Besprechung der Hausaufgabe** Übergang von Zeichen der Freundschaft zu Zeichen Gottes und Sakramenten	In der letzten Stunde haben wir gesehen, wie wichtig ein Zeichen, z.B. ein Freundschaftsbändchen, dafür sein kann, dass wir uns nicht allein fühlen. • Ihr habt ja vielleicht eins gemacht und verschenkt – möchte jemand von seinem Erlebnis erzählen? • Dann haben wir von den Zeichen Gottes gehört – von welchen?
Symbole und Bezeichnung der Sakramente (DIN A4) AB 6.2.1	Kurze Erläuterung zum **Begriff Sakrament**: Das Sakrament ist ein heiliges Zeichen, gefeiert in einem (kurzen) Gottesdienst in der Kirche, wirksames Zeichen der Nähe Gottes. Kinder nennen ggf. Taufe und Kommunion; Meldungen der Kinder werden aufgegriffen, sodann im Gespräch die verbliebenen Sakramente samt ihrer Zeichen erarbeitet. Dabei werden die Sakramente in Gruppen gegliedert und, soweit möglich, nach ihren Stationen im Leben geordnet. **Initiationssakramente:** (d.h. Sakramente, die in die Kirche einführen) 1. **Taufe** – Kännchen mit Wasser und Taufformel: Aufnahme in die Gemeinschaft Jesu Christi 2. **Eucharistie** – Brot und Wein oder Hostienschale und Kelch und Wandlungsworte: Gemeinschaft mit Christus, Dank für Tod und Auferstehung Jesu Christi 3. **Firmung** – Chrisam-Döschen und Spendeformel: Besiegelung mit dem Heiligen Geist	Heute lernen wir, dass sich im Laufe der Geschichte der Kirche sieben ganz besondere Zeichen entwickelt haben, die die Nähe Gottes erfahrbar machen. • Kennt ihr das Wort für diese Zeichen? (Sakrament) Ein Sakrament ist ein Zeichen, das nicht nur auf Gott hinweist, nicht nur an ihn erinnert, sondern in dem seine Nähe tatsächlich Wirklichkeit wird. Einige Sakramente kennt ihr schon … Zu einem Sakrament gehören immer zwei Teile: Ein Zeichen und ein Gebet. Hier habe ich euch verschiedene Zeichen mitgebracht, die zu den sieben Sakramenten gehören. • Zu welchem Sakrament mag das Wasser gehören? Es wird in der Osternacht geweiht … (Taufe) • Habt ihr schon Erfahrungen mit einem der Sakramente? Geschwister, Großeltern, Verwandtschaft etc.? (Eucharistie, Krankensalbung, …) • Ein Sakrament steht am Anfang des Lebens, … (Taufe) • Wenn wir erwachsen sind, können wir uns entscheiden … (Ehe oder Weihe)

6. Gott ist uns nahe – Die Sakramente

Vorbereitung:
- Kerze
- Arbeitsblätter 6.2.1 und 6.2.2
- Schilder mit Symbol, Bezeichnung und Spendeformel der Sakramente
- Zeichen für die einzelnen Sakramente aus der Kirche mitbringen (Absprache mit Küster/in, Pfarrer) oder Abbildung ausdrucken; Spendeformeln ausdrucken;

- Wasserkännchen (Taufe), Brot und Wein (Eucharistie), Chrisam-Döschen (Firmung), violette Stola (Beichte), Krankenöl (Krankensalbung), Ringe (Ehe), Bild mit Handauflegung (Weihe)
- 6. Symbolkärtchen (Sakramente); Grundsteine der Kinder
- 7. Elternbrief

	Struktur und Inhalt	Umsetzung
25–40 min	**Sakramente der Vergebung und Heilung:** 4. **Beichte** – violette Stola und Lossprechungsformel: Vergebung der Sünden 5. **Krankensalbung** – Krankenöl und Salbungsgebet: Stärkung und Gemeinschaft mit Christus in schwerer Krankheit und Sorge **Standessakramente:** 6. **Ehe** – Eheringe und Trauformel: Verbindung von Mann und Frau, die Gottes Liebe zur Welt darstellen 7. **Weihe** – Handauflegung und Weihegebet: Beauftragung zum Dienst in der Kirche Bearbeiten von Arbeitsblatt 6.2.1 (Ruhephase)	• Die drei ersten Sakramente, also: Taufe, Eucharistie und Firmung spielen eine besondere Rolle: Wenn wir sie alle drei empfangen haben, sind wir ein volles Kirchenmitglied. Die Firmung empfangen wir, wenn wir erwachsen werden … • Wenn uns etwas belastet, … (Beichte) Wir wollen jetzt das, was wir gerade miteinander erarbeitet haben, noch einmal auf einem Arbeitsblatt festhalten. Wir gehen es gemeinsam durch. Wer fängt an zu lesen und die kleinen Bildchen zu beschreiben? Anschließend füllen wir gemeinsam aus, was die einzelnen Sakramente bedeuten. Nun kennen wir die wichtigsten Zeichen der Nähe Gottes: die Sakramente.
AB 6.2.2 7. Elternbrief 5–10 min	**Erläuterung der Hausaufgabe** **Verteilen des 7. Elternbriefs**	Auf diesem Blatt findet ihr noch einmal die Gebete und Zeichen der Sakramente. Tragt den richtigen Namen des Sakraments ein! Eure Eltern bekommen wieder einen Brief…
Symbolkärtchen, Grundsteine der Kinder 5 min	**Füllen des Grundsteines mit 6. Symbolkärtchen**	In den letzten beiden Gruppenstunden haben wir viel über Gott und Jesus Christus, seinen Sohn, erfahren. In den Sakramenten ist er uns nah. Wir haben unseren Glaubensgrundstein weiter gefüllt: Mit den Zeichen der Nähe Gottes, den Sakramenten. Wir legen das sechste Kärtchen in unseren Grundstein.
Abschluss Kerze 5–10 min	**Abschluss an der Kerze:** • Gemeinsames Lied • Gebet • Segen	Still werden. Lied: Sanctus (Taizé) Wir beten: Vater, du hast uns in deinem Sohn Jesus gezeigt, dass du uns nahe sein willst. Diese Nähe erfahren wir in ganz besondere Weise in den Sakramenten. Hilf uns, dich immer mehr zu erfahren und aus dieser Erfahrung heraus unseren Glauben zu vertiefen. Bleibe immer bei uns. Und so segne und behüte uns alle der allmächtige Gott: der Vater, der Sohn und der Heilige Geist (gemeinsames Kreuzzeichen). Amen.

Gruppenstunde: 6.2 Wir erfahren Gottes Nähe in den Sakramenten

Die Sakramente

AB 6.2.1

Sakramente sind Zeichen der Nähe Gottes. In ihnen begegnen wir Jesus Christus. Wir empfangen die Sakramente in einem Gottesdienst.

Durch die **Taufe** werden wir Mitglied der _____

In der **Kommunion** haben wir Gemeinschaft mit _____

Bei der **Firmung** stärkt der Heilige Geist unseren _____

Die **Krankensalbung** stärkt uns in der _____

In der **Beichte** empfangen wir die _____ der _____

Durch das Sakrament der **Ehe** werden Mann und Frau vor Gott zu einem _____

Die **Priesterweihe** bewirkt, dass ein Mann _____ wird.

Kirche – Jesus Christus und untereinander – Glauben – Krankheit – Vergebung der Sünden – Ehepaar – Priester

AB 6.2.2

Die Sakramente und ihre Zeichen

Für jedes Sakrament gibt es Worte und Zeichen. Erkennst du, welches Sakrament jeweils gemeint ist? Schreibe den Namen des Sakraments in das Feld!

	Ich taufe dich im Namen des Vaters und des Sohnes und des Heiligen Geistes.	
	Ich spreche dich los von deinen Sünden.	
	Das ist mein Leib. – Das ist mein Blut.	
	Sei besiegelt durch die Gabe Gottes, den Heiligen Geist!	
	Ich nehme dich an als meine Frau. Ich nehme dich an als meinen Mann.	
	Gib diesen deinen Dienern die Würde des Priestertums!	
	Durch diese heilige Salbung helfe dir der Herr in seinem reichen Erbarmen.	

Taufe – Beichte – Kommunion – Firmung – Ehe – Weihe – Krankensalbung

Für helle Köpfe
Küster Franz

Küster Franz hat ein anstrengendes Wochenende vor sich. Seufzend schaut er in seinen Terminkalender.
Küster Franz denkt: Ich will mir einen Plan machen, damit ich nichts vergesse. Wenn ich mir gut überlege, was ich zu welchem Gottesdienst vorbereiten muss, werde ich alles gut schaffen.
Also – was ist zu tun? Hilfst du ihm?

Samstag	
14.30h	Hochzeit von Anna Mörike und Ferdinand Rothausen
17.00–18.00h	Beichte in der Kirche
18.00–18.25h	Rosenkranzgebet in der Kirche
18.30h	Vorabend-Messe

Sonntag	
10h	Feierliches Hochamt
15h	Taufe von Claudius Schneider

Am ☐ Mittag bereite ich die Kirche für die Hochzeit vor: Auf den kleinen Tisch im Altarraum kann das Brautpaar später die ☐ und das Familienstammbuch legen.

Für die Beichte ist nicht viel vorzubereiten. Seine Stola bringt der Pfarrer selbst mit. Ich muss nur daran denken, nachmittags die ☐ aufzuschließen.

Zum Rosenkranzgebet ist die Kirche dann ja schon offen. Aber das ☐ muss noch angestellt werden, sonst können die Leute die Vorbeterin nicht gut hören.

Während die Leute beten, gehe ich in die Sakristei und bereite die Messe vor: Ich lege die ☐ für die Messdiener heraus. Außerdem braucht der Pfarrer das ☐, in dem die Texte und Gebete für den Gottesdienst stehen. Auf das Tischchen kommen die Gefäße für die Eucharistiefeier: ☐ und ☐.

Beim feierlichen Hochamt am ☐ brauchen wir noch ☐, den die Messdiener schwenken. Das wird wunderbar duften! Vor dem Gottesdienst muss ich natürlich wieder die ☐ läuten. Und ein Messdiener fehlt noch – ich werde Elisabeth anrufen, sie kommt bestimmt.

Für die Taufe am Nachmittag muss ich das Wasser erwärmen, mit dem das Kind getauft wird. Sonst erkältet es sich. An das ☐ stelle ich den ☐ mit warmem Wasser. Dann zünde ich die ☐ an. Und wir brauchen ☐, das kostbare Öl, mit dem das Kind gesalbt wird. Das weiße ☐ bringen die Eltern selbst mit.

Wenn dann die Taufe vorbei ist und die Kirche wieder aufgeräumt ist, werde ich einen langen Spaziergang machen. Den habe ich mir verdient!

Für helle Köpfe
Buchstabenrätsel

In diesem Buchstabenfeld haben sich alle sieben Sakramente versteckt. Findest du sie? Du musst in alle Richtungen lesen (auch von unten nach oben). Kreise sie ein!

G	W	T	H	G	Z	I	E	A	F	D	V	S	M	F
B	E	A	K	E	H	A	H	R	U	L	M	D	B	G
H	H	U	O	W	N	N	E	A	W	C	Y	N	G	N
U	J	F	T	T	J	L	X	F	L	I	E	S	F	U
J	K	E	R	Z	K	F	I	R	M	U	N	G	P	B
M	Z	H	W	H	L	P	Ü	R	T	H	N	H	O	L
K	T	J	Q	G	Q	F	P	M	H	W	E	K	I	A
O	R	K	A	V	A	L	Z	E	R	T	H	Q	U	S
K	O	M	M	U	N	I	O	N	N	G	D	W	Z	N
P	Q	Ü	D	E	T	Ö	T	O	I	P	I	E	T	E
Ö	Ö	Q	F	R	Z	T	R	W	E	R	Z	G	R	K
Z	P	R	I	E	S	T	E	R	W	E	I	H	E	N
T	L	A	T	T	U	E	E	R	G	B	O	X	A	A
R	Z	S	Z	Z	O	R	N	A	S	D	V	C	E	R
E	T	D	B	E	I	C	H	T	E	Ö	Ä	V	R	K

Lösung: Taufe, Beichte, Kommunion, Firmung, Ehe, Priesterweihe, Krankensalbung

Einheit 7

Gott vergibt uns

7

ℹ️	Hinführung	Rund um das Sakrament der Versöhnung	138
📖	Glaubenslexikon	Von A bis Z: Die Beichte	140
✉️	Elternbrief	7. Brief an die Eltern der Kommunionkinder	142
✝️	Gottesdienst	Umkehr und Aufbruch	143
👥	**Gruppenstunde 7.1**	**Wenn wir schuldig werden**	**144**
💡	Für helle Köpfe	Was macht der Hahn auf dem Turm?	147
👥	**Gruppenstunde 7.2**	**Im Kreuz ist Heil**	**148**
👥	**Gruppenstunde 7.3**	**Wie geht Beichten?**	**150**
✦	Freies Angebot	Was ich den Pfarrer immer schon mal fragen wollte*	
✝️	Erst-Beichte der Kinder	Das Sakrament der Versöhnung	
✦	Freies Angebot	Wir feiern ein Fest der Versöhnung*	
🎵	Lieder	• Kyrie eleison (GL 155) • Lob dir, Christus, König und Erlöser (GL 584,9)	153

* siehe Hinführung S. 140

ⓘ Hinführung
Rund um das Sakrament der Versöhnung

Als Christen sind wir dazu berufen, Gottes unendliche Liebe an unsere Mitmenschen weiterzugeben und Gutes zu tun. Aber das gelingt in unserem Leben nicht immer. Jeder Mensch macht Fehler, jeder Mensch sündigt. Oft besteht das Problem nicht in vielen „Kleinigkeiten", sondern in der Ausrichtung des Lebens, das beinahe unbemerkt in eine Schieflage geraten ist und falschen Maßstäben folgt: persönlicher Eitelkeit, Gewinnsucht, Stolz, Machtstreben. Trotz aller Mühe steht immer wieder etwas zwischen uns und den Mitmenschen, zwischen uns und Gott. Das Böse entfaltet eine Macht, die weit über unser persönliches Vermögen hinausreicht und unser Gottvertrauen beeinträchtigt. Gott gibt uns Maßstab, Kraft und Motivation, das Gute zu tun und das Böse zu bekämpfen. Beides, Gelingen und Scheitern, dürfen wir in seine Hand geben. Er legt uns nicht auf eine dunkle Vergangenheit fest. Er lässt uns immer wieder neu anfangen. Im **Kreuz Jesu** hat er die Macht des Bösen ein für alle Mal gebrochen. Jesus Christus hat am Kreuz unsere Schuld getragen und die absolute Gottesferne – den Tod – auf sich genommen. So hat Gott seine Liebe zu uns Menschen bis ins Letzte erwiesen. Sünde und Tod haben keine Macht mehr über uns. **Gott schenkt Versöhnung** und das Leben in Fülle. Wir werden auferstehen. *S. 42, 43, 45*

Es gibt viele Möglichkeiten, Gottes **Vergebung zu erfahren**: Werke der Liebe, Versöhnung mit dem Nächsten, Reue und Umkehr, Gebet und Fasten. Formen der Vergebung im Gottesdienst sind die Vergebungszusage nach dem Schuldbekenntnis, das Hören des Wortes Gottes, der Empfang der Kommunion. Bußgottesdienste laden zu Gewissenserforschung, Umkehr und Gebet ein. Die dichteste Form der Sündenvergebung ist das Sakrament der Versöhnung (die Beichte).
Hier stehen wir ganz persönlich vor Gott, wir bekennen unsere Schuld und vertrauen uns ihm an. Im Gespräch mit dem Priester können offene Fragen geklärt werden. Das Bußsakrament trägt so auch zur eigenen Persönlichkeitsentwicklung bei. Dabei wird der Beichtende nicht mit seiner Schuld alleingelassen. Denn jede Beichte mündet in die Lossprechung, in die Verzeihung Gottes, die uns ganz persönlich zugesagt wird. Daraus kann die Kraft wachsen, das Eigene beizutragen, um die Folgen von Schuld zu lindern und die Versöhnung

mit dem, an dem wir schuldig wurden, zu suchen. Den Kindern das Sakrament der Versöhnung vorzuenthalten („Was können Kinder denn schon Böses tun?"), würde bedeuten, ihnen etwas ganz Zentrales vorzuenthalten: die Möglichkeit der Vergebung und die Freude über Gott, der uns trotz unserer Schuld annimmt, einen Neuanfang ermöglicht und uns das Leben in seiner Ewigkeit zusagt. *S. 61, 90, 91, 109*

Diese Einheit ist besonders für ein Wochenende oder einen Aktionstag geeignet, an dem eine dichte Atmosphäre des Vertrauens, der Selbstwahrnehmung und der Besinnung wachsen kann. Die Einheit ist daher etwas anders aufgebaut: Sie besteht aus drei Gruppenstunden und zwei freien Angeboten, die sich leicht zu einem Wochenende mit Einheiten in Kleingruppen und abschließend in einer großen Gruppe verdichten lassen: In einem Symbol (Sündenballon) wird deutlich, dass Gott am Kreuz Jesu unsere Sünden hinwegnimmt. Die Lieder zur Einheit bringen unsere Bitte um Vergebung ebenso ins Wort (**Kyrie, GL 155**) wie unser Vertrauen in Gott, der uns trotz unserer Schuld immer wieder annimmt. Der Ruf vor dem Evangelium, der in der Fastenzeit eingesetzt werden kann (**Lob dir, Christus, König und Erlöser, GL 584,9**), benennt den Grund unseres Vertrauens: Die Hingabe Jesu Christi am Kreuz.

Gruppenstunde 7.1: Wenn wir schuldig werden

Sicher gehen die Kinder mit ganz unterschiedlichen Voraussetzungen an das Thema. Und so kommt zunächst das Ziel in den Blick, Kinder für Situationen zu **sensibilisieren**, in denen sie schuldig werden – nicht durch einen Sündenkatalog, sondern indem die Kinder lernen wahrzunehmen, dass unsere Beziehung zu uns selbst, zu den Mitmenschen, zur Schöpfung und in all dem auch die Beziehung zu Gott immer wieder gestört wird, wenn wir lieblos und rücksichtslos handeln. Dazu ist Ruhe und Ernsthaftigkeit in der Gruppe wichtig. Zudem ist darauf zu achten, dass die Kinder bei *typischen* Situationen oder bei Szenen, die sie beobachtet haben, bleiben können. Das persönliche Bekenntnis, das Offenlegen *eigener* Schuld hat seinen Ort in der Beichte, nicht in der „Öffentlichkeit" der Gruppenstunde. S. 90

Gruppenstunde 7.2: Im Kreuz ist Heil

Im Mittelpunkt steht ein Symbol, das zeigt, welche Macht die Sünde entfaltet, und das zugleich den Schritt zur christlichen **Versöhnungshoffnung** geht: Ein großer violetter Luftballon, beschriftet mit vielem, was wir Menschen falsch machen können, mit Sünden, wird an der Dornenkrone Jesu am Kreuz zum Platzen gebracht. Denn Jesu Kreuz ist der Beginn unseres Heils, des neuen Lebens bei Gott. Dabei wischt Jesus das, was wir getan haben, nicht einfach weg. Es bleibt Bestandteil unserer Lebensgeschichte. Das drücken die Fetzen des Luftballons aus, die am Fuße des Kreuzes liegen bleiben. Aber Gott nimmt durch Jesu Tod unserem Tod und unserer Schuld die Ausweglosigkeit. Wir dürfen hoffen, dass wir mit ihm auferstehen werden.

S. 42, 43, 45

Gruppenstunde 7.3: Wie geht Beichten?

Den Einstieg zur direkten Beichtvorbereitung bietet eine Vergebungsgeschichte der Bibel: die Erzählung vom **Zöllner Zachäus**. Die zuvorkommende Liebe Jesu gibt Zachäus seine Würde zurück, so dass ein Neuanfang gelingen kann. Anschließend wird der **Ablauf der Beichte** besprochen. Die Kinder sollen bei aller Aufregung Sicherheit haben und genau wissen, wie das Sakrament der Versöhnung abläuft. Dazu gibt es ein kleines Heftchen, das die Kinder in ihr Gebetbuch legen und mit zur Beichte nehmen können.

Für helle Köpfe: Was macht der Hahn auf dem Turm?

Der Hahn auf dem Turm, der hier gebastelt werden kann, ist ein Symbol für **Achtsamkeit** – sich selbst, den Mitmenschen und Gott gegenüber. Er erinnert an eine eindrückliche Schulderfahrung des Petrus – als er Jesus kurz vor der Kreuzigung verleugnete. S. 53

Freies Angebot: Was ich den Pfarrer immer schon mal fragen wollte

Eine Gesprächsrunde mit dem Priester, der das Sakrament der Versöhnung spenden wird, kann im Anschluss an die 3. Gruppenstunde Fragen der Kinder zur Beichte, zu Gott und der Welt aufnehmen und beantworten. Zugleich lernen die Kinder den Priester besser kennen und können ein **Vertrauensverhältnis** zu ihm aufbauen. Falls die Frage nach dem Beichtgeheimnis nicht von den Kindern aufgeworfen wird, ist sie vom Pfarrer anzusprechen. Beichtzimmer/Beichtstühle können ggf. besichtigt werden.

S. 61, 90, 91

Freies Angebot: Wir feiern ein Fest der Versöhnung

Der erste Empfang des Sakraments der Versöhnung sollte zeitnah zur Vorbereitung stattfinden; ein zweites Mal werden die Kinder unmittelbar vor der Erstkommunion beichten. Es bietet sich an, nach der Beichte ein **gemeinsames Fest** der Versöhnung mit Saft und Kuchen zu feiern, denn wer Gottes Vergebung zugesagt bekommen hat, hat allen Grund zur Freude und zur Dankbarkeit. Zur Erinnerung bekommt jedes Kind ggf. ein Gebetszettelchen mit dem Bild der Perikope von Zachäus oder ein Foto der Szene von Ballon und Kreuz.

 Glaubenslexikon
Von A bis Z: Die Beichte

Absolution: (lat.) *Lossprechung:* bildet den Abschluss der Einzelbeichte nach dem Sündenbekenntnis und dem Reuegebet. Wird erteilt durch den Priester im Auftrag und im Namen Jesu Christi: „Gott, der barmherzige Vater, hat durch den Tod und die Auferstehung seines Sohnes die Welt mit sich versöhnt und den Heiligen Geist gesandt zur Vergebung der Sünden. Durch den Dienst der Kirche schenkt er dir Verzeihung und Frieden. So spreche ich dich los von deinen Sünden im Namen des Vaters, des Sohnes und des Heiligen Geistes. Amen."

S. 61, 90, 91

Beichtgeheimnis: Gilt ohne jede Ausnahme und wird, wo es gebrochen wird, kirchenrechtlich mit der Exkommunikation bestraft. Der Priester darf das, was er in der Beichte gehört hat, auf keinen Fall preisgeben (noch nicht einmal das Geständnis eines gesuchten Mörders).

S. 61

Beichtstuhl: Kammer an der Seitenwand der Kirche. Außen hängen meist Informationen zu den Beichtzeiten und ggf. der Name des Priesters, der zur Verfügung steht. In der Mitte ist ein Stuhl für den Priester, an den Seiten rechts und links eine Kniebank für den, der beichten möchte. Damit der Beichtende unerkannt bleiben kann, ist der Bereich, in dem der Priester sitzt, durch eine Milchglasscheibe von dem Bereich der Kniebank getrennt, durch die der Priester aber das Gesprochene hören kann. Damit nicht jeder mithören kann, ist der Beichtstuhl entweder durch einen Vorhang oder durch eine kleine Tür vorn geschlossen. Statt der Beichte im Beichtstuhl gibt es auch die Möglichkeit, mit dem Priester offen in einem Beichtzimmer zu sprechen.

S. 61

Bußandacht: Oft auch als Bußgottesdienst bezeichnet. Macht deutlich, dass Umkehr und erneute Hinwendung zu Gott nicht nur ein Anliegen des einzelnen, sondern auch der Gemeinschaft sind, und betont, dass das eigene Vergehen immer auch die Gemeinschaft schädigt. Ein Bußgottesdienst enthält eine Anleitung zur vertieften Gewissenserforschung und die Verkündigung der allen zugesagten, immer wieder neuen Bereitschaft Gottes zur Vergebung und Versöhnung. Dient auch als Vorbereitung auf den Empfang des Sakraments der Versöhnung.

Buße: Wird oft auch als Begriff für die Beichte verwendet. Bedeutet, sich der eigenen Schuld zu stellen und Verantwortung für das eigene Tun zu übernehmen. Der Priester gibt in der Beichte nach dem Sündenbekenntnis ein Bußwerk auf. Dies ist zu verstehen als Ausdruck der Bereitschaft des Beichtenden, in der Beziehung zu Gott und zum Nächsten neu anzufangen und dies auch im Gebet oder durch eine gute Tat zu zeigen.
S. 90, 91

Reue: Das Erschrecken über das, was man falsch gemacht hat, verbunden mit dem Vorsatz, es in Zukunft anders machen zu wollen. Wichtiger Bestandteil des Sakraments der Versöhnung.
S. 90, 91

Schuld: Verfehlung, die in freier Entscheidung und bei klarem Verstand begangen wurde.

Schuldgefühl: Scham, Bewusstsein eigener Schuld, Reue. Bei psychisch gesunden Menschen ein wichtiger Anhaltspunkt des Gewissensurteils und der Persönlichkeitsentwicklung. Krankhafte Schuldgefühle und unsachgemäße Skrupel können dagegen lebensmindernd sein.
S. 61

Stola: Bestandteil der liturgischen Kleidung des Priesters. Eine Art Schal, als Amtszeichen getragen bei Gottesdiensten unterschiedlichster Art, um zu verdeutlichen, dass der Priester nicht im eigenen Namen, sondern im Namen und im Auftrag Jesu Christi handelt. Ihre Farbe ist liturgisch festgelegt; bei dem Sakrament der Versöhnung violett.
S. 76, 79, 102

Sünde: Die aus Freiheit verweigerte Zustimmung zu Gottes gutem Willen, Missachtung der Berufung des einzelnen als Kind Gottes; eigensinnige Abwendung von Gott und seinem Weg zum ewigen Heil, um ohne Rücksicht auf die anderen Geschöpfe ausschließlich das eigene (kurzfristige) Wohl anzustreben. Gemeint ist nicht nur der religiöse Bereich, sondern jede Schuld, insofern sie unter der Gesichtspunkt des Verhältnisses zwischen Gott und dem Menschen betrachtet wird.

Sündenvergebung: Gott ist die Liebe, die Erfüllung des Menschen. Er will, dass alle Menschen in seiner Liebe leben. Immer wieder kommt er den Menschen mit seiner Vergebung entgegen und ermöglicht ihnen einen Neuanfang. Das Sakrament der Versöhnung (Beichte) ist (nach der Taufe) der zentrale Ort, an dem Gottes Vergebung erfahren werden kann. Daneben gibt es verschiedene andere Wege, die Sünden zu erkennen, sie ggf. zu bekennen und die Vergebung zu erhalten. Liturgische Formen wie das allgemeine Schuldbekenntnis und der Vergebungszuspruch am Anfang der Messe, das Hören des Wortes Gottes, der Empfang der Eucharistie, die Bußandacht und auch außerliturgische Formen wie Beten, Fasten und Almosengeben bringen Gottes Versöhnung und das Bestreben des Menschen zum Ausdruck, mit Gott und den Menschen (wieder stärker) in Einklang zu leben. Liegen ehrliche Reue und der feste Wille zur Umkehr vor, dürfen die Gläubigen darauf vertrauen, dass sie dabei die Vergebung der Sünden erhalten. Die Vergebung von sogenannten schweren Sünden (Sünden also, die die Gottesbeziehung in gravierendem Maß beeinträchtigen) ist allerdings der sakramentalen Form (Beichtsakrament) vorbehalten.

Von A bis Z: Die Beichte | 141

7. Brief an die Eltern der Kommunionkinder
Gott vergibt uns

Sehr geehrte, liebe Eltern!

„Was mache ich denn schon Schlimmes? Bei mir läuft doch alles gut." „Meine Konflikte und Spannungen kann ich doch wohl mit dem Betroffenen selbst regeln." „Wieso soll ich das dem Priester erzählen? Mit meinem Herrgott spreche ich direkt." Sicher kennen wir alle diese und ähnliche Gedanken.
Und all das hat auch seine Berechtigung. Natürlich ist es wichtig, Streitigkeiten und Probleme unter den Beteiligten direkt zu klären und in den Familien eine Kultur der Versöhnung zu entwickeln. Selbstverständlich können und sollen wir mit Gott direkt sprechen – im persönlichen und gottesdienstlichen Gebet können wir seine Vergebung auf vielfältige Weise erfahren.
Wenn die Kirche dennoch zur Beichte einlädt, dann deshalb, weil hier Gottes unbegrenzte Güte und Vergebungsbereitschaft in besonderer Weise für jeden einzelnen spürbar wird. Versöhnung mit Gott kann als persönliche Befreiung erfahrbar werden. Damit gibt die Kirche zugleich eine Antwort auf die Sehnsucht, die wir alle kennen – die Sehnsucht, wirklich neu anfangen zu können. Diese ganz persönliche Zusage und die Freude darüber wollen wir den Kindern nahebringen. Sie werden in der Vorbereitung lernen, auf ihr Gewissen zu hören und sensibel wahrzunehmen, wo sie etwas falsch machen. Sie erfahren, dass Schuld dort entsteht, wo man sich selbst, den Mitmenschen, der Schöpfung und der Beziehung zu Gott schadet. Mit einem eindrucksvollen Symbol werden die Kinder an eines der tiefsten Geheimnisse unseres Glaubens herangeführt. Sie erfahren, dass Jesus Christus durch seinen Tod am Kreuz und durch seine Auferstehung Gottes große Liebe zu uns Menschen gezeigt und unsere Schuld ein für alle Mal von uns genommen hat. Das Böse hat im Letzten keinen Bestand; der Tod hat nicht das letzte Wort. Wir dürfen hoffen auf das neue ewige Leben bei Gott. Gott ist es, der vergibt und Versöhnung schenkt. Damit ist der Weg zu ihm und zu den Mitmenschen wieder frei. Das wird im Sakrament der Versöhnung jedem Menschen persönlich zugesagt.
Die Kinder besprechen in der Vorbereitung auch, wie Beichten geht, und sie können ganz ohne Sorge zum Empfang des Sakramentes kommen. Den Priester, bei dem sie beichten, kennen sie ja schon und werden sie im Rahmen der Vorbereitung noch sehr viel besser kennen lernen.
Machen Sie sich mit Ihrem Kind gemeinsam auf den Weg zu dieser grundlegenden menschlichen und religiösen Erfahrung.

Herzlich grüßen Sie

Familien-TIPP

- Werden Sie in Ihrer Familie sensibel für den Umgang mit Streit und Konflikten. Vielleicht gelingt es, an der einen oder anderen Stelle einmal ein Gespräch zu führen, wirklich und ernsthaft um Verzeihung zu bitten und zu genießen, wenn „alles wieder gut ist".
- Probieren Sie – mit Ihrem Kind oder auch allein für sich – einmal die uralte christliche Tradition der abendlichen Gewissenserforschung aus. Beschließen Sie bewusst Ihren Tag und erinnern Sie sich an Gutes wie Schlechtes – beides dürfen wir in Gottes Hand geben.
- Überlegen Sie gemeinsam mit Ihrem Kind, ob es Menschen in Ihrer Umgebung gibt, denen Sie mit einer Kleinigkeit eine Freude machen können – eine alte Nachbarin, der Sie eine Besuch machen können; ein Kind, das in der Klasse an den Rand gedrängt wird, das Sie einmal einladen können; ein einsamer Verwandter, den Sie zusammen anrufen können. Auch in solchen Erfahrungen ereignet sich Versöhnung und geschieht ein Neuanfang.

✝ Gottesdienst
Umkehr und Aufbruch

Kyrie	**P:** Wir wollen uns auf diesen Gottesdienst vorbereiten, unsere Schuld bekennen und Gott um sein Erbarmen bitten. **V:** Herr Jesus Christus, deine Liebe und deine Vergebung sind grenzenlos. Herr, erbarme dich. – **A:** Herr, erbarme dich. **V:** Du überwindest alle Grenzen. Christus, erbarme dich. – **A:** Christus, erbarme dich. **V:** Immer wieder kommst du uns mit deiner Liebe entgegen. Herr, erbarme dich. – **A:** Herr, erbarme dich. **P:** Der allmächtige Gott erbarme sich unser, er lasse uns die Sünden nach und führe uns zum ewigen Leben. – **A:** Amen.
	Kyrie eleison (GL 155 und S. 153)
Lesung	**Kolosser 2,12–14:** Christus hat unseren Schuldschein ans Kreuz geheftet
Ruf vor dem Evangelium	**Lob dir, Christus, König und Erlöser** (GL 584,9)
Evangelium	**Lukas 15,11–24 (15,11–32):** Mein Sohn war tot und lebt wieder, er war verloren und ist wiedergefunden worden.
Fürbitten	**P:** Wir Menschen und unser Heil sind Herzensanliegen Gottes. Wir wenden uns mit unseren Bitten an ihn: **V:** Guter Gott, wir haben von deiner grenzenlosen Liebe zu den Menschen gehört. Wir bitten dich für unsere Kirche: Lass sie ein Ort der Freude und Begegnung sein. Wir bitten dich, erhöre uns. – **A:** Wir bitten dich, erhöre uns. **V:** Guter Gott, wir haben von deiner grenzenlosen Güte für alle Menschen gehört. Wir bitten dich für die Christen in aller Welt: Stärke sie, damit sie Freiheit schaffen, wo Grenzen Unfreiheit schaffen. – **A:** Wir bitten dich, … **V:** Guter Gott, wir haben von deiner grenzenlosen Gerechtigkeit den Menschen gegenüber gehört. Wir bitten dich für alle, die zu dir aufgebrochen sind: Schenke ihnen die Erfahrung deiner Gerechtigkeit und Güte. – **A:** Wir bitten dich, … **V:** Guter Gott, wir haben von deiner grenzenlosen Sorge um die Menschen gehört. Wir bitten dich für all die Menschen, die in Not sind: Lass sie deine Nähe erfahren. – **A:** Wir bitten dich, … **V:** Guter Gott, wir haben von deinem grenzenlosen Erbarmen mit allen Menschen gehört. Wir bitten für alle Menschen, die uns vorangegangen sind: Schenke ihnen das ewige Leben bei dir. – **A:** Wir bitten dich, … **P:** Herr, unser Gott, erhöre all unsere ausgesprochenen Bitten und alle, die wir im Herzen tragen. Dir sei Lob und Dank, jetzt und in Ewigkeit. Amen.

Am Gleichnis vom barmherzigen Vater lässt sich – symbolisiert durch die offenen Arme, mit denen der Vater den verlorengegangenen Sohn empfängt – Gottes Haltung dem umkehrenden Sünder gegenüber aufzeigen: Gott wendet sich immer wieder dem Menschen zu, er vergibt unendlich oft und immer wieder.

Gruppenstunde

7.1 Wenn wir schuldig werden

Vorbereitung:
- Kerze
- Wenn wir schuldig werden, siehe S. 146 (groß, in einzelnen Karten, ggf. laminiert)
- Arbeitsblatt 7.1.1
- Weißes Papier, gelocht, für Hausaufgaben

		Struktur und Inhalt	**Umsetzung**
Gruppenraum Kerze		**Eröffnung**	Begrüßung, still werden Entzünden der Christus- bzw. Gruppenkerze Kreuzzeichen, gemeinsames Vaterunser
Seite 153 5–10 min		**Erlernen des Liedes: Kyrie** (GL 155 und S. 153)	Das Lied, das wir heute lernen, ist leicht. Es ist ein Lied zum Kyrie. Der Text ist griechisch und wir singen ihn oft am Anfang des Gottesdienstes. Er bedeutet: Herr, erbarme dich.
Wenn wir schuldig werden in Einzelkarten; Dimensionen von Schuld noch zurückhalten 10 min 10 min 10–15 min		**Einstieg in die Thematik:** Karten mit unterschiedlichen Impulsen zu Streit-, Schimpf-, Verweigerungs-, Konfliktsituationen aus Familie, Schule und Freundschaftsbereich, bunt verteilt in der Mitte des Tisches/auf dem Boden. Im Gespräch werden **typische Situationen** entwickelt, die allen bekannt sind. Der Katechet / die Katechetin achtet darauf, dass dies als möglichst neutrale Schilderung (nicht als „Petzen" oder Selbstanklage) geschieht. Ggf. geht das Gespräch auf den Unterschied zwischen berechtigter und unberechtigter Meinungsverschiedenheit, zwischen Konflikt und Streit ein. Die anschließende **Partnerarbeit** hilft den Kindern, sich in die Situation hineinzuversetzen und den Schritt von der Reflexion zur **eigenen Betroffenheit** zu gehen. **Rollenspiel** zu einigen unterschiedlichen Situationen mit Unterstützung und Vorschlägen (Redewendungen) der Katechetin/des Katecheten. **Präsentation** der Ergebnisse; Gespräch über die gespielten Situationen: Wer hat sich wie verhalten, wo werden Fehler deutlich, wo wird jemand schuldig …? Wenn nicht auch positives Verhalten mit aufgezeigt wurde, dann bringt die Katechetin/der Katechet dies noch mit ins Spiel.	Heute haben wir in der Mitte unserer Runde besondere Bilder liegen. • Beschreibt einmal, was ihr seht, und versucht zu erklären … • Kennt ihr solche Situationen? • Nach dem, was ihr hier erzählt und gesagt habt, scheint es so zu sein, dass tatsächlich jeder solche Situationen kennt … Wir wollen uns damit noch näher beschäftigen: Ihr tut euch zu zweit zusammen, nehmt euch eine der Karten und versucht, das, was dort als Situation angedeutet wird, in einer kleinen Geschichte zu spielen. • Was könnten die abgebildeten Personen sagen? Sind sie wütend? Traurig? Frech? Enttäuscht? Wir schauen uns an, was die einzelnen Gruppen sich ausgedacht haben … • Fällt euch etwas auf? Gibt es vielleicht etwas, das bei allen Spielen gleich war? Immer wieder merken wir: Da hat jeder nur an sich gedacht, nicht mal ein Auge darauf gehabt, wie es dem anderen geht … • Wie hätte man denn anders reagieren können? Was hättet ihr in der Situation gemacht? Wir können festhalten: Wir alle werden in unterschiedlichen Situationen schuldig, wir sind bewusst böse, ärgern die anderen, oder wir rutschen in etwas hinein, was man hinterher für unmöglich hält. Wir können uns selber dann nicht mehr ausstehen, wir haben ein schlechtes Gewissen.

	Struktur und Inhalt	Umsetzung

1. Karte:
Ich schade mir selbst
 	
2. Karte:
Ich schade meinen Mitmenschen
 	
3. Karte:
Ich schade der Schöpfung
 	
4. Karte:
Ich schade meiner Beziehung zu Gott
 	
⏷ 15–25 min
	Im Gespräch werden die **vier Dimensionen** von Schuld thematisiert und den beschrifteten Karten zugeordnet. Bezugspunkt ist jeweils der Schaden, der angerichtet wird: Ich schade
	    1. mir selbst,
	    2. den Mitmenschen,
	    3. der Schöpfung,
	    4. meiner Beziehung zu Gott.
	So wird Schuld in ihrer zerstörerischen Kraft erkennbar, die aus eigener Kraft nicht geheilt werden kann.
	Insgesamt wird bei diesen vier Aspekten deutlich, dass die Zuordnung nicht immer eindeutig ist: Wo ich meinen Mitmenschen schade, schade ich auch mir und meiner Beziehung zu Gott, wo ich die Schöpfung schädige, da schade ich auch meiner Beziehung zu Gott etc.
	Wichtig:
	• Die meisten Bilder lassen sich mehreren Dimensionen zuordnen; dies ist eigens anzusprechen.
	• Die Dimension der Gottesbeziehung kann letztlich allen Beispielen zugeordnet werden, sofern mein Verhalten immer vor diesem Hintergrund zu sehen ist (vgl. Thema von E5: Wir leben aus dem Glauben).
	• Keine Fixierung auf Schuld, sondern Bewusstwerden, dass eigenes Leben von Bösem und Gutem geprägt ist.
	• Dimension der Vergebung aufzeigen.
		Wir schaden uns selbst (1. Karte).
		• Können wir die eine oder andere Bild-Karte hier schon zuordnen?
		Aber: keiner ist nur böse, nur schlecht! Jeder ist auch mal gut und freundlich zu den anderen.
		Wir haben auch gemerkt, dass eigentlich das, was jemand falsch gemacht hat, immer auch noch andere betrifft.
		• Erinnert ihr euch? … (Beispiele aus Familie, Klassengemeinschaft, Freundschaft)
		• Oft folgt aus der ersten bösen Tat auch gleich notgedrungen eine 2. … (Beispiele, Zuordnung von Bild-Karten zur 2. Dimension)
		Manchmal sind gar keine Menschen von unserem Verhalten betroffen … Umgang mit der Umwelt, Tiere, Zuordnung von Bildkarten zur 3. Dimension)
		Gott möchte, dass wir gut leben und dass wir unsere Talente entfalten. Er hat uns die Gebote geschenkt, die uns den Weg weisen. Er hat uns seine Schöpfung anvertraut und möchte, dass wir gut für sie sorgen. Alles, was wir tun, dürfen wir mit ihm gemeinsam tun.
		• Welche Bilder würdet ihr zu unserer 4. Karte legen?
		• Es gibt ein Wort, um auszudrücken, dass etwas Böses unsere Freundschaft mit Gott betrifft: … (Sünde)

⏷ AB 7.1.1, 5–15 min Papier, gelocht	**Verteilen und Erläutern der Hausaufgabe** (Während einer Wochenendveranstaltung: Malphase)	Auf diesem Blatt sind noch einmal alle Situationen abgebildet, die wir besprochen haben. Sucht euch ein Kärtchen aus und malt, was man anders machen könnte!
Abschluss ⏷ 5 min	**Bei einer Einzelstunde außerhalb einer Tagesveranstaltung: Abschluss an der Kerze** • Gemeinsames Lied • Gebet • Segen	Zum Schluss singen wir noch einmal unser Lied: „Kyrie: Herr, erbarme dich." Dann werden wir still und schauen in die Kerze. Wir beten: Jesus, wir haben festgestellt, dass wir oft etwas falsch machen, andere ärgern, nur auf uns schauen und dich darüber ganz vergessen. Wir wissen aber, dass du trotzdem immer unser Freund sein willst. Dafür danken wir dir. Hilf uns, darauf immer tiefer zu vertrauen. Und so segne und behüte uns alle der allmächtige Gott: der Vater, der Sohn und der Heilige Geist (gemeinsames Kreuzzeichen). Amen.

Gruppenstunde: 7.1 Wenn wir schuldig werden

Wenn wir schuldig werden

AB 7.1.1

1. Ich schade mir selbst.

3. Ich schade der Schöpfung.

2. Ich schade meinen Mitmenschen.

4. Ich schade meiner Beziehung zu Gott.

💡 Für helle Köpfe
Was macht der Hahn auf dem Turm?

Manchmal leben in einer großen Kirche Fledermäuse. Im Turm brüten bisweilen Tauben. Die Mauer einer Kirche ist außen oft mit fabelhaften Wesen verziert, zum Beispiel mit Drachen. Aber ein Tier gibt es, das höher sitzt als sie alle: der Hahn auf der Turmspitze. Was hat er da zu suchen?

Der Hahn auf dem Kirchturm erinnert daran, dass Petrus, einer der besten Freunde Jesu, einmal schrecklich traurig war. Er hatte versprochen, immer zu Jesus zu halten. Doch als er in die Klemme geriet, vergaß er sein Versprechen und tat so, als würde er Jesus nicht kennen. Als dann der Hahn krähte, erinnerte er sich, dass Jesus ihm genau dieses Verhalten schon angekündigt hatte: Da ging Petrus und weinte bitterlich, weil er sich so schämte.

Der Hahn erinnert aber auch an die Versöhnung, die Jesus uns geschenkt hat: Wenn wir uns für etwas schämen und es wieder gut machen möchten, können wir zu ihm kommen und uns wieder mit ihm zusammen auf den Weg machen. Bei Jesus hat immer die Versöhnung das letzte Wort. Traurigkeit und Einsamkeit werden geheilt. Mit ihm zusammen kann unser Leben gut werden.

Bastelanleitung

Schneide diesen Hahn aus und übertrage ihn zwei Mal auf dünne Pappe. Nun nimm einen Bindfaden und lege ihn entlang der Linie auf einen Hahn. Der Faden muss oben und unten ein Stück überstehen. Den anderen Hahn klebst du darauf. Jetzt kann man den Hahn aufhängen. Du kannst ihn bunt malen, mit Tonpapier oder mit Federn schmücken. An dem Stück Faden, das unten hängt, befestigst du den Korken. So hängt der Hahn immer gerade und zeigt zuverlässig die Windrichtung an.

Material:
- Pappe
- Bindfaden
- Korken
- Schere
- Klebstoff
- Buntstifte
- Federn, Tonpapier

Gruppenstunde

7.2 Im Kreuz ist Heil

Vorbereitung:
- Kerze
- Großer (violetter) Luftballon
- dicker schwarzer Lackstift, wasser- und schmierfest
- großes Kreuz mit (ggf. selbst geflochtener) Dornenkrone (aus Dornenzweigen oder Stacheldraht; sonst: Nagel zum Platzen der Luftballons anbringen)

- Fotos des zerplatzenden Ballons am Kreuz machen, die den Kindern in 7.3 oder nach der Beichte als Erinnerung mitgegeben werden können

	Struktur und Inhalt	Umsetzung
Gruppenraum Kerze 5 min	**Eröffnung**	Begrüßung, still werden Entzünden der Christus- bzw. Gruppenkerze Kreuzzeichen, gemeinsames Vaterunser
Seite 153 10 min	**Erlernen des Liedes:** Lob dir, Christus, König und Erlöser (GL 584,9)	Das Lied, das wir heute lernen, ist ganz kurz – wir werden es im Gottesdienst singen, bevor das Evangelium vorgelesen wird. Mit diesem Lied verehren wir Jesus Christus, unseren Erlöser.
5 min	**Rückbezug zur vergangenen Stunde; ggf. Hausaufgabe besprechen**	Zuletzt haben wir uns mit dem beschäftigt, was wir Menschen alles falsch machen – immer wieder neu, aus Nachlässigkeit, aus Boshaftigkeit, aus Unwissen … Wir haben darüber gesprochen, dass wir vieles besser machen können. Wer möchte uns sein Bild zeigen?
Dicker Luftballon und Lackstift 20–35 min	**Übergang zum Thema der Stunde: Schritt von der Sensibilisierung für Schuld und Sünde zur Versöhnung durch das Kreuz Christi.** Hinweis auf die Bedeutung der Farbe violett in der Liturgie: Farbe der Vorbereitung, der Besinnung, der Buße. Bei der Nennung der Sünden muss ggf. erläutert und differenziert werden, was Sünde ist und was nicht dazu gehört (häufig genannt: nicht an Gott glauben – ist keine Sünde, sofern man noch gar keine Chance hatte, Gott zu begegnen). Nennungen werden auf die Ballons geschrieben. Im Plenum (bei Durchführung dieser Einheit als Wochenende in der Großgruppe) ggf. Vorstellen dessen, was die einzelnen Gruppen aufgeschrieben haben.	Heute habe ich einen großen Luftballon mitgebracht. Er soll ein Zeichen für unsere Schuld sein – er wird immer größer und stört unsere Gemeinschaft. • Er ist violett – habt ihr eine Idee, warum? (Wenn ein Kind an der Sakristeiführung in E5 teilgenommen oder das Blatt „Wann beginnt das Jahr" (E6) bearbeitet hat, kann es sich vielleicht an liturgische Farben erinnern). Auf diesen großen Ballon wollen wir all das schreiben, was uns einfällt, was Sünde sein kann, was wir in Beziehung zu uns selbst, zu den Mitmenschen, zur Schöpfung und zu Gott falsch machen.
Kreuz mit Dornenkrone	In besonderer Weise lebt dieser Teil der Kommunionstunde von konzentrierter und andächtiger Ruhe, um nachhaltig die Bedeutung des Kreuzes erfahren zu können. Mit einem Kind gemeinsam zeigen: **Ballon, der die Sünden versinnbildlicht, steht zwischen uns Menschen, aber auch zwischen Mensch und Gott** (am aufgestellten Kreuz demonstrieren). Ggf. mehrfach zeigen (mit kleineren und größeren Kindern), Kinder wollen das selber spüren!	Schaut einmal auf diesen großen Luftballon. Er steht zwischen uns … (Kindergruppe, zwei Kinder, Ballon versperrt Sicht, Gesprächsmöglichkeit, Kontakt) Kinder kommentieren, was sie sehen. Wenn diese Sünden da sind, in Form des Ballons zwischen uns stehen, kommen wir nicht mehr zueinander. Der Sündenballon verhindert aber auch, dass wir zu Gott kommen. Da steht etwas zwischen uns!

148 | 7. Gott vergibt uns

Struktur und Inhalt	Umsetzung
Kinder Ballon wegwerfen lassen, aber zur Vorsicht mahnen! Wenn ein Luftballon an dieser Stelle platzt, dann kann man das auch aufgreifen: Dem Zufall überlassen, darauf hoffen, dass irgendwie etwas passiert? Das kann doch auch keine Lösung sein. Versinnbildlichung des entscheidenden Schrittes: **Jesu Tod am Kreuz** ist es, der uns von den Sünden erlöst. Zur Vergebung der Sünden ist er am Kreuz für unser Heil gestorben. Bei der eindringlichen und langsamen Formulierung der folgenden Sätze nimmt der Katechet/die Katechetin (im Plenum: der Pfarrer) den einzelnen Luftballon bzw. die Luftballons und lässt sie **an der Dornenkrone zerplatzen**. Die Fetzen der zerplatzten Luftballons werden um das Kreuz gelegt. Später können die Fetzen so zerschnitten werden, dass jedem Kind (in der Gruppenstunde 7.3) ein Stück (in einer durchsichtigen Folie) zur Erinnerung gegeben werden kann. Ziel dieser Gruppenstunde und Einheit insgesamt ist es, den Kindern das Geschehen der **Buße, Umkehr und Versöhnung** eindrücklich nahezubringen. Da es primär um Erfahrung geht, entfällt eine Hausaufgabe.	• Was können wir denn machen, um dieses Problem zu lösen? • Hochwerfen, Wegwerfen des Ballons? Aufgreifen und weiterführen: Damit ist die Sünde zwar kurzfristig weg von mir, aber immer noch da, ich schiebe sie dann einfach auf die anderen ab! Nicht wir können dieses Problem lösen: Jesus Christus ist es, der uns zusammenführt, der uns die Erlösung von den Sünden schenkt. Er ist für uns am Kreuz gestorben, er hat all unsere Schuld und alles, was uns belastet, mit seinem Tod am Kreuz aus der Welt geschafft. Deshalb beten wir: Im Kreuz ist unser Heil! Der Weg zum Nächsten, zum Mitmenschen und zu Gott ist wieder frei. Wir dürfen aufatmen und leben. Wir wollen unsere Sünden an sein Kreuz tragen. Wir können alles Traurige und Schwere zu ihm bringen, er erlöst uns von dieser Last! Und das immer und immer wieder neu! Natürlich – unsere Sünden haben Folgen, die in der Welt sind. Das sind die Fetzen des Luftballons, die ihr noch seht. Gott wischt nicht einfach aus, was wir gemacht haben, er macht es nicht ungeschehen, aber er erlöst uns von der Ausrichtung unseres Handelns auf das Böse hin, auf den Tod hin. Er will, dass wir ewiges Leben, Leben in Fülle bei ihm haben.

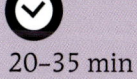
20–35 min

Abschluss

Abschluss an der Kerze
- Gemeinsames Lied
- Gebet
- Segen

Zum Schluss danken wir Jesus Christus noch einmal mit unserem Lied: Lob dir, Christus, König und Erlöser. Dann werden wir noch einmal still und schauen in die Kerze. Wir beten:
Vater, dein Sohn Jesus Christus ist für uns am Kreuz gestorben. Er will nicht, dass der Tod das Letzte ist, er möchte ewiges Leben und das Heil für jeden einzelnen von uns. Darum dürfen wir immer wieder zu dir kommen, immer wieder neu nimmst du uns unsere Schuld ab. Hilf uns, darauf immer tiefer zu vertrauen. So segne und behüte uns alle der allmächtige Gott: der Vater, der Sohn und der Heilige Geist (gemeinsames Kreuzzeichen). Amen.

5 min

Gruppenstunde: 7.2 Im Kreuz ist Heil | 149

Gruppenstunde

7.3 Das Sakrament der Versöhnung

Vorbereitung:
- Kerze
- Luftballonfetzen in kleinen Tütchen, ggf. Fotos zur Erinnerung für die Kinder
- Bibeltext: Besuch Jesu beim Zöllner Zachäus (Lukas 19,1-11)
- Arbeitsblatt 7.3.1
- 8. Elternbrief

	Struktur und Inhalt	Umsetzung
Gruppenraum / Kerze	**Eröffnung**	Begrüßung, still werden Entzünden der Christus- bzw. Gruppenkerze Kreuzzeichen, gemeinsames Vaterunser
Seite 153 / 10 min	Wiederholung eines der **Lieder** dieser Einheit.	Wir singen gemeinsam: …
5 min / ggf. Fotos von 7.2; Ballon-Fetzen	**Rückbezug zur vergangenen Stunde:** Erinnerung der Bedeutung von Luftballon und Kreuz; nach Möglichkeit Verteilen von Fotos des am Kreuz geplatzten Ballons; Austeilen der kleinen Fetzen des Luftballons (in kleiner Klarsichtfolie).	Wir haben beim letzten Mal mit Hilfe unseres großen dicken violetten Sündenballons erfahren, dass wir Menschen immer wieder Fehler begehen und sündigen. Diese Sünden werden wir aus eigener Kraft gar nicht los, sie bleiben unter den Menschen. Nur Gott kann uns von diesen Sünden, unserer Schuld erlösen – dafür ist sein Sohn Jesus Christus Mensch geworden und am Kreuz gestorben und dann am dritten Tag auferstanden.
5 min	**Übergang zum Thema der Stunde:** Das Sakrament der Versöhnung. Ggf. Verweis auf die Frage des Petrus: „Herr, wie oft muss ich denn meinem Bruder, der an mir sündigt, vergeben? Genügt es siebenmal? Jesus sprach zu ihm: Ich sage dir: nicht siebenmal, sondern siebzigmal siebenmal" (Matthäus 18,21f) – unendlich oft und immer wieder. Wenn er es von uns Menschen erwartet, um wie viel mehr wird er selber so handeln!	Jesus lädt uns immer wieder ein, unsere Sünden zu ihm zu bringen, ihm zu sagen, was wir falsch gemacht haben. Er empfängt uns mit offenen Armen und vergibt uns. Was uns auch belastet – wir dürfen immer zu Ihm kommen. Gott vergibt uns unendlich oft und unabhängig davon, was wir getan haben.
Lukas 19,1-11 / 15 min	Der Katechet/die Katechetin trägt die Erzählung vom **Besuch Jesu beim Zöllner Zachäus** (Lukas 19,1-11) vor und gibt einige kurze Hintergrundinformationen: Zöllner waren von den Römern eingesetzt, um Zölle und Abgaben von der jüdischen Bevölkerung einzutreiben. Dabei durften sie für ihren eigenen Lebensunterhalt höhere Forderungen stellen. So kamen sie zu Wohlstand. Auch wegen ihrer Zusammenarbeit mit den Römern waren sie verhasst und genossen keinerlei Ansehen. Aus religiöser Perspektive galten sie als Sünder.	Das macht Jesus sehr deutlich bei seinem Besuch bei dem Zöllner Zachäus. Diese Geschichte möchte ich euch jetzt hier vorlesen. • Was ist der Zachäus für ein Mensch? Antworten der Kinder sammeln und ordnen: Zachäus galt als Sünder – und Jesus, von dem er gehört hatte, geht vorbei, schaut zu ihm, dem Sünder auf, und lädt sich bei ihm zum Mahl ein. Mahlhalten bedeutet Gemeinschaft zu haben! • Und Jesus? Was tut er? • Verändert sich Zachäus? Begegnung mit Jesus hat heilende Wirkung, Jesu Blick, die Liebe, die er von Jesus erfahren hat, bewirken Änderung und Umkehr.

150 | *7. Gott vergibt uns*

	Struktur und Inhalt	**Umsetzung**
⌄ 15–25 min	Das anschließende Gespräch vertieft und sichert die Aussage der Erzählung: Jesu Wort schenkt Versöhnung. Er geht auf uns zu. Wir müssen uns nicht groß machen und brauchen keine Angst zu haben.	Jesus geht zu ihm, er schaut zu ihm auf, er gibt ihm ein Ansehen und das Gefühl, geliebt zu sein! Zachäus erfährt, dass er ganz persönlich gemeint ist.
⌄ 10–20 min	Im Gespräch wird die Beichte als persönliche Zachäus-Erfahrung verdeutlicht. Dabei ist einzugehen auf: • Rolle des Priesters: nicht als Privatmann, sondern als Stellvertreter Christi (Zeichen: Stola) • Beichtgeheimnis • Beichte mündet immer in Versöhnung! • Lossprechungsformel: **„Gott, der allmächtige Vater, hat durch den Tod und die Auferstehung seines Sohnes die Welt mit sich versöhnt. Er hat den Heiligen Geist gesandt zur Vergebung der Sünden. Durch den Dienst der Kirche schenkt er dir Verzeihung und Frieden. So spreche ich Dich los von allen Deinen Sünden … im Namen des Vaters, des Sohnes und des Heiligen Geistes. Amen."**	Auch wir dürfen die Erfahrung des Zachäus machen. Auch wir können Christus von unserer Schuld erzählen. Auch wir hören sein Wort, das Versöhnung schenkt: in der Beichte. • Wisst ihr noch, was mit diesem Wort gemeint ist? In der Beichte vertrauen wir Christus das an, was wir falsch gemacht haben, und lassen uns von ihm sagen, dass unsere Sünden wirklich vergeben sind. • Wie können wir es Jesus Christus sagen? (Hinweis auf Priester als Stellvertreter Jesu Christi) Der Priester spricht uns Jesu Vergebung in der Formel zu … (Wortlaut links)
⚑ AB 7.3.1 ⌄ 15 min	Austeilen von 7.3.1, Falten und Erläutern der einzelnen Schritte. Dabei wird insgesamt sehr viel Wert darauf gelegt, dass die Kinder die Sicherheit bekommen, dass es in keiner Weise um ein Verurteilen geht, dass sie das Gefühl haben, angenommen zu sein mit all dem, was sie auf dem Herzen haben und mitbringen.	Damit ihr wisst, wie die Beichte abläuft, habe ich euch ein Blatt mitgebracht, auf dem alles genau beschrieben ist. Wir falten uns das so, dass es in unser Gotteslob passt, und gehen es in Ruhe durch … Ihr dürft es zur Beichte mitbringen und euch auch einen Notizzettel mitnehmen, was ihr sagen wollt.
8. Elternbrief	**Verteilen des 8. Elternbriefes zur kommenden Einheit.**	Eure Eltern bekommen wieder einen Brief …
Abschluss ⌄ 5 min	**Abschluss an der Kerze** • Gemeinsames Lied • Gebet • Segen	Zum Schluss singen wir unser Lied: … Wir beten: Guter Gott, im Sakrament der Versöhnung sagst du uns deine Güte und Vergebung immer wieder neu zu. Du lädst uns ein, zu dir zu kommen und dir zu sagen, was wir falsch gemacht haben. Mit dir können wir neu überlegen, wo und wie wir deine Liebe weitergeben können. Hilf, dass wir uns gut auf den ersten Empfang dieses Sakraments vorbereiten und spüren, wie gut du zu uns bist. So segne und behüte uns alle der allmächtige Gott: der Vater, der Sohn und der Heilige Geist (gemeinsames Kreuzzeichen). Amen.

Gruppenstunde: 7.3 Das Sakrament der Versöhnung

AB 7.3.1 Die Beichte

Die Beichte

Vorbereitung: Gewissenserforschung

Du überlegst, was du beichten möchtest, und fragst dich: Was habe ich falsch gemacht? Nimm dir Zeit dafür. Wenn du möchtest, kannst du dir einen Merkzettel schreiben.

Eine Hilfe findest du dazu im Gotteslob Nr. 65, Abschnitt 2. Erinnerst du dich noch an die zehn Gebote oder an die Kirchengebote?

Du gehst zur Kirche und bereitest dich dort ruhig auf die Beichte vor. Du kannst zum Beispiel das Gebet sprechen, das im Gotteslob Nr. 598, Abschnitt 2, steht.

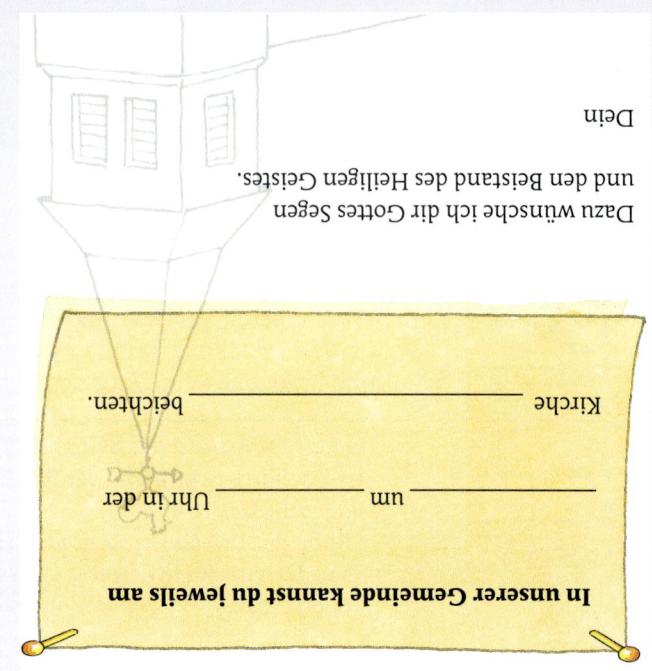

In unserer Gemeinde kannst du jeweils am

_____ um _____ Uhr in der

Kirche _____ beichten.

Normalerweise geht man zwei bis drei Mal im Jahr beichten. Dabei bieten sich besonders die Adventszeit und die Fastenzeit an. Du kannst aber auch immer dann gehen, wenn du es möchtest ... sooft du es für richtig hältst.

Dazu wünsche ich dir Gottes Segen und den Beistand des Heiligen Geistes.

Dein

Beichte

Wenn du an der Reihe bist, gehst du in den Beichtraum und nimmst Platz bzw. gehst in den Beichtstuhl und kniest nieder.

Der Priester begrüßt dich. Die **Beichte** beginnt mit dem **Kreuzzeichen** und ihr sprecht gemeinsam:
Im Namen des Vaters und des Sohnes und des Heiligen Geistes. Amen.

Dann wird der Priester dich einladen, über das zu sprechen, was dich bedrückt und welche Sünden du vor Gott bekennen willst. Wenn du das nächste Mal zur Beichte gehst, sagst du ihm, wann du zuletzt gebeichtet hast.

Bekenntnis

Nun sagst du ruhig dem Priester alles, was du dir vorgenommen hast. Dabei kannst du deinen Merkzettel zur Hilfe nehmen.

Wenn du alles gesagt hast, sagst du:
Dies sind alle meine Sünden. Sie tun mir leid. Ich will versuchen, mich zu bessern, und bitte um Vergebung.

Nun spricht der Priester mit dir, stellt vielleicht noch Fragen oder gibt dir Rat. Auch du kannst dem Priester noch Fragen stellen oder ihn um Rat bitten.

Der Priester nennt dir nun ein Gebet (z.B. GL 598,6), das du beten sollst, um Gott zu zeigen, dass du ihn lieb hast (Buße), und um für seine Vergebung zu danken. Oder er gibt dir eine Aufgabe, die du zur Buße und zum Dank nach der Beichte tun sollst.

Lossprechung

Nun betet der Priester und spendet dir dann mit folgenden Worten das Sakrament der Versöhnung:

Gott, der allmächtige Vater, hat durch den Tod und die Auferstehung seines Sohnes die Welt mit sich versöhnt. Er hat den Heiligen Geist gesandt zur Vergebung der Sünden. Durch den Dienst der Kirche schenkt er dir Verzeihung und Frieden. So spreche ich dich los von allen deinen Sünden. Im Namen des Vaters, des Sohnes und des Heiligen Geistes. Amen.

Dabei macht der Priester das **Kreuzzeichen** über dir. **Du machst das Kreuzzeichen mit und sagst zusammen mit dem Priester „Amen".**

Der Priester beendet die Beichte mit folgenden Worten: *Gelobt sei Jesus Christus!*

Du antwortest: *In Ewigkeit, Amen.*

Buß- und Dankgebet

Danach verlässt du den Beichtraum/den Beichtstuhl und kniest dich ruhig in einer Kirchenbank nieder, um das aufgetragene Gebet und/oder ein persönliches Dankgebet (z.B. das *Vater unser* oder ein Gebet aus dem Gotteslob, GL 598,6) zu beten.
Damit ist die Beichte zu Ende und du kannst nach Hause gehen.

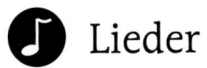 Lieder

Kyrie eleison (GL 155)

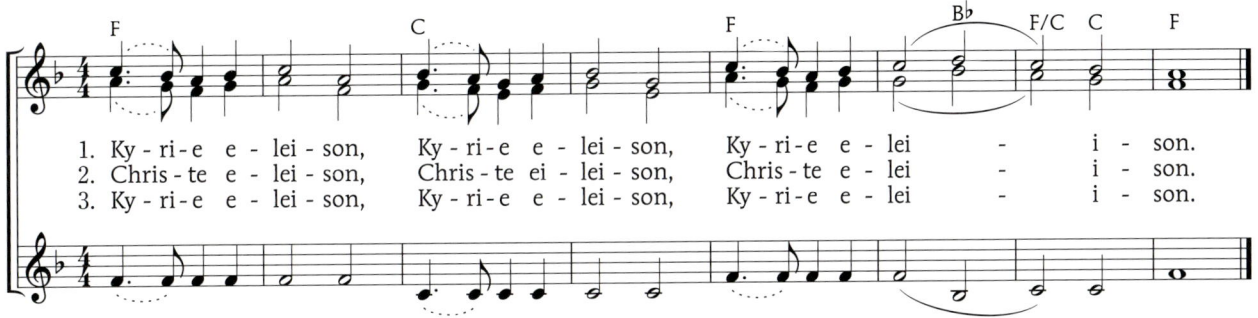

1. Ky-ri-e e-lei-son, Ky-ri-e e-lei-son, Ky-ri-e e-lei - i - son.
2. Chris-te e-lei-son, Chris-te ei-lei-son, Chris-te e-lei - i - son.
3. Ky-ri-e e-lei-son, Ky-ri-e e-lei-son, Ky-ri-e e-lei - i - son.

Text: Liturgie / Melodie und Satz: Orthodoxe Liturgie der Ukraine

Lob dir, Christus, König und Erlöser (GL 584,9)

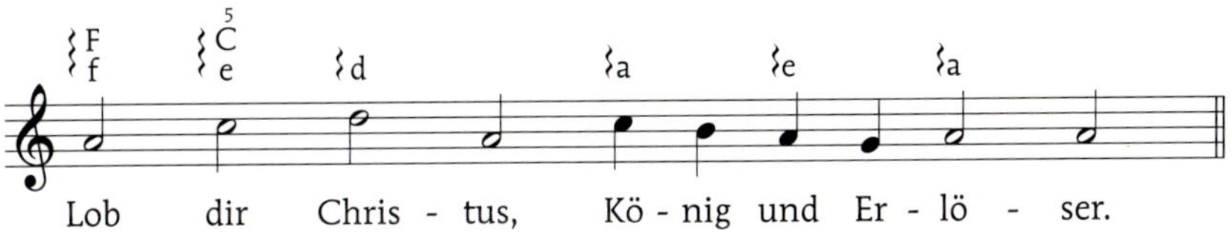

Lob dir Christus, König und Er-lö-ser.

Text und Melodie: Heinrich Rohr © Verlag Herder GmbH

Einheit 8

Jesus gibt sein Leben für uns

ℹ️	**Hinführung**	**Rund um Gründonnerstag, Karfreitag und Ostern**	156
📕	**Glaubenslexikon**	**Von A bis Z: Vom Abendmahl zur Auferstehung**	158
✉️	**Elternbrief**	**8. Brief an die Eltern der Kommunionkinder**	160
✝️	**Gottesdienst**	**Begegnungen am Kreuzweg**	161

	Gruppenstunde 8.1	**Das Passah-Mahl**	162
💡	**Für helle Köpfe**	Können die Christen nicht rechnen?	165
✴️	**Freies Angebot**	Palmstockbasteln*	

	Gruppenstunde 8.2	**Von Gründonnerstag bis Ostern**	166
✴️	**Freies Angebot**	Die Fußwaschung	169
💡	**Für helle Köpfe**	Wir begleiten Jesus auf seinem letzten Weg	170

🎵	**Lieder**	• Christe, du Lamm Gottes (GL 204) • Beim letzten Abendmahle (GL 282)	171

* siehe Hinführung S. 157

ℹ Hinführung
Rund um Gründonnerstag, Karfreitag und Ostern

Warum feiern wir Sonntag für Sonntag **Eucharistie?** Der Apostel Paulus gibt eine Antwort: Wir feiern, was wir von Jesus Christus selbst empfangen haben, und immer, wenn wir feiern, verkünden wir seinen Tod, bis er kommt in Herrlichkeit (1 Korinther 11,23–26). Die Worte, die Paulus vor fast 2000 Jahren verwendet, hören wir bis heute am Höhepunkt der Messfeier: „Jesus, der Herr, nahm in der Nacht, in der er ausgeliefert wurde, Brot, sprach das Dankgebet, brach das Brot und sagte: Das ist mein Leib für euch. Tut dies zu meinem Gedächtnis! Ebenso nahm er nach dem Mahl den Kelch und sprach: Dieser Kelch ist der Neue Bund in meinem Blut. Tut dies, sooft ihr daraus trinkt, zu meinem Gedächtnis!" (1 Korinther 11,24f). *S. 83, 89*

Das **Passah-Fest**, das auch Jesus mit seinen Jüngern gefeiert hat, ist die Feier der Erinnerung an die Befreiung Israels aus der Sklaverei in Ägypten (Exodus 12,1–20). In Riten und Erzählungen vergewissert sich das Volk Israel, dass es Gottes auserwähltes Volk ist. In der Bibel gehen dem Passah-Fest **10 Plagen** voraus, mit denen Gott den ägyptischen Pharao zur Freilassung Israels bewegen will. Mit dem Blut des geopferten Passah-Lamms, das an die Türpfosten gestrichen wird, werden die Häuser der Israeliten markiert. So geht an ihnen die 10. Plage, die Tötung der Erstgeburt bei Mensch und Tier, vorüber. Danach lässt der Pharao das Volk ziehen.

Im Judentum beginnt das Fest mit einem Gottesdienst in der Synagoge, auf den das feierliche Mahl im (erweiterten) Familienkreis, der **Seder-Abend** folgt. Im Rahmen dieser Feier gibt es symbolische Speisen und Handlungen, Lesungen und Erläuterungen, die Ursprung und Bedeutung des Festes verdeutlichen.

Jesus hat am Abend vor seinem Leiden und Sterben mit den 12 Aposteln das **letzte Abendmahl** gefeiert. Dabei handelte es sich um das jüdische Passahfest (nach Markus, Matthäus, Lukas) bzw. eine Feier am Abend des Vortages (nach Johannes). Er gibt dem Passah-Mahl einen neuen Sinn: Er selbst opfert aus Liebe sein Leben zur Befreiung der Menschen aus der Knechtschaft der Sünde, er selbst ist das **Lamm Gottes**. Die christliche Eucharistiefeier nimmt viele Elemente dieser Feier auf und stellt dabei Christus selbst als das neue Passah-Lamm (1 Korinther 5,7) in den Mittelpunkt. Dies wird den Kindern auch durch das Lied im Gottesdienst zum Agnus Dei deutlich: **Christe, du Lamm Gottes** (GL 204). *S. 111, 112*

Diese Einheit fällt in der Regel in die Fastenzeit, meist wohl in die Zeit vor der Karwoche. Was hier erlernt wird, sollte idealerweise auch praktisch eingeübt werden. Wo es trotz der Osterferien möglich ist, sollten die Kinder in die **örtlichen Bräuche und kirchlichen Feiern der Kar- und Ostertage** einbezogen werden. In diesen Tagen vergegenwärtigen sie sich Jesu letzte Tage durch eine Palmprozession, die Messe am Gründonnerstag, einen (Kinder-)Kreuzweg und die Osternachtsfeier. *S. 108–114*

8. Jesus gibt sein Leben für uns

Gruppenstunde 8.1: Das Passahmahl

Um die Symbole, Gebete und die Abfolge der Eucharistiefeier verstehen zu können, ist der Blick auf das **jüdische Passah-Fest** nötig. Die Kinder erfahren die biblischen Hintergründe (Sklaverei in Ägypten, Rettung durch Gott) des Festes, wobei der Befreiungsgedanke zentral ist. Sie machen sich bewusst, dass Jesus Jude war und dass dieses Fest für ihn eine besondere Bedeutung hatte. Das **letzte Abendmahl** wird vor diesem Hintergrund verständlich. Wichtig ist: Jesus erklärt, dass er selbst Zentrum dieser Feier ist, derjenige, der sein Leben für uns Menschen hingegeben hat, der Freiheit und Gottesgemeinschaft schenkt. Sein Tod eröffnet uns das Leben in Fülle.
S. 44–46, 112–114

Für helle Köpfe: Können die Christen nicht rechnen?

Interessierte Kinder können sich genauer mit der **Fastenzeit** beschäftigen: Sie dauert exakt 40 Tage, nimmt aber laut Kalender 6½ Wochen ein. Die Kinder entdecken die Besonderheit dieser Zeit, der christlichen Festzeiten und Wocheneinteilung: Der Sonntag ist immer ein Fest, der Tag der Auferstehung. *S. 108*

Freies Angebot: Palmstockbasteln

Bei einem Bastelnachmittag mit den Kommunionkindern und anderen Kindern der Gemeinde werden **Palmstöcke für die Palmprozession** hergestellt und geschmückt. Damit die Kinder den Palmstock nicht als bloßen Schmuck, sondern in seiner tieferen Bedeutung wahrnehmen, sollte der Einzug Jesu in Jerusalem erzählt und der Hintergrund des Hosanna-Rufes erläutert werden.
Bis heute stellt die Palmprozession uns vor die Frage: Wie ernst meinst du es mit deinem Willkommensgruß? Wirst du den Hosanna-Ruf auch noch am Karfreitag durchhalten? *S. 110*

Gruppenstunde 8.2: Von Gründonnerstag bis Ostern

Die zweite Stunde beschäftigt sich mit den heiligen drei Tagen (Gründonnerstag, Karfreitag, Ostern). Der Schwerpunkt liegt auf dem Gründonnerstag, weil die Stunde im Regelfall noch vor Ostern gehalten wird. Jesus hat das letzte Abendmahl vermutlich als Seder-Abend gefeiert und auf sich gedeutet. Hier kommen die biblischen Texte und die Zeichen von Brot und Wein in den Blick: das Brot ist Zeichen der Verheißung, der Wein Zeichen der Vollendung. Die Kinder gestalten eine vereinfachte Darstellung des Abendmahls und erhalten so einen Zugang zum Geschehen, der auch musikalisch vertieft wird (**Beim letzten Abendmahle GL 282**).
S. 37, 42–46, 89, 112–114

Freies Angebot: Die Fußwaschung

Jesus hat seinen Jüngern vor dem Mahl die Füße gewaschen und damit sein Dienen und seine Hingabe an die Menschen zum Ausdruck gebracht. Dieses Geschehen vergegenwärtigen wir Jahr für Jahr in dem Gottesdienst an Gründonnerstag, wenn der Priester Gemeindemitgliedern die Füße wäscht. Das Handeln Jesu ist zugleich auch Auftrag für uns: Wir sollen so handeln, wie Jesus es uns gezeigt hat.
Ausgehend von der Erzählung der Fußwaschung (Johannes 13,1–20) erarbeiten die Kinder, was dieses Zeichen für uns heute bedeuten kann.

Für helle Köpfe: Wir begleiten Jesus auf seinem letzten Weg

Im Rahmen dieser Einheit, die einen ersten Zugang zur Eucharistie durch Thematisierung der letzten Tage Jesu (in der Liturgie: Gründonnerstag, Karfreitag, Ostern) erschließt, nähern die Kinder sich auch dem **Kreuzweg** Jesu, seinem Leiden am Karfreitag – allein oder mit Verwendung des Arbeitsblattes in einer kindgerechten Kreuzweg-Andacht oder bei einem Bibeltag. *S. 42–45*

Hinführung: Rund um Gründonnerstag, Karfreitag und Ostern

Glaubenslexikon
Von A bis Z: Vom Abendmahl zur Auferstehung

Abendmahl: Im engen Sinn ist das letzte Abendmahl, also die Feier Jesu mit den 12 Aposteln am Abend vor seinem Leiden und Sterben gemeint: die Einsetzung der Eucharistie. Sie wird am Gründonnerstag besonders begangen.
In der evangelischen Kirche ist „Abendmahl" die übliche Bezeichnung für den Gottesdienst, der in besonderer Weise Jesu Leiden, Sterben und Auferstehen feiert.
S. 112

Agnus Dei: (lat.) *Lamm Gottes*, vor der Brotbrechung in der Eucharistiefeier gesprochen: „Lamm Gottes, du nimmst hinweg die Sünde der Welt, erbarme dich unser (2x). Lamm Gottes, du nimmst hinweg die Sünde der Welt, gib uns deinen Frieden." Verweis auf den Kreuzestod Jesu Christi, Anklang an seine Deutung als Passah-Lamm (1 Korinther 5,7). Danach wird Johannes 1,29 zitiert: „Seht, das Lamm Gottes, das hinweg nimmt die Sünde der Welt" – worauf alle als Vorbereitung auf den Kommunionempfang antworten: „Herr, ich bin nicht würdig, dass du eingehst unter mein Dach, aber sprich nur ein Wort, so wird meine Seele gesund." (Matthäus 8,8)
S. 87, 111

Auferstehung: Vollendung des Heilswerkes Jesu Christi, der nach Leiden, Kreuz und Sterben am dritten Tag gemäß der Schrift auferstanden ist, bibl. ausgedrückt in der Rede vom leeren Grab. Für die Christen gründet sich auf diesem Sieg Christi über den Tod die österliche Hoffnung auf die Auferstehung der Toten, an der sie in der Taufe Anteil erhalten (siehe Römer 8 und 1 Korinther 15). Zuversicht, dass weder Leid, Krankheit und Tod noch Versuchung, Unheil und Böses das letzte Wort haben, sondern die Liebe, die Gott selbst ist, der das Leben in Fülle schenkt. Keine Rückführung in das Leben in dieser Welt, ggf. in Gestalt eines anderen Lebewesens (Reinkarnation), sondern Reinigung und Vollendung der ganzen Person mit Leib und Seele durch Gott, ihre Rettung vor dem Tod, das Geschenk des ewigen Lebens.
S. 44-48, 82f, 114

Fastenzeit: Österliche Bußzeit, 40-tägige Vorbereitung auf das Osterfest. Beginn am Aschermittwoch, Ende am Karsamstag, unterbrochen durch die Sonntage.
S. 108, 109

Fußwaschung: Ritus im Gottesdienst am Gründonnerstag, der auf Jesu Handeln an den Jüngern zurückgeht (Johannes 13,1–20); zentrales Symbol für das Handeln Gottes an uns und dafür, wie die Christen miteinander umgehen sollen.
S. 112

Gründonnerstag: Beginn der Heiligen Drei Tage; Feier des letzten Abendmahles, des Urbildes der Eucharistiefeier. Im abendlichen Gottesdienst findet in den meisten Gemeinden eine Fußwaschung statt; im Hochgebet der Eucharistiefeier am Gründonnerstag wird der Satz eingefügt: „Am Abend vor seinem Leiden – *das ist heute* – nahm er das Brot, …"
S. 112

INRI: Abkürzung für Iesus Nazarenus Rex Iudaeorum – Jesus von Nazareth, König der Juden. Wortlaut auf der Tafel, die der römische Statthalter Pilatus am Kreuz Jesu anbringen ließ.

Karfreitag: Tag des Leidens und Sterbens Jesu Christi; zentrale Liturgie um 15 Uhr, der Sterbestunde Jesu. Keine Eucharistiefeier, sondern umfangreicher Gottesdienst mit zehn großen Fürbitten, Kreuzverehrung und Kommunionfeier.
S. 42, 43, 114

158 | 8. Jesus gibt sein Leben für uns

Karwoche: Letzte Woche der Fastenzeit: Palmsonntag bis Karsamstag. Die eigentlichen Kartage sind Gründonnerstag, Karfreitag und Karsamstag, der Tag der Grabesruhe. Nach dem Gloria des Gründonnerstags verstummen bis zum Gloria der Osternacht Orgel und Glocken.
S. 100-101, 112-113

Kreuzweg: Darstellung des Leidensweges Jesu in 14 Stationen, die in Bildern oder Skulpturen an den Kirchenwänden angebracht ist: 1. Jesus wird zum Tod verurteilt – 2. Jesus nimmt das Kreuz auf seine Schultern. – 3. Jesus fällt zum ersten Mal unter dem Kreuz. – 4. Jesus begegnet seiner Mutter. – 5. Simon von Zyrene hilft Jesus das Kreuz tragen. – 6. Veronika reicht Jesus das Schweißtuch. – 7. Jesus fällt zum zweiten Mal unter dem Kreuz. – 8. Jesus begegnet den weinenden Frauen. – 9. Jesus fällt zum dritten Mal unter dem Kreuz. – 10. Jesus wird seiner Kleider beraubt. – 11. Jesus wird ans Kreuz genagelt. – 12. Jesus stirbt am Kreuz. – 13. Jesus wird vom Kreuz abgenommen und in den Schoß seiner Mutter gelegt. – 14. Jesus wird ins Grab gelegt.
S. 42-43, 45

Ostern: Höchstes christliches Fest, an dem die Auferstehung Jesu Christi und damit die Erlösung der Menschen von Sünde und Tod gefeiert wird.
Ostertermin ist jeweils der Sonntag nach dem ersten Frühjahrsvollmond. Die zentrale Feier ist die Osternacht, in der die wichtigsten Stationen der Heilsgeschichte verkündet, das Osterlob (Exsultet) gesungen, das Osterfeuer entzündet und die Osterkerze geweiht wird.
Am Ostermittag spendet der Papst den großen Segen „Urbi et orbi" – für die Stadt und den ganzen Erdkreis.
S. 113, 114

Palmsonntag: Sonntag vor Ostern, Beginn der Karwoche. Feier des Einzugs Jesu in Jerusalem, wo er mit dem Hosanna-Ruf als König und Sohn Davids begrüßt wurde (Matthäus 21,1-11par). Der Palmsonntag wird häufig mit gebastelten Palmstöcken (geschmückte Buchsbaumzweige) und einer Palmprozession begangen.
S. 110

Passah: (hebr.) *Vorübergang*, auch Pas-cha oder Pesach genannt; gehört zu den höchsten Festen des Judentums, das hier die Befreiung des Volkes Israel aus der Knechtschaft in Ägypten begeht (Exodus 12,25–27) und vergegenwärtigt. Die Einsetzung der Eucharistie durch Jesus geschah im Kontext des Passah-Festes. Daher führt die Kenntnis der jüdischen Bräuche und Riten zu einem tieferen Verständnis der Messfeier.
S. 112

Seder: (hebr.) *Ordnung*, rituelles Mahl im Judentum mit zahlreichen symbolischen Speisen, Lesungen und Gebeten, Vorabend und Auftakt des Passahfestes.

Zehn Plagen: Nach Exodus 7–12 den Ägyptern von Gott geschickt, um den Pharao zur Freilassung der versklavten Israeliten zu bewegen. 1. Wasser wird Blut – 2. Frösche – 3. Stechmücken – 4. Ungeziefer – 5. Viehpest – 6. Geschwüre – 7. Hagel – 8. Heuschrecken – 9. drei Tage Finsternis – 10. Tod der Erstgeborenen.

Von A bis Z: Vom Abendmahl zur Auferstehung

8. Brief an die Eltern der Kommunionkinder
Jesus gibt sein Leben für uns

Sehr geehrte, liebe Eltern!

das Osterfest rückt näher und mit ihm das wichtigste Fest, das wir in der Kirche feiern. Die Fastenzeit zielt auf das Osterfest und lädt uns dazu ein, uns auf dieses Fest vorzubereiten. Wir feiern den Sieg des Lebens über den Tod, der Hoffnung über die Verzweiflung. Wir feiern unseren Gott, der buchstäblich alles einsetzt, damit wir das Leben haben. Das Leben, das Gott schenkt, ist keine dürre Theorie, sondern Leben in Fülle. Dies wird in den Kar- und Ostertagen besonders erfahrbar: Am Gründonnerstag, an dem weltliche Maßstäbe gesprengt werden: Der Herr wird zum Diener – Jesus wäscht seinen Jüngern die Füße. Das Alltägliche (Brot und Wein) wird geheiligt. Der Tod wird zur Pforte des Lebens. Doch all dies nicht durch Revolution, Gewalt oder durch bloßes Schönreden, sondern indem Jesus die Tiefen menschlichen Lebens, Angst, Schmerz, Verzweiflung und Tod tatsächlich durchleidet.

Der Kreuzweg Jesu Christi zeigt dies auf beeindruckende Weise. Indem Jesus das Leid in Freiheit auf sich nimmt, wandelt er es von innen heraus. So wird es zur Brücke zum Leben. Die Karfreitagsliturgie hält die Trauer aus und gibt allem Gebrochenen in unserer Welt Raum. Hier wird weder schöngeredet noch lamentiert – aber das Leid wird Gott in Form der Bitte anvertraut. Die Osternacht schließlich macht den Wandel in den Zeichen von Dunkel und Licht, Stille und Jubel eindrucksvoll erfahrbar.

Möglicherweise erscheinen Ihnen die Gottesdienste der Kar- und Ostertage anstrengend, zumal gerade Ferien sind. In der Tat: Die „Heiligen Drei Tage" werden sehr dicht und intensiv begangen. Sie durchbrechen die Alltäglichkeit, die Routine, die Oberfläche unseres Gemüts. Ihr Kind hat in diesem Jahr die Chance, diese dichten Tage bewusst zu erleben. Es hat sich gut vorbereitet und kann die Gottesdienste wirklich mitfeiern, sie bleiben kein fremdes, unverständliches Schauspiel. Ergreifen auch Sie diese Chance, mitzufeiern, der Nacht von Leid, Zweifel, Trauer und Tod Raum zu geben und voll Zuversicht und Hoffnung die Auferstehung zu feiern. Es lohnt sich!

Herzlich grüßen Sie

Familien-TIPP

- **Setzen Sie Zeichen!** Nutzen Sie die Gelegenheit, die die Fastenzeit bietet: Innezuhalten, sich über anstehende Dinge oder Gespräche klar zu werden, dem Alltag und der Woche eine Struktur zu geben, Gott Raum zu geben in Ihrem Leben. Sicher gibt es auch in Ihrer Gemeinde besondere Aktivitäten, an denen Sie als Familie teilnehmen können: Einkehrtage, Frühschichten, das Palmstockbinden, die Palmprozession, ein besonderer Kreuzweg an einem nahe gelegenen Wallfahrtsort, das Fastenessen am Karfreitag ...
- **Beleben Sie alte und schöne Bräuche der Fasten- und Osterzeit**, die vielleicht in Ihrer Familie gepflegt wurden (besondere Speisen und Symbole). Vielleicht können Sie in diesem Jahr ganz bewusst darauf achten, dass die Fastenzeit Vorbereitung auf die immerhin 50tägige Osterzeit ist. Warten Sie auf das Osterfest, bereiten Sie sich darauf vor, aber nehmen Sie es nicht vorweg! Lassen Sie Osterhasen und Ostereier erst am Ostersonntag ins Haus!
- **Gestalten Sie mit Ihren Kindern die Osterkerze der Familie!** Die Buchstaben Alpha (A) und Omega (Ω) sowie die Jahreszahl, die das Kreuz umrahmen, drücken aus: Jesu Kreuz und Auferstehung sind Anfang und Ende, Ursprung und Ziel unseres Lebens und der ganzen Welt. Dieses Jahr soll im Zeichen dieser Hoffnung stehen. Nehmen Sie die Familien-Osterkerze mit in die Osternachtfeier – dort wird sie gesegnet und zum ersten Mal entzündet.

✝ Gottesdienst
Begegnungen am Kreuzweg

Kyrie	**P:** Unser Herr Jesus Christus ist gestorben und auferstanden, damit wir leben. Wir wollen uns besinnen und in unserer Mitte begrüßen. **V:** Du bist in Jerusalem als wahrer König eingezogen. Herr, erbarme dich. – **A:** Herr, erbarme dich. **V:** Du bist gestorben, damit wir das Leben haben. Christus, erbarme dich. – **A:** Christus, erbarme dich. **V:** Du hast uns die Feier der Eucharistie geschenkt. Herr, erbarme dich. – **A:** Herr, erbarme dich. **P:** Nachlass, Vergebung und Verzeihung unserer Sünden gewähre uns der allmächtige und barmherzige Herr. Amen.
Lesung	**Exodus 12,1–20:** Passah
Evangelium	**Matthäus 27,31b–32par:** Simon von Zyrene; **Johannes 19,25–27:** Maria und Johannes unter dem Kreuz *Oder* die gesamte Passion gemäß Lesejahr
Fürbitten	**P:** Guter Gott, dein Sohn ist für uns den Weg des Leidens und Todes gegangen. Er ist für uns Menschen da und kennt unser Bemühen. Darum tragen wir dir unsere Bitten vor: **V:** Oft warten Menschen auf Hilfe und Mitgefühl. Gib, dass sie Menschen finden, die sie trösten und ihnen beistehen. Wir bitten dich, erhöre uns. – **A:** Wir bitten dich, erhöre uns. **V:** Immer wieder gibt es Menschen, die um Hilfe bitten. Lass sie Menschen finden, die ihnen helfen und die für sie da sind. – **A:** Wir bitten dich, … **V:** Immer wieder brechen Menschen unter ihren Sorgen und ihrer Not zusammen. Sende du ihnen Menschen, die ihnen beim Tragen ihres Kreuzes helfen. – **A:** Wir bitten dich, … **V:** Oft sehnen sich Menschen nach jemandem, der ohne viele Worte bei ihnen ist. Sende du ihnen Menschen, die ihnen in Not und Einsamkeit nah sind. – **A:** Wir bitten dich, … **V:** Oft ist es schwirig, sich zu Jesus zu bekennen, wenn andere darüber nur lächeln. Gib uns Mut zum aufrichtigen und gelebten Zeugnis für unseren Glauben. – **A:** Wir bitten dich, … **P:** Erhöre unsere Bitten, Herr, unser Gott, und lass einst all unser Mühen seine Vollendung finden in dir. Darum bitten wir durch Christus, unsern Herrn. Amen.
Gabenbereitung	**Beim letzten Abendmahle** (GL 282)
Agnus Dei	**Christe, du Lamm Gottes** (GL 204)

Drei Stationen des Kreuzwegs Jesu werden herausgegriffen, an denen Menschen Jesus in seinem Leid begleiten. 1. **Veronika** ist eine Frau, die Jesus wohl kannte und sich nicht um die Reaktionen der Leute kümmerte. Sie war in einem Moment zur Stelle, in dem Jesus ein Zeichen der Nähe und der Freundschaft besonders gut brauchen konnte, sie gab ihm ein Schweißtuch. 2. **Simon von Zyrene**, der Jesus wohl nicht näher kannte, wurde einfach dazu geholt. Er erkannte die Leidens-Situation und half, ohne weiter zu fragen, Jesus das schwere Kreuz zu tragen und ihn auf dem Weg zu begleiten. 3. **Maria**, die Mutter Jesu, und **Johannes**, sein Lieblingsjünger, standen **unter dem Kreuz** (als Zeichen: *zwei Kinder unter einem großen Kreuz*). Eigentlich konnten sie nichts mehr tun für ihn. Aber sie sind da, wo sein Leid, seine Angst, seine Not am größten sind – sie geben ein Zeichen der Treue und der Freundschaft.

Gruppenstunde

8.1 Das Passah-Mahl

Vorbereitung:
- Kerze
- Arbeitsblatt 8.1.1
- Ggf. Bitterkräuter (Meerrettich), Schälchen mit Salzwasser, Lammkeule, Karaffe mit Wein/Traubensaft; Mazzen (Knäckebrot)

	Struktur und Inhalt	Umsetzung
Gruppenraum Kerze	**Eröffnung**	Begrüßung, still werden Entzünden der Christus- bzw. Gruppenkerze Kreuzzeichen, gemeinsames Vaterunser
Seite 171 5 min	**Erlernen des Liedes zur Einheit:** Christe, du Lamm Gottes (GL 204)	Heute lernen wir ein neues Lied: Es heißt: Christe, du Lamm Gottes. Was das bedeutet, werden wir in dieser und der nächsten Stunde lernen.
	Einführung in das Thema der Gruppenstunde Als **Ausgangspunkt** verdeutlichen: Das Volk Israel erfährt Gott als Befreier, der keine Unterdrückung duldet. **Nacherzählung** der biblischen Berichte von der Sklaverei in Ägypten und der **Befreiung durch Gott**; zentral: Befreiungstat Gottes.	**Das Passah-Mahl** Wenn wir die Messe feiern, so erinnern wir uns immer daran, dass Gott gut zu uns ist und uns aus Ängsten und Bedrängnis befreit. Diese Erfahrung haben auch die Israeliten vor mehr als 3000 Jahren gemacht. Damals waren sie in Ägypten und vom Pharao versklavt. Sie mussten sehr hart für die Ägypter arbeiten. Doch Gott wollte, dass sein Volk in Freiheit leben kann – damit es ihm freien Herzens dienen konnte. Er führte es mit starker Hand und befreite es aus der Sklaverei! Diese Befreiung feiern die Juden noch heute in einem Fest – sie nennen es das Passahfest.
 AB 8.1.1 Ggf. Mazzen, Kräuter, Salzwasser etc.	Text von Arbeitsblatt 8.1.1 1. Abschnitt des Textes vortragen. 2. Abschnitt des Textes vortragen. Ggf. werden auf einem Tisch die Zutaten eines Passah-Festes aufgebaut. Die Kinder treten hinzu; Zutaten werden gezeigt und mit den Kindern in Anlehnung an die Bibelstelle gedeutet. **Wichtig:** Religiöses Taktgefühl und der Respekt vor dem Judentum gebieten es, dass kein Passahmahl „gespielt" wird! Es ist den Kindern als Erinnerung an Gottes Befreiungstat und als Hintergrund unserer Messfeier nahezubringen.	Gott hat die Familien des Volkes Israel in ganz besonderer Weise gerettet und vor dem Tod bewahrt: Dazu hören wir nun die Erzählung aus der Bibel: … Da ist etwas ganz Wichtiges gesagt: Das Lamm, dessen Blut an die Türpfosten der Israeliten gestrichen wurde, schützte sie. Ihre Familien bewahrte Gott vor dem Tod. Mose gibt dem Volk Gottes Weisung weiter, wie sie Mahl halten sollen: … Diese Zeichen erinnern die Juden an diese Geschichte. Wir wollen einmal genau schauen … . Wofür, meint ihr, steht … • Das **Lamm** braten – Erinnerung an das geopferte Lamm • **Bitterkräuter** – Erinnerung das Leiden der Israeliten in Ägypten • **Salzwasser** – Erinnerung an die Tränen Israels • **Ungesäuertes Brot** – Erinnerung an die Eile, in der die Israeliten aus Ägypten flohen • **Wein** – gehört zum Mahl dazu

	Struktur und Inhalt	Umsetzung
25–30 min	Anschließend hören die Kinder das Gebet, mit dem die Juden bei ihrem Passahmahl Gott, ihren Befreier, preisen. *„Darum sind wir verpflichtet, zu danken, zu loben, zu rühmen, zu preisen, zu erheben, zu verherrlichen, zu benedeien, Hochachtung und Verehrung zu erweisen, ihm, der unseren Vätern und uns allen diese Wunder getan. ER hat uns aus der Dienstbarkeit zur Unabhängigkeit, aus dem Kummer zur Freude, aus der Trauer zu Festtagen, aus düsterer Finsternis zu hellem Lichte und aus der Knechtschaft zur Freiheit geführt! So lasst uns denn ihm singen: Halleluja!"*	Jetzt hören wir das Gebet, das die Juden bei ihrer Passahfeier sprechen, um Gott zu loben, der sie befreit hat …
AB 8.1.1 5–10 min	**Zusammenfassung:** Gemeinsames Ausfüllen des Lückentextes.	Auf dem Arbeitsblatt findet ihr unten auf der Seite einen Lückentext. Den füllen wir nun gemeinsam aus.
10 min	**Ausblick: Übertragung der Rede vom Opferlamm auf Jesus Christus als das Lamm Gottes** (wird in der nächsten Stunde ausführlich besprochen, hier nur angedeutet): Worterklärung Agnus Dei (Lamm Gottes, Verweis auf Gebet in der Messe, vgl. Johannes 1,29 – 1 Korinther 5,7) Sammeln der Antworten der Kinder, hinführen zur Erkenntnis der Bedeutung der Macht von Sünde und Schuld und der Befreiung davon.	Bis heute feiert das Volk Israel Jahr für Jahr dieses Fest zur Erinnerung an Gottes Schutz in jener unvergessenen Nacht. Auch Jesus, der Jude war und die Feste der Juden gefeiert hat, hat mit seinen Jüngern das Passahmahl gehalten. Dabei hat er etwas Neues getan: Jetzt ist er es, der sich opfert. Jesus selbst, nicht mehr ein Lamm, gibt sein Leben dahin. Er selbst stirbt, damit wir befreit werden. • Doch wovon will uns Jesus Christus mit seinem Tod befreien? (Not, Krankheit, Tod, Gemeinheit, Lügen, Bosheit, Gleichgültigkeit, von der Sünde und all ihren Folgen).
Abschluss Kerze 5–10 min	**Abschluss an der Kerze:** • Gemeinsames Lied • Gebet • Segen	Still werden. Lied: Christe, du Lamm Gottes Wir beten: Guter Gott, wir haben heute gehört, wie du das Volk Israel aus der Gefangenschaft befreit und in Freiheit geführt hast. Dein Sohn Jesus Christus hat allen Menschen diese Freiheit von der Sünde gebracht. Hilf uns, das immer tiefer zu glauben. Und so segne und behüte uns der allmächtige Gott: der Vater, der Sohn und der Heilige Geist (gemeinsames Kreuzzeichen). Amen.

Gruppenstunde: 8.1 Das Passah-Mahl

Das Passah-Fest

Gott beschützt und befreit die Israeliten

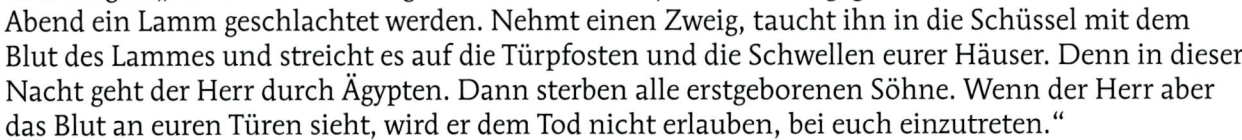

Daraufhin brach das schlimmste Unheil über Ägypten herein. Gott hatte dieses Unheil Mose und Aaron angekündigt, damit sie ihr Volk vorbereiten konnten. Sogleich riefen sie die Ältesten zusammen.
Mose sagte: „Am vierzehnten Tag des Monats soll in jeder Familie gegen Abend ein Lamm geschlachtet werden. Nehmt einen Zweig, taucht ihn in die Schüssel mit dem Blut des Lammes und streicht es auf die Türpfosten und die Schwellen eurer Häuser. Denn in dieser Nacht geht der Herr durch Ägypten. Dann sterben alle erstgeborenen Söhne. Wenn der Herr aber das Blut an euren Türen sieht, wird er dem Tod nicht erlauben, bei euch einzutreten."

Und Mose fuhr fort: „Noch in der gleichen Nacht sollt ihr das Lamm über dem Feuer braten und mit Bitterkräutern essen. Lasst nichts übrig von dem Fleisch. Gürtet euch, tragt Schuhe an den Füßen und haltet den Stab in der Hand. Esst rasch, denn wir werden bald aufbrechen und Ägypten verlassen."
Die Israeliten warteten in ihren Häusern, während der Tod alle Erstgeborenen von Ägypten dahinraffte: Den Sohn des Pharao, der auf dem Thron saß, genauso wie den der Magd, die ihre Arbeit mit der Handmühle verrichtete. Da erhob sich ein großes Wehgeschrei im ganzen Land. Überall weinten die Menschen, überall klagten sie. Mitten in der Nacht ließ der Pharao Mose und Aaron holen. „Verlasst sofort Ägypten", sagte er, „nehmt alles mit, was euch gehört, eure Schafe, Ziegen und Rinder. Zieht fort und verehrt euren Gott in der Wüste. Betet auch für mich!"
Die Ägypter jagten das Volk der Israeliten aus dem Land. „Geht, sonst kommen wir alle noch um", riefen sie ihnen nach. In der Eile mussten die Israeliten sogar den Brotteig ungesäuert mitnehmen. Sie umwickelten die Backschüsseln mit ihren Kleidern und trugen sie auf den Schultern weg.
„Jahr für Jahr sollt ihr Gott danken an diesem Tag, dass er euch mit starker Hand aus dem Sklavenhaus Ägypten herausgeführt hat", sagte Mose zu seinem Volk. Deshalb feiern die Israeliten bis heute den Tag der Befreiung von ihrer Knechtschaft. Das Fest, an dem sie ungesäuertes Brot essen, nennen sie Passah, das heißt Vorübergang, weil damals der Tod an den Häusern der Israeliten vorübergegangen ist.

(Exodus 12,1 – 13,10; nach Erich Jooß)

Welche Bedeutung hat das Lamm beim Passahmahl?

Es gibt sein _____ hin und vergießt sein _____ . Damit werden die _____ bestrichen, damit der Engel des Todes _____ und niemand vom Volk _____ getötet wird. Das Passahlamm _____ sein _____ .

Leben – Blut – Türpfosten – vorübergeht – Israel – opfert – Leben

Für helle Köpfe
Können die Christen nicht rechnen?

Die Fastenzeit beginnt am Aschermittwoch. Der letzte Tag der Fastenzeit ist der Karsamstag, der Tag vor dem Osterfest. Die Fastenzeit dauert genau 40 Tage.

Aber stimmt das?

Hast du einen Kalender? Schau mal nach: An welchem Datum ist Aschermittwoch? Das ist der Mittwoch nach Karneval. Bestimmt findest du diesen Tag im Kalender.

In diesem Jahr war Aschermittwoch am _____ .

Nun blättere weiter: Wann ist Ostern? Am _____ .

Wie viele Wochen liegen zwischen Aschermittwoch und Ostersonntag?

_____ ganze Wochen und eine halbe Woche.

Nun geht es ans Rechnen: Multipliziere die Zahl der ganzen Wochen, die zwischen Aschermittwoch und Ostern liegen, mit sieben. So kannst du ausrechnen, wie viele Tage es sind. Denn eine Woche hat sieben Tage. (Wenn du nicht so gerne rechnest, kannst du die Tage auch einfach zählen. Zähle dabei den Aschermittwoch mit! Dann lies weiter bei der Glühbirne)

___ x 7 = _____

Zu diesem Ergebnis zählst du jetzt die Tage der halben Woche, die noch fehlt. Wie viele Tage liegen zwischen Aschermittwoch und Ostersonntag?

_____ + _____ = _____

Hast du 40 herausbekommen? Nicht?
Dann hast du richtig gerechnet!
Aber was stimmt denn nun: 40 oder die Zahl, die du ausgerechnet hast?
Wie lange dauert die Fastenzeit?

Du hast es schon vermutet, oder? Es gibt einen Trick: Man darf nicht alle Tage mitzählen ... Es gibt bestimmte Tage zwischen Aschermittwoch und Ostern, die nicht zur Fastenzeit gehören. Jede Woche hat bei den Christen nämlich einen Feiertag, auch in der Fastenzeit:

den _____ .

Jetzt zähl noch einmal von Aschermittwoch an und überspring diese Feiertage! (Tipp: Den Ostersonntag darfst du natürlich auch nicht mitzählen!) Wie lange dauert die Fastenzeit?

_____ Tage.

Lösung: Sechs, 6 x 7 = 42, 42 + 4 = 46, Sonntag, 40

Gruppenstunde

8.2 Von Gründonnerstag bis Ostern

	Struktur und Inhalt	**Umsetzung**
Gruppenraum Kerze	**Eröffnung**	Begrüßung, still werden Entzünden der Christus- bzw. Gruppenkerze Kreuzzeichen, gemeinsames Vaterunser
Seite 171 10 min	**Erlernen des Liedes zur Einheit:** Beim letzten Abendmahle (GL 282)	Das Lied, das wir heute lernen, erzählt, wie Jesus das letzte Abendmahl gefeiert hat.
10 min	**Rückblick auf die vergangene Stunde** Vorbereitung des Tischs durch zwei Kinder: weiße Tischdecke, Karaffe mit rotem Traubensaft, Fladenbrot, Gläser	In der letzten Stunde haben wir etwas über die Befreiung der Israeliten aus der Sklaverei in Ägypten erfahren. Gott hat die Israeliten in die Freiheit geführt. Jahr für Jahr feiern die Juden diese Befreiung im Passah-Fest. Auch Jesus feierte mit seinen Jüngern dieses große Fest. „Geht in die Stadt und bereitet das Passahmahl vor", hat Jesus zu Petrus und Johannes gesagt.
Seite 169 15–20 min	Je nach zeitlichen Gegebenheiten kann an dieser Stelle die Fußwaschung thematisiert werden, indem das „Freie Angebot" Die Fußwaschung (S. 169) mit der gesamten Gruppe erarbeitet wird.	Jesus hat vor dem Passahmahl etwas Besonderes getan ...
Das Abendmahl (Text siehe AB 8.2.1 unten)	Der Katechet/die Katechetin liest in ruhiger, konzentrierter Atmosphäre die Kinderbibel-Fassung zum Abendmahl vor. Das anschließende Gespräch stellt die Verbindung von **Abendmahl, Kreuz und Auferstehung** mit **Gründonnerstag, Karfreitag und Ostern** her. Die bereit gestellten Zeichen (Fladenbrot, Traubensaft) verdeutlichen das Gelesene. **Wichtig:** Die Zeichen (und ggf. das Austeilen) von Brot und Saft dienen dem bildlichen Verständnis der Kinder. **In der Gruppenstunde darf aber nicht der Eindruck entstehen, dass eine Messe „gespielt" wird.** Die Kinder werden eigens auf den Unterschied zur Messe hingewiesen: *Gruppenstunde:* • gemeinsames Essen: **Gemeinschaft**, Erinnerung	Hören wir, was die Bibel uns von diesem Abend erzählt. Beim **Abendmahl**, das Jesus mit seinen Freunden feiert, erklärt er ihnen, was die Gaben bedeuten: Sie sind Zeichen für seinen Tod am Kreuz, den er am nächsten Tag für uns Menschen auf sich nehmen wird. • Kennt ihr den Namen des Tages, an dem Jesus stirbt? **(Karfreitag)** • Kennt ihr den Namen des Tages, an dem er auferstand? **(Ostern)** Jesus gibt sein Leben für uns hin, er stirbt freiwillig, um uns von Tod, Not, Leid, Sünde zu befreien. Am 3. Tag, also Ostern, ist er auferstanden. Er hat uns Menschen unendlich lieb und möchte, dass wir für immer mit ihm Gemeinschaft haben. Er führt auch uns zur Auferstehung. Er hat uns die Eucharistie geschenkt: In der Messe feiern wir die Ereignisse der Tage seines Leidens: Das letzte Abendmahl, seinen Weg zum Kreuz, seinen Tod und seine Auferstehung.

8. Jesus gibt sein Leben für uns

Vorbereitung:
- Kerze
- Tischdecke, roter Traubensaft, Fladenbrot, Gläser
- Arbeitsblätter 8.2.1
- 8. Symbolkärtchen und Grundsteine
- 9. Elternbrief

	Struktur und Inhalt	**Umsetzung**
Traubensaft, Fladenbrot  25 min	*Messe:* • darüber hinaus: Gegenwart des **Kreuzesopfers**, das auf das letzte Abendmahl folgt. In seinen Segensworten über Brot und Wein verweist Jesus vorausblickend auf seinen Tod und seine Auferstehung. Eucharistie ist deshalb nicht nur gemeinsames Mahl, sondern Feier von Tod und Auferstehung Jesu. Dies drückt das Geheimnis des Glaubens aus: „Deinen Tod, o Herr, verkünden wir, und deine Auferstehung preisen wir, bis du kommst in Herrlichkeit." Die Eucharistiefeier vergegenwärtigt in einer Handlung das ganze Festgeheimnis von **Ostern**, das in den heiligen drei Tagen (Gründonnerstag, Karfreitag, Osternacht) als aufeinander folgende Ereignisse gefeiert wird. • **Wandlung der Gaben:** Gegenwart Jesu im geheiligten Brot; Rolle des Priesters: Bitte um Heiligung der Gaben im Auftrag Jesu, Handeln im Namen Jesu • Mahl und Opfer in der Gemeinschaft der Kirche	Wenn wir hier Brot und Saft teilen, erfahren wir Gemeinschaft. In der Messe aber geschieht noch mehr: Dort verwandelt Jesus selbst durch den Priester die Gaben in seinen Leib und in sein Blut. In Brot und Wein, den Zeichen für Jesu Tod und Auferstehung, ist Jesus Christus wirklich da. • Kennt ihr schon das Gebet, das wir gemeinsam sprechen, nachdem der Priester darum gebetet hat, dass Gott Brot und Wein wandelt? (Geheimnis des Glaubens) Damit zeigen wir, dass wir verstanden haben, was wir feiern: dass wir nicht nur gemeinsam essen, sondern dass Jesus selbst in Brot und Wein da ist, dass diese Gaben für seinen Tod und seine Auferstehung stehen. Es heißt: „Geheimnis des Glaubens". Das bedeutet: es ist das Kostbarste unseres Glaubens, der uns in der Gemeinschaft der Kirche miteinander verbindet. Jetzt könnt ihr viel besser verstehen, warum wir Messe feiern und was wir darin feiern: Jesus ist auferstanden!
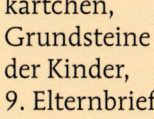 AB 8.2.1	**Verteilen und Erläutern der Hausaufgabe**	Zu Hause dürft ihr dieses Bild vom letzten Abendmahl ausmalen.
8. Symbolkärtchen, Grundsteine der Kinder, 9. Elternbrief 5 min	**Füllen des Grundsteins** **Verteilen des Elternbriefs**	In den letzten beiden Gruppenstunden haben wir viel vom Passahfest, vom Opferlamm und vom Abendmahl gehört, das Jesus gefeiert hat und woraus unsere heilige Messe entstanden ist. Wir haben unseren Glaubensgrundstein mit einem ganz wichtigen Teil unseres Glaubens gefüllt: Wir legen das achte Kärtchen in unseren Grundstein. Eure Eltern bekommen wieder einen Brief.
Abschluss Kerze 10 min	**Abschluss an der Kerze** • Gemeinsames Lied • Gebet • Segen	Still werden. Lied: Beim letzten Abendmahle Wir beten: Guter Gott, dein Sohn Jesus Christus hat im Letzten Abendmahl verdeutlicht, dass er uns so lieb hat, dass er alles für uns tut, sogar für uns stirbt. Lass uns in den Kar- und Ostertagen dieses Geheimnis immer mehr verstehen. Und so segne und behüte uns der allmächtige Gott: der Vater, der Sohn und der Heilige Geist (gemeinsames Kreuzzeichen). Amen.

Gruppenstunde: 8.2 Von Gründonnerstag bis Ostern

Jesus feiert mit seinen Freunden das letzte Abendmahl

Am Abend vor seinem Tod hat Jesus mit ihnen das Abendmahl gefeiert. Er hat ihnen erklärt, warum er sterben muss und dass Brot und Wein Zeichen sind für seinen Tod und seine Auferstehung. Bis heute feiern wir in der Messe mit diesen Zeichen seinen Tod und seine Auferstehung.

Weißt du, wie seine Freunde hießen?
Du findest die Lösung im Markusevangelium: Markus 3,16–19.

Beim Abendmahl sprach Jesus ein Dankgebet über dem Kelch mit Wein und bat die Jünger: „Teilt den Wein miteinander. Denn ich sage euch: Von nun an werde ich nicht mehr von der Frucht des Weinstocks trinken, bis das Reich Gottes kommt." Anschließend nahm Jesus auch das Brot und sprach das Dankgebet. Er brach das Brot und reichte es den Aposteln mit den Worten: „Das ist mein Leib, der für euch hingegeben wird. Tut dies zu meinem Gedächtnis." Ebenso nahm er nach dem Mahl den Kelch mit Wein und sprach: „Das ist mein Blut, das Blut des Neuen Bundes, das für euch vergossen wird zur Vergebung der Sünden."

(Markus 14,22-25, nach: Erich Jooß)

Petrus, Jakobus, Johannes, Andreas, Philippus, Bartholomäus, Matthäus, Thomas, Jakobus, Thaddäus, Simon, Judas

 Freies Angebot
Die Fußwaschung

Jesus hat vor dem Passah-Mahl etwas Besonderes getan. Er gezeigt, wie die Jünger und auch wir miteinander leben und füreinander da sein sollen. Wir hören, was er getan hat:
Der Tag des Abendmahls war gekommen. Jesus betrat mit seinen Jüngern den Raum im Obergeschoss des Hauses in Jerusalem. Jeder von ihnen war staubig nach dem Gang durch die geschäftigen Straßen.
Während die Zwölf durcheinander redeten, murrten und lachten, schaute sie Jesus zärtlich an. Er kannte sie durch und durch, mit all ihren Fehlern, und er hatte sie sehr lieb. Sogar Judas liebte er, obwohl er wusste, dass dieser nach einer Gelegenheit Ausschau hielt, ihn an seine Feinde zu verraten.
Die Jünger schauten sich besorgt nach einem Diener um, der ihnen die Füße wusch. Aber da war keiner. Normalerweise hatte der niedrigste Diener die Aufgabe, die schmutzigen Füße der Gäste zu waschen, die ja in offenen Sandalen durch die staubigen Straßen gekommen waren. Wasserkrug und Handtuch waren vorhanden, aber niemand von den Jüngern dachte daran, sich zu dieser verachteten Aufgabe bereit zu erklären.
Da stand Jesus auf, goss Wasser in eine Schüssel und nahm das Handtuch. Er ging von einem zum anderen und wusch den Jüngern der Reihe nach die Füße. Sie schämten sich sehr.
Als Jesus sich wieder hinsetzte, sagte er: „Versteht ihr, was ich euch damit sagen wollte? Ihr nennt mich euren Herrn und Meister – und ihr habt Recht, ich bin es. Aber ich bin bereit, alles für euch zu tun, sogar euch die Füße zu waschen, weil ich euch liebe.
Ich möchte, dass ihr meinem Beispiel folgt. Sorgt füreinander und liebt einander, wie ich euch liebe und für euch sorge."

(Johannes 13,1-17, nach Elmar Gruber)

- **Was hat Jesus getan? Warum? Was bedeutet das?**
- **Was will er seinen Jüngern und uns damit sagen?**

Schreibe auf die Linien, was Fußwaschung heute für uns bedeuten kann!

Jesus hat mit diesem Dienst einen Sklavendienst getan, aber freiwillig. Am nächsten Tag tut er das Größte für uns Menschen: er gibt alles: sein Leben. Um uns daran immer wieder zu erinnern, werden in der Messe am Gründonnerstag in vielen Gemeinden zwölf Gemeindemitgliedern vom Priester die Füße gewaschen.

💡 Für helle Köpfe
Wir begleiten Jesus auf seinem letzten Weg

In den meisten Kirchen gibt es einen Kreuzweg. Der Kreuzweg ist eine Darstellung des Leidensweges Jesu von seiner Verurteilung bis zu seinem Tod am Kreuz und seiner Beisetzung in einem Grab. Das Kreuz ist das wichtigste Symbol der Christen. Am Karfreitag beten wir: „Im Kreuz ist Heil. Im Kreuz ist Leben. Im Kreuz ist Hoffnung." Denn Jesu Tod am Kreuz hat der Welt das Heil gebracht.

Auf dieser Seite ist auch ein Kreuzweg abgebildet. Ergänze, was an den Bildern und Beschreibungen fehlt! Auf den Seiten 42 und 43 im Buch findest du alle Stationen und eine Erklärung, warum Jesus sterben musste.

1. Jesus wird zum Tod verurteilt.
2. _____
3. Jesus fällt zum ersten Mal unter dem Kreuz.
4. Jesus begegnet seiner Mutter.
5. _____ hilft Jesus das Kreuz tragen.

6. _____ reicht Jesus das Schweißtuch.
7. _____
8. Jesus begegnet den weinenden Frauen.
9. Jesus fällt zum dritten Mal unter dem Kreuz.
10. Jesus wird seiner Kleider beraubt.

„Sie kreuzigten ihn. Jesus aber betete: Vater, vergib ihnen, denn sie wissen nicht, was sie tun!"
(Lukas 23,33–34)

11. Jesus wird ans Kreuz genagelt.
12. _____
13. Jesus wird vom Kreuz abgenommen und in den Schoß seiner Mutter gelegt.
14. Jeus wird in ein Grab gelegt.

 Lieder

Agnus Dei: Christe, du Lamm Gottes (GL 204)

Text: Liturgie / Melodie: Graz 1602

Beim letzten Abendmahle (GL 282)

2. „Nehmt", sprach er, „trinket, esset:
das ist mein Fleisch, mein Blut,
damit ihr nie vergesset
was meine Liebe tut."

3. Dann ging er hin, zu sterben
aus liebevollem Sinn,
gab, Heil uns zu erwerben,
sich selbst zum Opfer hin.

Text: Christoph von Schmid 1807 / Melodie: Melchior Vulpius 1609

Einheit 9

Wir feiern unseren Glauben

9

ℹ️	**Hinführung**	**Rund um die Messe**	174
📖	**Glaubenslexikon**	**Von A bis Z: Die Messe**	176
✉️	**Elternbrief**	**9. Brief an die Eltern der Kommunionkinder**	178
✝️	**Gottesdienst**	**Gemeinsam unterwegs – der Gang nach Emmaus**	179
👥	**Gruppenstunde 9.1**	**Die Messe**	180
💡	**Für helle Köpfe**	In allen Sprachen Gottes große Taten verkünden	184
✦	**Freies Angebot**	Besuch einer Hostienbäckerei*	
👥	**Gruppenstunde 9.2**	**Wir sind gekommen, um ihn anzubeten**	186
🎵	**Lieder**	• Wenn wir unsre Gaben bringen, sollen sie ein Zeichen sein • Wir preisen deinen Tod	188

*siehe Hinführung S. 175

173

ⓘ Hinführung
Rund um die Messe

Ein Ziel des Kurses ist, dass die Kinder im Gottesdienst nicht nur dabeisitzen, sondern verstehen, was gefeiert wird, dass sie Orientierung im Ablauf und in den Zeichen dieser Feier finden. „Gottesdienstfähig" werden Kinder (und Erwachsene), wenn sie **vertraut sind mit der Feier:** mit dem Kirchenraum, mit Antworten und Körperhaltungen, Gebetsformen, Texten, Zeichen und Liedern. All dies wurde im Lauf der Vorbereitung eingeführt und eingeübt, so dass nun auch die Hochform des Gottesdienstes, die **Messe**, zugänglich ist und gezielt angesprochen werden kann. S. 82-89

Die Messe gliedert sich in vier Teile: **Eröffnung, Wortgottesdienst, Eucharistiefeier, Entlassung**. Zur Eröffnung gehören das Kreuzzeichen, das Kyrie (Schuldbekenntnis, Kyrie-Rufe, Vergebungszuspruch), das Gloria und das Tagesgebet. Der Wortgottesdienst besteht aus (einer oder zwei) Lesungen (AT und NT), unterbrochen vom Antwortgesang (i.d.R. ein Psalm), Halleluja, Evangelium, Predigt, Glaubensbekenntnis und Fürbitten. Die Eucharistiefeier beginnt mit der Gabenbereitung und dem Gabengebet, worauf das eigentliche Hochgebet folgt: Präfation, Sanctus, Wandlung der Gaben von Brot und Wein, Geheimnis des Glaubens und Doxologie („Durch ihn und mit ihm und in ihm …").
Es schließen an: Vaterunser, Friedensgruß, Agnus Dei, Kommunion und Dankgebet. Der letzte Teil der Messe, die Entlassung, besteht aus einem Dank- bzw. Schlusslied, ggf. Ankündigungen für die kommende Woche, dem Segen und der Entlassung.
Das Einlegeblatt für das Gotteslob, das die Kinder in dieser Einheit bekommen, enthält den Ablauf sowie alle Körperhaltungen und Antworten der Messe auf einen Blick. S. 86-87

In der **Eucharistie** schenkt sich Jesus Christus uns – und wir selbst werden aufgenommen in seinen Leib, der aus vielen Gliedern besteht. Der hl. Augustinus drückte dies so aus: „Seid, was ihr (im Brot der Eucharistie) seht, und empfangt, was ihr seid: der Leib Christi." Die Eucharistie ist ein gemeinsames **Mahl**, doch es geht um mehr: um wahrhafte **Begegnung mit Christus**, um Verwandlung der Gaben und unserer selbst. Dies wird im Lied **Wenn wir unsere Gaben bringen, sollen sie ein Zeichen sein** deutlich: Brot und Wein sind Zeichen für Jesus Christus und ebenso Zeichen für unser Leben, für unseren Glauben, unsere Bereitschaft, ihm zu folgen. Die Bitte um Wandlung der Gaben in Leib und Blut Jesu Christi zielt auf die wirkliche Gemeinschaft (Communio) mit ihm, um Verwandlung unserer selbst. Die Eucharistie vergegenwärtigt **Jesu Tod und Auferstehung**. Dies bringt das „Geheimnis des Glaubens" ins Wort, das die Gemeinde als Antwort auf die Wandlung der Gaben bekennt und das die Kinder in gesungener Form lernen: **„Wir preisen deinen Tod, wir glauben, dass du lebst, wir hoffen, dass du kommst zum Heil der Welt."** Christus selbst macht sich in den Zeichen von Brot und Wein gegenwärtig. Darum sind diese Gaben etwas Kostbares, das im Tabernakel würdig aufbewahrt und verehrt wird.
S. 83, 89, 116

Gruppenstunde 9.1: Die Messe

Die Kinder beschäftigen sich gezielt mit der Messe. Sie wiederholen bereits erlernte Körperhaltungen und Antworten und erlernen spielerisch den **Ablauf des Gottesdienstes**. Die vorangegangenen Einheiten zu Kirchenraum, Bibel, Glaubensbekenntnis, Gebet und den Sakramenten haben dies gut vorbereitet, so dass sie nun auch die Struktur der Messe verstehen und behalten können. *S. 86–87*

Für helle Köpfe: In allen Sprachen Gottes große Taten verkünden

Interessierte Kinder gehen über die Feier der Erstkommunion hinaus weiter im Kirchenjahr und basteln einen **Pfingstkranz**, der aus Christen aller Herren Länder besteht, die gemeinsam beten. So wird die Gemeinschaft der Christen auf der ganzen Welt deutlich. *S. 34, 115*

Freies Angebot: Besuch einer Hostienbäckerei

Im Rahmen dieser Einheit bietet es sich an, eine **Hostienbäckerei zu besichtigen**, z.B. in einem nahe gelegenen Kloster. Kindgemäße Neugier („Wie schmeckt das wohl?") wird so aus der eigentlichen Erstkommunionfeier heraus verlagert. Zum Probieren werden „Negative", also der Rand, der beim Ausstechen der Hostien übrig bleibt, verwendet, um die Verwechslung zu vermeiden, auch hier gehe es um die Gegenwart Christi im Brot des Altares. Die Kinder erfahren etwas über die Beschaffenheit des (ungesäuerten) Brotes und die Symbole, die mancherorts in die Hostien geprägt werden. *S. 89*

Gruppenstunde 9.2: Wir sind gekommen, um ihn anzubeten

Die letzte Gruppenstunde schlägt den Bogen über den Verlauf des Kurses zur Vorbereitung auf die Eucharistie: Sie führt die Stationen bzw. Inhalte des Grundsteines zusammen und lässt sie einmünden in die Haltung der Verehrung. Diese abschließende Gruppenstunde kann auch in der Großgruppe durchgeführt werden, so dass der gemeinsame Weg aller Kommunionkinder deutlich wird.

Glaubenslexikon
Von A bis Z: Die Messe

Agnus Dei: siehe Glaubenslexikon zu Einheit 8

Anbetung: Verehrung Jesu Christi im eucharistischen Brot, i.d.R. im Rahmen einer Andacht vor ausgesetztem (= in der Monstranz ausgestelltem) Allerheiligsten. Anbetung basiert auf der Überzeugung, dass Jesus Christus im gewandelten Brot wahrhaft gegenwärtig ist.
S. 57, 116

Fronleichnam: Katholisches Fest am 2. Donnerstag nach Pfingsten; Fest zur Verehrung der Eucharistie, in der Regel im Rahmen einer feierlichen Sakramentsprozession und ggf. mit Anbetungszeiten begangen.
S. 116

Fürbitte: siehe Glaubenslexikon zu Einheit 4

Gabenbereitung: Brot und Wein, die Gaben der Eucharistie, werden zum Altar gebracht; der Priester betet über diesen Gaben: „Gepriesen bist du, Herr unser Gott, Schöpfer der Welt. Du schenkst uns das Brot, die Frucht der Erde und der menschlichen Arbeit. Wir bringen dieses Brot vor dein Angesicht, damit es uns das Brot des Lebens werde. – Gepriesen bist du, Herr, unser Gott, Schöpfer der Welt. Du schenkst uns den Wein, die Frucht des Weinstocks und der menschlichen Arbeit. Wir bringen diesen Kelch vor dein Angesicht, damit er uns der Kelch des Heiles werde." Nach der Handwaschung des Priesters folgt die Einladung zum Gabengebet: „Lasset uns beten" oder: „Betet, Schwestern und Brüder, dass mein und euer Opfer Gott, dem allmächtigen Vater, gefalle!"
S. 89

Geheimnis des Glaubens: „Deinen Tod, o Herr, verkünden wir, und deine Auferstehung preisen wir, bis du kommst in Herrlichkeit." Folgt unmittelbar auf die Wandlung der Gaben als glaubende Antwort auf die Heilstat Jesu Christi, die in der Eucharistie gegenwärtig wird (siehe 1 Korinther 11,26). „Geheimnis" ist die Übersetzung von „Mysterium" und bezeichnet nichts Geheimes, sondern das heilige Zentrum des christlichen Glaubens.
S. 46

Gloria: (lat.) *Ehre!* Altkirchlicher Lobgesang auf den dreifaltigen Gott, vollständiger deutscher und lateinischer Text im GL Nr. 583; das „Ehre sei dem Vater" als Abschluss christlicher (Psalm-) Gebete erinnert in Kurzform an diese Hochform des liturgischen Lobes.
S. 87

Halleluja: (hebr.) *Preiset den Herrn!* Dieser Lobpreis wird häufig in Psalmen verwendet. In der Liturgie bereitet das gemeinsame Halleluja die Verkündigung des Evangeliums vor. Mit Lobpreis begrüßt die Gemeinde den Herrn Jesus Christus, der in seinem Wort, dem Evangelium, gegenwärtig ist.
S. 86

Hochgebet: Bezeichnung für das große Eucharistiegebet von der Präfation („In Wahrheit ist es würdig und recht ...") bis zur Doxologie („Durch ihn und mit ihm und in ihm ..."). Es enthält das Gedächtnis der Heilstaten Gottes, die Herabrufung des Hl. Geistes auf die Gaben von Brot und Wein und auf die feiernde Gemeinde, Lobpreis und Bitten. Derzeit werden im deutschen Sprachraum vier Hochgebete und zwei Kinder-Hochgebete verwendet.
S. 87, 88

Hostie: (lat.) *Opfer*, Bezeichnung für das Brot, das in der Eucharistie verwendet wird. Es handelt sich um ungesäuertes Weizenbrot in Oblatenform.
S. 83

Kollekte: (lat.) *Sammlung* von Gaben während der Gabenbereitung, hierzulande als Sammlung von Geldspenden zur Unterstützung der kirchlichen Aufgaben.
S. 89

Kommunion: siehe Glaubenslexikon zu Einheit 6

Kyrie: (griech.) *Herr!* Bezeichnet den Bußakt im Eröffnungsteil des Gottesdienstes. Auf das Schuldbekenntnis folgen die drei Kyrierufe („Herr, erbarme dich unser! Christus, erbarme dich unser! Herr, erbarme dich unser!") und der Vergebungszuspruch durch den Priester.
S. 87

Lesung: Bestandteil des Wortgottesdienstes. An Sonn- und Feiertagen sind eine Lesung aus dem AT und eine aus den neutestamentlichen Briefen, der Apostelgeschichte oder der Johannesoffenbarung vorgesehen; an

Wochentagen nur eine Lesung. Als Antwort auf das Gehörte folgt ein Antwortgesang, in der Regel ein Psalm.
S. 87

Präfation: (lat.) *Vorrede*, *Vorgebet*, bezeichnet das Gebet unmittelbar vor dem Sanctus. Es wird eingeleitet durch einen Dialog zwischen Priester und Gemeinde: „Der Herr sei mit euch. – Und mit deinem Geiste. – Erhebet die Herzen! – Wir haben sie beim Herrn. – Lasset uns danken dem Herrn unsern Gott. – Das ist würdig und recht." Die eigentliche Präfation beginnt danach mit den Worten: „In Wahrheit ist es würdig und recht, dir, Herr, allmächtiger Gott, immer und überall zu danken. Denn ..." Die mit „Denn" eingeleitete Begründung erinnert an die Heilstaten Gottes in der Geschichte. Die Gemeinde bittet: So wie Gott damals gehandelt hat, so möge er auch heute handeln.
S. 88

Sanctus: (lat.) *Heilig*; Lobpreis im eucharistischen Hochgebet unmittelbar nach der Präfation: „Heilig, heilig, heilig, Gott, Herr aller Mächte und Gewalten. Erfüllt sind Himmel und Erde von deiner Herrlichkeit. Hosanna in der Höhe. Hochgelobt sei, der da kommt im Namen des Herrn. Hosanna in der Höhe." Diese Worte zitieren aus der Bibel Jesaja 6,2f und Matthäus 21,9.
S. 88, 110

Tagesgebet: Im Eröffnungsteil der Messe, in dem der besondere Charakter der jeweiligen Messfeier besonders zum Ausdruck kommt.

Es wird durch Jesus Christus im Heiligen Geist an den Vater gerichtet und von der Gemeinde mit „Amen" beantwortet.
S. 87

Wandlung (Konsekration): Zentrum der Eucharistie. Heiligung der Gaben von Brot und Wein, Wandlung in Leib und Blut Jesu Christi. Auf die Bitte um Heiligung der Gaben und den Rückbezug auf das letzte Abendmahl („Denn am Abend, an dem er ausgeliefert wurde ...") folgen die Wandlungsworte: „Nehmet und esset alle davon: Das ist mein Leib, der für euch hingegeben wird." – „Nehmet und trinket alle daraus: Das ist der Kelch des neuen und ewigen Bundes, mein Blut, das für euch und für alle vergossen wird zur Vergebung der Sünden. Tut dies zu meinem Gedächtnis." Die Gläubigen knien zum Zeichen der Anbetung; die gewandelten Gaben werden ggf. mit Weihrauch verehrt.
S. 83

Wortgottesdienst: Verkündigungsteil der Messfeier. Er besteht aus Lesung(en), Antwortgesang und der Verkündigung des Evangeliums, das an Sonntagen mit dem Halleluja eingeleitet und in der Predigt erläutert wird. Den Abschluss des Wortgottesdienstes bilden die Fürbitten.
S. 87

Von A bis Z: Die Messe

9. Brief an die Eltern der Kommunionkinder
Wir feiern unseren Glauben

Sehr geehrte, liebe Eltern,

das Fest der Erstkommunion rückt näher. Sicher haben Sie schon mit den Vorbereitungen begonnen: Einladungen verschickt, die Mahlzeiten geplant, Geschenktipps gegeben und die Kleidung Ihres Kindes bereitgelegt. Ihr Kind wird bald zum ersten Mal Jesus Christus im Sakrament der Eucharistie, der Kommunion, begegnen. Es ist gut vorbereitet. Sie haben Ihr Kind begleitet und viel Zeit und Mühe dafür aufgewendet. Dafür danken wir Ihnen ganz herzlich. Möglicherweise haben Sie selbst einen neuen Zugang zum Glauben gefunden und in der Gemeinde Kontakte geknüpft.

Unsere Welt ist kein Paradies auf Erden. Kein Mensch kann uns das Leben in Fülle schenken, kein Erlebnis bringt das ultimative Glück. Letztlich bleibt unser Leben immer auch vom Kreuz geprägt. Auch wer glaubt, hat nicht unbedingt ein leichteres Leben als jemand, der nicht glaubt. Aber der Glaube hilft, die Höhen und Tiefen des Lebens zu bewältigen: Sorgen und Nöte nicht wegzureden, sondern durchzuarbeiten, ohne die Hoffnung zu verlieren. Er schenkt Worte, mit denen wir uns Gott anvertrauen können: dankend, fragend, bittend und mit der Zuversicht, dass wir nicht allein sind, dass wir Gott tatsächlich schon hier und jetzt begegnen können. Bitte unterstützen Sie Ihr Kind dabei, dass der Tag der Erstkommunion kein Abschluss, sondern eine Station in seinem Glauben ist, der sich ein Leben lang weiter entwickelt, der in schönen und schweren Zeiten reifen wird. Dann ist ein guter Grundstein gelegt, auf dem Ihr Kind und Sie selbst mit Gottes Hilfe ein stabiles und schönes Haus des Lebens und Glaubens bauen können.

Es grüßen Sie herzlich

Familien-TIPP

- Gestalten Sie den Tag der Erstkommunion so, dass Ihr Kind sich zunächst wirklich ganz auf die Messe und den ersten Empfang der Hl. Kommunion konzentrieren kann und anschließend im Kreis derer, mit denen Sie feiern möchten, einen unvergesslichen Tag erlebt!
- Pflegen Sie Gewohnheiten: den Gottesdienstbesuch am Sonntag, die Treffen in Familienkreisen, die Mitarbeit in der Gemeinde. Gewohnheiten entlasten und geben dem Leben eine Struktur. Ihr Kind hat einen Gottesdienstplan bekommen, den man in das Gotteslob einlegen kann. Er ist für Kinder und Erwachsene geeignet und gibt Orientierung, wenn man im Gottesdienst einmal „den Faden verliert".
- Bleiben Sie mit Gott im Gespräch! Machen Sie es sich z.B. zur Regel, einen Augenblick des Tages innezuhalten, ein kurzes Gebet zu sprechen, eine Kerze anzuzünden – am Morgen, in der Mittagspause oder vor dem Schlafengehen. Scheuen Sie sich nicht zu danken – es gibt so viel Gelegenheit dazu.

✝ Gottesdienst
Gemeinsam unterwegs – der Gang nach Emmaus

Kyrie	**P:** Wir wollen uns mit Jesus Christus auf den Weg machen und ihn in unserer Mitte begrüßen. **V:** Herr Jesus Christus, du begleitest uns auf all unsern Wegen. Herr, erbarme dich. – **A:** Herr, erbarme dich. **V:** Herr Jesus Christus, du sprichst zu uns und weist uns den Weg. Christus, erbarme dich. – **A:** Christus, erbarme dich. **V:** Herr Jesus Christus, du brichst uns das Brot und teilst dein Leben mit uns. Herr, erbarme dich. – **A:** Herr, erbarme dich. **P:** Der allmächtige Gott erbarme sich unser, er lasse uns die Sünden nach und führe uns zum ewigen Leben. Amen.
Lesung	**1 Korinther 15,3–11:** Das ist der Glaube, den ihr angenommen habt
Evangelium	**Lukas 24,13–35:** Emmaus
Fürbitten	**P:** Herr Jesus Christus, wir tragen dir unsere Bitten vor im festen Glauben daran, dass du bei uns bist und uns hörst: **V:** Wir bitten für alle, die voll Trauer unterwegs sind: Wandle ihre Trauer in Freude! Herr, sei deiner Welt nahe. – **A:** Herr, sei deiner Welt nahe. **V:** Wir bitten für alle, deren Glauben durch Enttäuschungen zusammengebrochen ist. Entfache in ihnen neu das Licht der Hoffnung und des Glaubens. – **A:** Herr, sei deiner Welt nahe. **V:** Wir bitten für alle, die dürsten nach Gerechtigkeit: Schenke ihnen Frieden und Heil. – **A:** Herr, sei deiner Welt nahe. **V:** Wir bitten für uns alle, die wir bei deinem Mahl versammelt sind: Zeige dich uns im gebrochenen Brot. – **A:** Herr, sei deiner Welt nahe. **V:** Wir bitten für alle, deren Hoffnungen zerschlagen wurden durch den Tod eines lieben Menschen: Schenke ihnen neue Hoffnung. – **A:** Herr, sei deiner Welt nahe. **P:** Denn du bleibst bei uns, wenn es Abend wird in unserer Welt. Du bist der Retter, den der Vater gesandt hat. Dich preisen wir mit dem Vater und dem Heiligen Geist, jetzt und in Ewigkeit. – **A:** Amen.
Gabenbereitung	**Wenn wir unsre Gaben bringen, sollen sie ein Zeichen sein** (S. 188)
Geheimnis des Glaubens	**Wir preisen deinen Tod, wir glauben, dass du lebst, wir hoffen, dass du kommst, zum Heil der Welt** (S. 188)

Grundgedanke: Was tut Jesus auf dem Weg mit den beiden Jüngern? *Er begleitet sie*, ist mit den Menschen unterwegs (Symbol: *Wanderstab*). Oftmals kann man gar nichts anderes tun als einfach bei den Menschen zu sein, die wie die Jünger die Hoffnung verloren haben und enttäuscht von Gott, Glaube und Kirche sind. *Er erläutert den Jüngern die Schrift* (Symbol: *Bibel*). Er erklärt, wie die Worte der Propheten zu verstehen sind und wie sie auf ihn selbst hindeuten. *Er bricht ihnen das Brot* (Symbol: *Patene oder große Hostie*).

Damit sind die drei Wesensmerkmale der Kirche bezeichnet, in denen sie Jesus Christus nachfolgt: Begleitung und Dienst am Nächsten (*diakonia*); Zeugnis und Verkündigung (*martyria*); Feier des Gottesdienstes (*liturgia*).

Gruppenstunde

9.1 Die Messe

Vorbereitung:
- Kerze
- Arbeitsblätter 9.1.1 und 9.1.2
- Der Aufbau der Messe (Einzelkarten, ggf. laminiert)
- Evtl. ein oder zwei Ministrant/innen (Geschwisterkinder) um Mithilfe in der ersten halben Stunde bitten; ggf. liturgische Bücher, Kelch und Schale,

- Kollektenkörbchen und Weihrauchfass aus der Sakristei mitbringen
- vier Tonpapierbögen für die vier Teile der Messe (lila: Eröffnung, grün: Wortgottesdienst, gelb: Eucharistiefeier, blau: Entlassung)

	Struktur und Inhalt	Umsetzung
Gruppenraum Kerze 5 min	**Eröffnung**	Begrüßung, still werden Entzünden der Christus- bzw. Gruppenkerze Kreuzzeichen, gemeinsames Vaterunser
S. 185 10–15 min	**Einführung in das Thema der Stunde und Rückbezug auf Hausaufgabe:** Das letzte Abendmahl und seine Bedeutung. **Erlernen des Liedes:** Wenn wir unsre Gaben bringen, sollen sie ein Zeichen sein	Auf dem Bild, das ihr ausgemalt habt, sehen wir das letzte Abendmahl, das Jesus mit seinen Freunden gefeiert hat. Er hat ihnen erklärt, was es bedeutet: Es ist die Feier des Dankes für Jesu Tod und Auferstehung. Bis heute feiern wir dieses Fest: Es ist die Eucharistiefeier. Im Mittelpunkt sind Brot und Wein. Wir bringen sie zum Altar und bitten Gott, dass er sie für uns verwandelt. Wenn wir die Kommunion empfangen, ist Jesus Christus im Brot in unserer Mitte. Dazu gibt es ein schönes Lied, das wir heute lernen …
vier farbige Tonpapierbögen für die vier Teile der Messe Evtl. ein oder zwei Ministranten (Geschwisterkinder) zur Unterstützung	**Der Aufbau der Messe** Sammeln der **Elemente des Gottesdienstes** aus der Erinnerung der Kinder (Vorlesen, Singen, Brot und Wein, Kollekte, …). Arbeitsblatt 9.1.2 als Orientierung für Katechetin/Katechet (noch nicht austeilen). Erarbeiten der **Struktur des Gottesdienstes**, zunächst der vier Teile (Eröffnung, Wortgottesdienst, Eucharistiefeier, Entlassung). Die Kinder stellen anhand der Farbe der Abschnitte die Elemente der vier **Teile der Messe** zusammen (auf den farbigen Tonpapierbögen, auf dem Tisch oder an einer Magnetwand, je nach Gruppengröße gemeinsam oder in Kleingruppen je einen Teil) und lesen jeweils vor, was in der linken Spalte steht. Anschließend werden die einzelnen **Elemente** in die richtige Abfolge gebracht (Hilfe: Markierungen an allen Zeilen!). Im Gespräch wird überlegt, was gemeint ist, wie es gefeiert wird (gemeinsam, im Dialog, mit Weihrauch, Kerzen …), wer beteiligt ist (Priester, Gemeinde, Lektor/in, Ministrant/innen, …) und wo das Gottesdienstelement stattfindet (Eröffnung: Priestersitz; Wortgottesdienst: Ambo; Eucharistiefeier: Altar, Entlassung: Altar) und in Erinnerung gebracht.	Gottesdienst feiern geht am besten, wenn man sich gut auskennt. Deshalb wollen wir uns heute genauer mit den Teilen der Messe beschäftigen. • Erinnert ihr euch noch, was alles im Gottesdienst geschieht? … • Der Gottesdienst beginnt und endet mit dem gleichen Zeichen! (Kreuzzeichen). Könnt ihr euch vorstellen, warum? Es zeigt uns immer wieder, was das Wichtigste in unserem Glauben ist: Unser Dank für Tod und Auferstehung Jesu. Die verschiedenen Teile der Messe sind hier noch einmal aufgeschrieben. Die vier Farben stehen für die vier Teile der Messe. Es gibt zwei kurze und zwei lange Teile. Die Messe beginnt mit der Eröffnung. Dazu gehört alles, was lila ist … • Wie heißen die Abschnitte der Eröffnung? Wer kann sie vorlesen? Das sind schwierige Worte, sie bedeuten … • Nun versuchen wir, sie in die richtige Reihenfolge zu bringen … Nun kommt der nächste Teil, der Wortgottesdienst. • Woher hat er wohl seinen Namen? Welche Worte sind gemeint? • Worte kann man hören, sprechen, über sie nachdenken …

9. Wir feiern unseren Glauben

	Struktur und Inhalt	Umsetzung
25–45 min	Der Katechet / die Katechetin macht besonders aufmerksam auf das **Evangelium**, die **Wandlung**, das gemeinsame **Vaterunser** und das **Kreuzzeichen**, das die Messe rahmt. Erfahrungen der Kinder werden einbezogen und bereits erlernte Lieder in Erinnerung gerufen. Die Ministrant(inn)en ergänzen mit Unterstützung des Katecheten / der Katechetin die Beschreibungen der Kinder und erzählen, was sie im Gottesdienst wo und wie tun.	• Besonders wichtig ist das Evangelium. Das kann man daran sehen, wie es vorgelesen wird … (Messdiener, Kerzen, Halleluja, Zuhören im Stehen) … Der dritte Teil ist die Eucharistiefeier. Hier knien die Menschen während einiger Gebete. Zunächst werden die Gaben gebracht … • Besonders wichtig ist die Wandlung. Der Priester spricht ein wichtiges Gebet … • Etwas später folgt das Vaterunser. Das kennen wir schon gut … Der vierte Teil ist ganz kurz: …
AB 9.1.1 10–15 min	**Gemeinsames Falten des Übersichtsblatts zur Messe**	Dieses Blatt ist so etwas wie ein Spickzettel für die Messe. Dort steht, was gerade gefeiert wird, was wir antworten und ob wir stehen oder sitzen. Wir müssen es noch falten …
AB 9.1.2 5 min	**Verteilen und Erläutern der Hausaufgabe**	Auf diesem Blatt findet ihr noch einmal die Abschnitte der Messe, die wir gemeinsam sortiert haben, allerdings in der falschen Reihenfolge. Schneidet die Kästen aus und legt sie in die richtige Reihenfolge. Es gibt eine Hilfe: zwei aufeinanderfolgende Kästchen haben ein kleines Zeichen an derselben Stelle. Klebt den Messablauf auf zwei Blätter!
Abschluss Kerze 5 min	**Abschluss an der Kerze:** • Gemeinsames Lied • Gebet • Segen	Still werden. Lied: „Wenn wir unsre Gaben bringen" Wir beten: Guter Gott, du hast uns den Gottesdienst geschenkt, damit wir dir danken können. Hilf uns zu verstehen, was im Gottesdienst geschieht: Dein Sohn Jesus Christus ist in Brot und Wein in unserer Mitte. Das ist etwas Wunderbares. Dafür danken wir dir. Und so segne und behüte uns der allmächtige Gott: der Vater, der Sohn und der Heilige Geist (gemeinsames Kreuzzeichen). Amen.

AB 9.1.1

Der Aufbau der Messe

Hier findest du die Teile des Gottesdienstes. Schneide sie aus! Nun ordne sie nach den vier Abschnitten der Messe: Eröffnung, Wortgottesdienst, Eucharistiefeier, Entlassung. Lege die Abschnitte in die richtige Reihenfolge und klebe sie auf zwei Blättern auf!

Eröffnung	
Wortgottesdienst	
Eucharistiefeier	
Entlassung	
Eröffnung	Im Namen des Vaters und des Sohnes und des Heiligen Geistes.
Geheimnis des Glaubens	Deinen Tod, o Herr, verkünden wir, und deine Auferstehung preisen wir, bis du kommst in Herrlichkeit.
Lobpreis	Durch ihn und mit ihm und in ihm …
Schlusslied	
Kollekte und Gabenbereitung	
Lesung	aus dem Brief …
Friedensgruß	Friede sei mit dir!
Gloria	Ehre sei Gott!
Evangelium	Der Herr sei mit euch! Aus dem heiligen Evangelium …
Agnus Dei	Lamm Gottes, du nimmst hinweg die Sünde der Welt …
Tagesgebet	Lasset uns beten: …
Kommunion	Der Leib Christi. – Amen.
Fürbitten	Wir bitten dich, erhöre uns.
Präfation	In Wahrheit ist es würdig und recht, …
Antwortgesang	Psalm oder gemeinsames Lied
Wandlung	Nehmet und esset alle davon, das ist mein Leib, der für euch hingegeben wird. Nehmet und trinket alle daraus: das ist der Kelch des neuen und ewigen Bundes, mein Blut, das für euch und für alle vergossen wird zur Vergebung der Sünden. Tut dies zu meinem Gedächtnis.
Meldungen	In der nächsten Woche …
Vater unser	im Himmel, geheiligt werde dein Name …
Halleluja	Halleluja!
Kyrie	Herr, erbarme dich. Christus, erbarme dich. Herr, erbarme dich.
Segen	Es segne euch der allmächtige Gott: der Vater, der Sohn und der Heilige Geist. – Amen.
Predigt	
Schlussgebet	Lasset uns beten: Barmherziger Gott, …
Entlassung	Gehet hin in Frieden. – Dank sei Gott, dem Herrn.
Einladung zur Kommunion	Seht das Lamm Gottes, das hinweg nimmt die Sünde der Welt! – Herr, ich bin nicht würdig, …
Glaubensbekenntnis	Ich glaube an Gott, …
Dankgebet nach der Kommunion	„Jesus, du bist bei mir, ich danke dir."
Sanctus	Heilig, heilig, heilig …

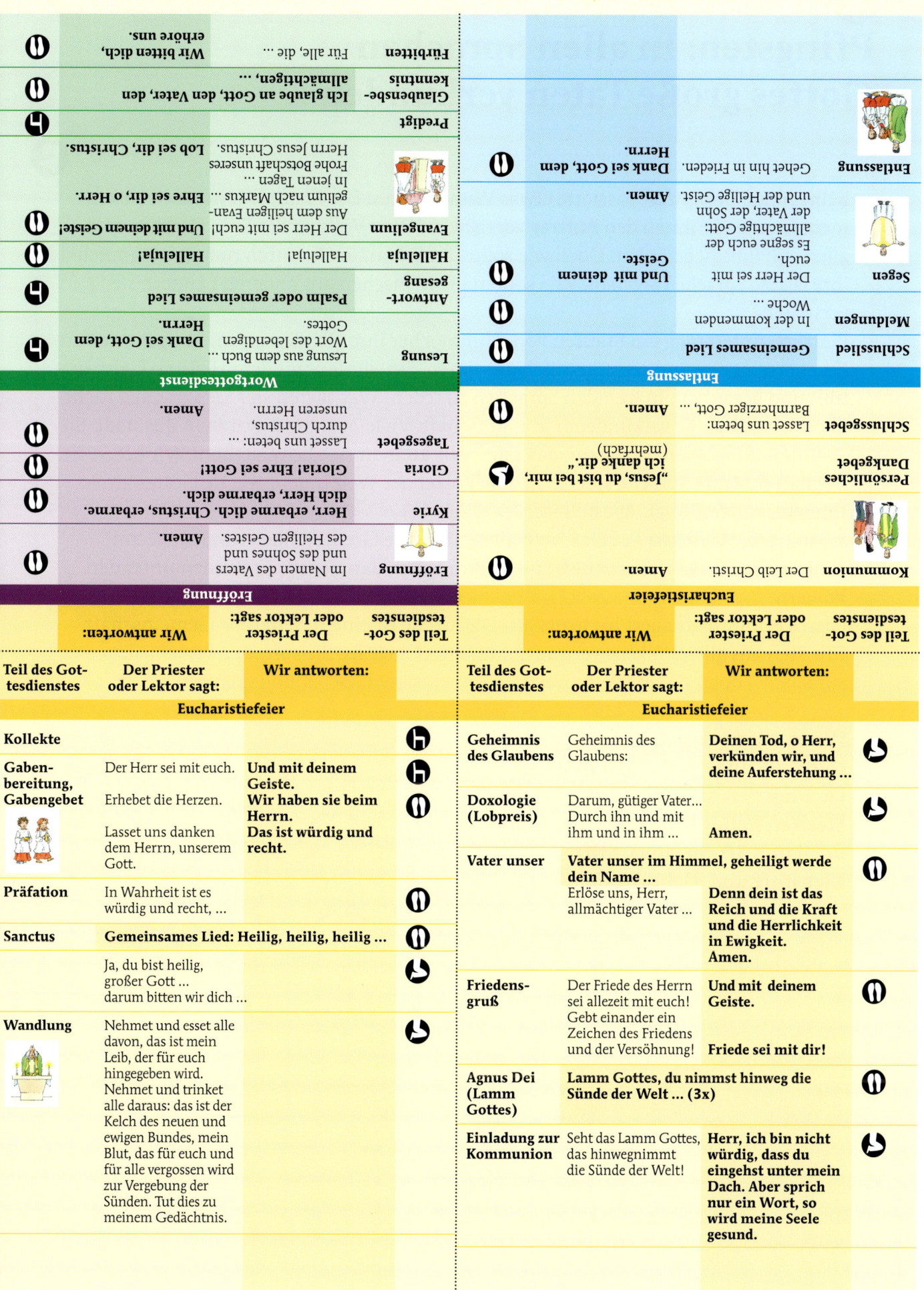

💡 Für helle Köpfe
Pfingsten: In allen Sprachen Gottes große Taten verkünden

Beim ersten Pfingstfest passierte etwas Wunderbares: Die Freunde Jesu saßen zusammen. Jesus hatte ihnen den Auftrag gegeben, zu allen Völkern der Erde zu gehen und allen von ihm zu erzählen. Doch wie sollte das gehen? Sie konnten nur eine, nämlich ihre eigene Sprache sprechen. Wie sollten die Menschen aus anderen Ländern sie verstehen?

Plötzlich unterbrach ein Brausen vom Himmel her ihre Überlegungen. Zungen wie von Feuer erschienen und verteilten sich auf ihnen. Sie wurden mit dem Heiligen Geist erfüllt und begannen, in fremden Sprachen zu reden. Was sagten sie? Sie sprachen nicht über sich selbst. Sie verkündeten Jesu Botschaft. Viele Ausländer waren in der Stadt. Sie staunten und sagten: Wie kann das sein? Wir können sie alle verstehen! Wir hören sie in unserer Muttersprache sprechen! Alle Völker der Welt hören, wie sie Gottes große Taten verkünden! (vgl. Apostelgeschichte 2,1–11)

Sie spürten: Wenn wir auf Gott vertrauen, sind alle Grenzen überwunden. Wenn wir gemeinsam auf ihn schauen und zu ihm beten, dann entsteht Frieden unter den Völkern.

Dieses Pfingstfest dauert bis heute an: Die Kirche ist eine riesengroße Gemeinschaft. Christen aus allen Völkern vertrauen auf Jesus Christus. Sie sprechen verschiedene Sprachen – doch sie sind verbunden im gemeinsamen Gebet und Glauben.

Wenn du möchtest, kannst du dir ein solches Pfingstfest selbst basteln! Du brauchst dazu nur einen langen Streifen helles Tonpapier (ca. 8 cm hoch und 40 cm lang), Stifte, Klebstoff und Klebestreifen.

Hier ist die Bastelvorlage:

Sie zeigt zwei Menschen, die sich an den Händen halten. Mit einer bestimmten Technik, die wie eine Ziehharmonika funktioniert, werden aus den beiden einzelnen Personen zehn Menschen, die sich an den Händen fassen:

Nimm dir einen langen Streifen helles Tonpapier, ca. 8 cm hoch und 40 cm lang. Übertrage die Vorlage in eine Ecke des Streifens. Nun knicke den Streifen wie eine Ziehharmonika 4 mal hin und her.

Nun schneide die beiden Menschen an den Rändern aus. Achte darauf, dass du sie nicht an den Händen und am Rand auseinander schneidest!

Wenn du nun die Ziehharmonika wieder auseinander faltest, halten sich zehn Menschen an der Hand. Male sie an! Sie kommen aus allen Ländern der Erde. Manche haben eine helle, andere eine dunkle Hautfarbe. Manche haben rote Haare, andere schwarze. Manche haben Sommersprossen, andere tragen eine Brille.

In fünf Kästen siehst du den Anfang des Vaterunser in verschiedenen Sprachen: auf deutsch, englisch, lateinisch, griechisch und rumänisch. Schneide die Kästen aus und klebe sie auf die Schilder, die die Menschen in ihren Händen halten! Wenn du magst, kannst die Worte aber auch abmalen.

Nun müssen sich noch die beiden Menschen, die außen stehen, die Hand geben. Klebe sie mit Klebestreifen aneinander! Nun halten sich alle an den Händen und stehen in einem großen Kreis. Diesen Kreis aus betenden Christen kannst du um eine Kerze herum stellen – oder mit Fäden an die Decke hängen.

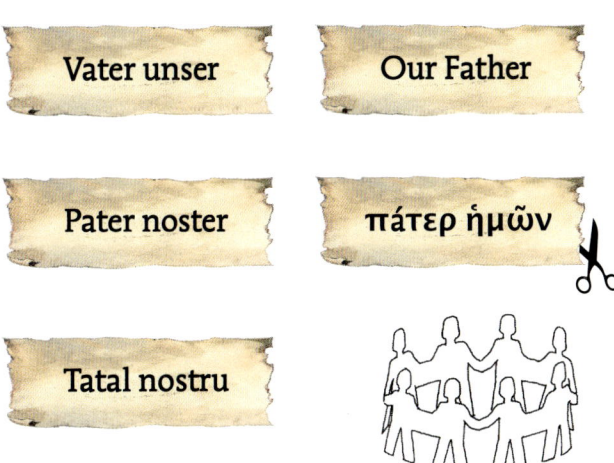

Vater unser — Our Father — Pater noster — πάτερ ἡμῶν — Tatal nostru

Für helle Köpfe

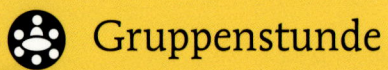 Gruppenstunde

9.2 Wir sind gekommen, um ihn anzubeten

	Struktur und Inhalt	Umsetzung
Pfarrkirche Osterkerze 5 min	Am Eingang Bekreuzigung mit Weihwasser, gemeinsames Gehen zur Osterkerze. **Eröffnung**	Begrüßung, still werden Entzünden der Osterkerze Kreuzzeichen, gemeinsames Vaterunser
10 min	**Besprechung der Hausaufgabe und Einführung in das Thema der Gruppenstunde:** Bogen über die EK-Vorbereitung schließen; Inhalt des Glaubensgrundsteines bewusst machen.	In der letzten Woche haben wir uns mit der Feier beschäftigt, die den Höhepunkt des Glaubens darstellt, mit der Messe. Als Hausaufgabe habt ihr noch einmal die Abschnitte der Messe sortiert …
Vorbereitete Stationen in der Kirche	**Stationen-Gang durch die Kirche** (keine Rallye, sondern Sammeln und Aktualisieren wichtiger Elemente aus der Erinnerung der Kinder). Nach jeder Station zündet ein Kind eine Kerze an, die an die Station oder auf den Altar gestellt wird.	Am Ende des Kommunionkurses wollen wir uns noch einmal an alle Stationen unseres Kurses erinnern. Wir machen uns bewusst, womit wir unseren Glaubensgrundstein gefüllt haben. Nach jeder Station darf ein Kind eine Kerze anzünden …
Einheit 1	**1. Wir kommen in die Kirche:** Kirche als Gebäude, Kirche als Gemeinschaft der Getauften; Verweis auf Haltungen, Kerzen, ewiges Licht; Verweis auf Taufsymbole Wasser, Chrisam, Taufformel	1. Die erste Einheit hieß: Wir kommen in die Kirche • Habt ihr noch in Erinnerung, wie das geht? Was ist mit Kirche gemeint? (Gebäude: Tür, Gemeinschaft: Taufe)
Einheit 2	**2. Wir entdecken die Bibel:** Bibel als heilige Schrift, als Wort Gottes; Menschen erzählen von Gott; Gottesbilder (Hirt); Gott, der die Menschen begleitet (Leporello).	2. Vom Ambo aus wird uns das Wort Gottes verkündet: • Welche Erzählungen aus der Bibel habt ihr noch in Erinnerung?
Einheit 3	**3. Wir glauben an Gott:** Credo als „Erkennungsmerkmal" der Christen; Grundbekenntnis: Jesus Christus ist der Sohn Gottes, unser Erlöser (Ichthys); Verweis auf EK-Feier, in der die Kinder das Glaubensbekenntnis gemeinsam vortragen werden. Gemeinsam wird hier das Credo gesprochen.	3. Schon oft haben wir in der Messe miteinander uns und der Gemeinde versichert, was wir glauben: Es gibt das Glaubensbekenntnis, das alles zusammenfasst, was uns wichtig ist. Wir wollen es auch hier und jetzt zusammen sprechen.
Einheit 4	**4. Wir beten zu Gott:** Sprechen eines Gebetes oder freie Fürbitten; Kerze als sichtbares Gebet.	4. Was tun die Menschen hier? • Wie können wir mit Gott sprechen? Was können wir ihm sagen? • Gibt es ein Gebet, das ihr im Laufe des Kommunionunterrichts besonders gern gesprochen habt und das wir jetzt beten können?
Einheit 5	**5. Wir leben aus dem Glauben:** Gebote als Wegweiser, die Gott geschenkt hat, damit unser Lebensweg gelingt. Grenzmarken und Orientierung; Zehn Gebote und Gebote der Kirche als Orientierung des Alltags.	5. Unser Glaube wird nicht nur im Gottesdienst sichtbar, sondern wir nehmen ihn mit nach draußen, in die Familien, in die Schule, auf den Spielplatz. • Ist euch ein Wegweiser besonders in Erinnerung geblieben?

Vorbereitung:
- (In der Kirche) vorbereiten: 9 Stationen mit großen Symbolkärtchen und ggf. weiteren Utensilien kennzeichnen; je nach Kirchenraum von hinten nach vorn, durch den Mittelgang oder an einzelnen, thematisch passenden Stationen: z.B. 1. am Taufstein/am Eingang der Kirche: Krug mit Wasser; 2. am Ambo, Evangeliar; 3. am Kreuz/Christus-Ikone/in den Bänken; 4. am Opferkerzenständer: Gebetbücher, Kerzen; 5. in den Bänken: Wegweiser; 6. Kredenztisch/Brautleute-Kniebank/Bänke: Zeichen der Sakramente; 7. am Beichtstuhl: lila Stola; 8. Altar/Kredenztisch: Patene und Kelch; 9. am Tabernakel: ggf. mit Monstranz
- 9 Teelichter oder große Kerzen in Ständern
- 9. Symbolkärtchen, Grundsteine der Kinder

	Struktur und Inhalt	**Umsetzung**
Einheit 6	**6. Gott ist uns nahe:** Sakramente als Zeichen der Nähe Gottes, die unseren Lebensweg begleiten; Zeichen der Kirche (Feier im Gottesdienst), die zeigen, dass wir zu Jesus Christus gehören.	6. Gott will uns in besonderen Zeichen ganz nahe sein, er will, dass wir seine Liebe ganz nah bei uns spüren: er hat uns die Sakramente geschenkt. • Gibt es ein Zeichen, das euch in Erinnerung geblieben ist?
Einheit 7	**7. Gott vergibt uns:** Versöhnung als das große Geschenk Gottes, der die Menschen immer neu anfangen lässt. Symbol Luftballon-Kreuz in Erinnerung rufen: Im Kreuz ist Heil; ggf. Verweis auf 2. Beichte der Kinder vor der Erstkommunion.	7. Gott vergibt uns alles, was wir falsch gemacht haben. Er befreit und erlöst uns. • Könnt ihr euch noch an unser Symbol vom Luftballon erinnern? Wie haben wir ihn zum Platzen gebracht? Vor eurer Erstkommunion werdet ihr noch einmal beichten. So seid ihr gut vorbereitet auf die Kommunion mit Jesus Christus.
Einheit 8  30–50 min	**8. Jesus gibt sein Leben für uns:** Passahfest und Abendmahl; Jesus als Passah-Lamm, sein Kreuz als die große Befreiungstat Gottes; das Abendmahl als Vorbild der Messe.	8. Christus hat sich für uns geopfert, er ist für unsere Sünden gestorben. Er hat uns damit wieder den Weg eröffnet zum ewigen Leben, zum Vater im Himmel. • Im Gottesdienst beten wir: Lamm Gottes – wisst ihr noch, was damit gemeint ist?
In den Bänken S. 185 5–10 min	Vertiefung des Rückblicks auf Einheit 7 und 8: **Erlernen des Liedes:** Wir preisen deinen Tod (Geheimnis des Glaubens als Antwort auf die Gegenwart Christi).	Jetzt lernen wir noch ein letztes Lied. Im Gottesdienst singen wir es nach der Wandlung – wenn Jesus in unserer Mitte ist. Es ist ein Lied zum Geheimnis des Glaubens.
Einheit 9 5 min	**9. Wir feiern unseren Glauben:** Die Kinder machen eine Kniebeuge vor dem Tabernakel oder bleiben in den Bänken und schauen auf die Monstranz/ den (geöffneten) Tabernakel. Gemeinsam knien alle nach einer kurzen Anleitung für eine kurze Anbetung.	9. Wir haben gelernt, dass Jesus Christus in Brot und Wein, mit seinem Leib und Blut wirklich unter uns ist. Genau deswegen machen wir vor dem Tabernakel eine Kniebeuge zur Verehrung, deswegen knien wir auch jetzt. Wir sind einen kurzen Moment ganz still, damit jeder für sich beten kann.
9. Symbolkärtchen, Grundsteine	Zum Abschluss wird eines der Lieblingslieder der Kinder gesungen und der Grundstein mit dem letzten Symbolkärtchen gefüllt.	Wir wollen noch den Glaubensgrundstein mit dem letzten, dem neunten Kärtchen füllen, auf dem ihr Kelch, Hostienschale, Monstranz und Evangeliar seht.
Abschluss Osterkerze 5–10 min	**Abschluss an der Osterkerze und Segen** • Gemeinsames Lied • Gebet • Segen	Still werden. Wir beten: Herr Jesus Christus, in Gestalt von Brot und Wein bist du unter uns gegenwärtig, du willst uns ganz nahe sein. Wir sind heute gekommen, um dir zu danken und dich anzubeten. Begleite uns an allen Tagen unseres Lebens und sei uns nahe in diesen letzten Tagen vor unserem großen Fest. Und so segne und behüte uns der allmächtige Gott: der Vater, der Sohn und der Heilige Geist (gemeinsames Kreuzzeichen). Amen.

Gruppenstunde: 9.2 Wir sind gekommen, um ihn anzubeten

Lieder

Wenn wir unsre Gaben bringen, sollen sie ein Zeichen sein

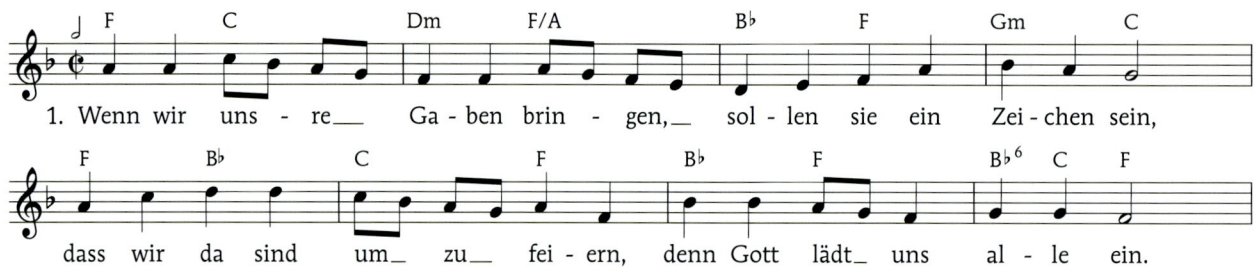

1. Wenn wir unsre Gaben bringen, sollen sie ein Zeichen sein, dass wir da sind um zu feiern, denn Gott lädt uns alle ein.

2. Wenn wir unsre Gaben bringen,
   lasst uns preisen unsern Gott,
   der uns schenkt die Frucht der Erde,
   Leben gibt in Wein und Brot.

3. Wenn wir unsre Gaben bringen,
   bringen wir uns selber dar.
   Was wir sind und mit uns tragen,
   legen wir auf den Altar.

4. Wenn wir unsre Gaben bringen,
   wollen wir Gemeinschaft sein,
   dann bist du in unserer Mitte,
   schenk dich uns in Brot und Wein.

Text und Melodie: Kathi Stimmer-Salzeder, aus: „Lied der Hoffnung" (www.musik-und-wort.de)

Wir preisen deinen Tod

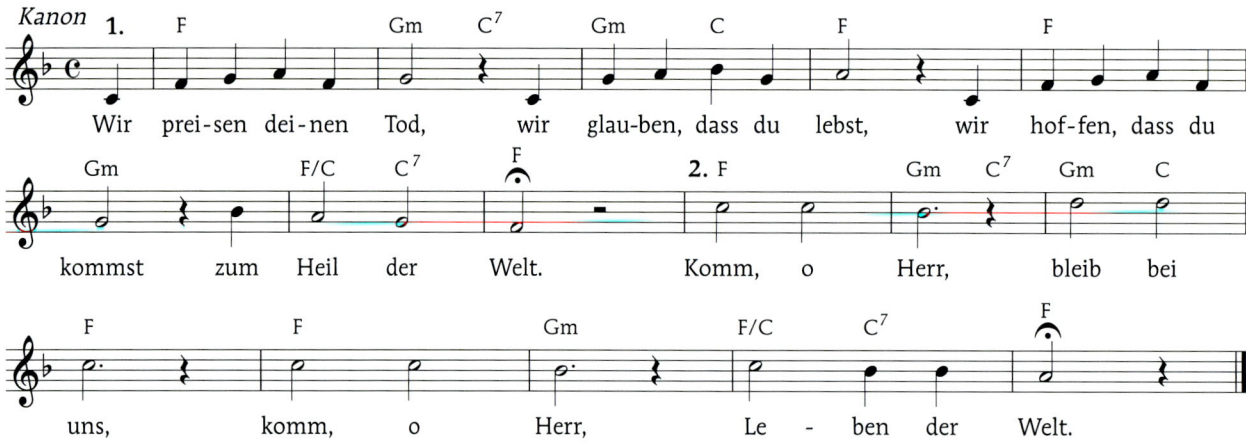

Wir preisen deinen Tod, wir glauben, dass du lebst, wir hoffen, dass du kommst zum Heil der Welt. Komm, o Herr, bleib bei uns, komm, o Herr, Leben der Welt.

Text: Christiane Gaud, Musik: Michael Wackenheim, Übersetzung: Diethard Zils, aus: Mein Kanonbuch, 1986
Rechte für Text und Musik: Groupe Fleurus-Mame, Paris
Rechte für die Übersetzung: tvd-Verlag Düsseldorf

Inhalt der CD-ROM

Am Ende dieses Buches finden Sie eine CD-ROM. Sie enthält noch einmal sämtliche Arbeitsblätter, Gottesdienstmodelle und Liedblätter in digitaler Form. Ferner sind auf der CD-ROM auch die Elternbriefe gespeichert, die Sie mit einem Textverarbeitungsprogramm verändern und an die Gegebenheiten vor Ort anpassen können. Sie können zudem auf das Glaubenslexikon zugreifen (Ordner „Glaubenslexikon"), in dem alle Einträge aus dem Buch alphabetisch zusammengeführt sind.
Bastelvorlagen, Material für die Umsetzung der Stunden oder Bibeltexte, die mit einem 🔘 CD-Symbol versehen sind, befinden sich ebenfalls auf dem Datenträger und ermöglichen eine einfache Vervielfältigung und Vorbereitung der Stunden.

Die Dokumente sind in zweifacher Weise geordnet:
Sortierung nach Kursverlauf: Im Ordner „Einheiten" sind die Dateien dem Kursverlauf folgend den einzelnen Einheiten zugewiesen (d.h. alle Dokumente einer Einheit sind in einem eigenen Ordner gespeichert).
Sortierung nach Kategorien: Im Ordner „Elemente" finden Sie Elternbriefe, Gottesdienstmodelle, Liedblätter, Arbeitsblätter sowie Texte zu einzelnen Kategorien gruppiert (so befinden sich beispielsweise alle Liedblätter des Kurses im selben Ordner).

Die CD-ROM ist sowohl für die Verwendung unter Windows als auch für Macintosh geeignet.

Übersicht zu den Dokumenten, die zusätzlich auf der CD-ROM enthalten und nicht im Buch abgedruckt sind

Glaubenslexikon (komplett und alphabetisch)
Symbolkärtchen für Glaubensgrundstein
E2: Gott erschafft die Welt (Text aus der Kinderbibel von Erich Jooß für Freies Angebot)
E2: Gott erschafft die Welt (PDF und als Power Point-Präsentation für Freies Angebot)
E3: Das Apostolische Glaubensbekenntnis (Textabschnitte für Gruppenstunde 3.2)
E4: Psalm 23 (für Gruppenstunde 4.1; Einheitsübersetzung und kindgemäße Übertragungen)
E4: Gebetswürfel (Bastelvorlage)
E4: Gebete für Kinder (Einzelgebete groß)
E5: Wegweiser mit Zehn Geboten und Doppelgebot (für Gruppenstunde 5.1)
E5: Kirchengebote (Einzel-Karten für Gruppenstunde 5.2)
E6: Die Sakramente und ihre Zeichen (Einzel-Karten für Gruppenstunde 6.2)
E7: Wenn wir schuldig werden (Einzel-Karten für Gruppenstunde 7.1)
E7: Besuch Jesu beim Zöllner Zachäus (Text aus der Kinderbibel von Erich Jooß für Gruppenstunde 7.3)
E9: Der Aufbau der Messe (Einzelelemente und Übersichtsblatt für Gruppenstunde 9.1)
E9: Symbolkärtchen vergrößert für Gruppenstunde 9.2

Worauf wir bauen können – Begleitmappe für Kinder

Die Begleitmappe für Kinder enthält alle Arbeitsblätter und Materialien der einzelnen Gruppenstunden, Freien Angebote sowie die Blätter zum Angebot „Für helle Köpfe". Zum genauen Inhalt der Mappe gibt folgende Aufstellung Auskunft:

	Symbolkärtchen zum Bekleben des Grundsteins	
AB 1.1.1	Meine Pfarrkirche
AB 1.1.2	Wie sieht eine Kirche von innen aus?
AB 1.1.3	Memory
Für helle Köpfe:	Orientierung!
AB 1.2.1	Die Taufe
AB 1.2.2	Meine Taufurkunde
Für helle Köpfe:	Patron gesucht!
AB 2.1.1	Bibel-Leporello
AB 2.1.1	Bibel-Leporello - Bilder zum Ausschneiden
AB 2.1.2	Die Bibel
Für helle Köpfe:	Schlag nach in der Bibel!
Freies Angebot:	Gott erschafft die Welt
AB 2.2.1	Jesus ist der gute Hirt
Für helle Köpfe:	Wie spielten die Kinder zur Zeit Jesu?
AB 3.1.1	Ichthys heißt Fisch
Für helle Köpfe:	Warum steht an manchen Häusern ein Geheimzeichen?
AB 3.2.1	Meine Glaubensurkunde
Für helle Köpfe:	Verteilt der Heilige Geist Geschenke?
AB 4.1.1	Grundgebete (Faltblatt)
Für helle Köpfe:	Unser tägliches Brot gib uns heute
AB 4.2.1	Ein Buch mit sieben Siegeln?
Für helle Köpfe:	Kennst du Franz?
AB 5.1.1	Gott schenkt uns seine Gebote
AB 5.1.2	Die Zehn Gebote
Für helle Köpfe:	Wann beginnt das Jahr?
AB 5.2.1	Die Gebote der Kirche
Für helle Köpfe:	Weg meines Lebens
AB 6.1.1	Anna und Miriam
AB 6.1.2	Zeichen der Nähe Gottes
Für helle Köpfe:	Biblische Mathematik – Die himmlische Stadt
AB 6.2.1	Die Sakramente
AB 6.2.2	Die Sakramente und ihre Zeichen
Für helle Köpfe:	Küster Franz
Für helle Köpfe:	Buchstabenrätsel
AB 7.1.1	Wenn wir schuldig werden
Für helle Köpfe:	Was macht der Hahn auf dem Turm?
AB 7.1.2	Die Beichte
AB 8.1.1	Das Passah-Fest
Für helle Köpfe:	Können die Christen nicht rechnen?
AB 8.2.1	Jesus feiert mit seinen Freunden das letzte Abendmahl
Freies Angebot:	Die Fußwaschung
Für helle Köpfe:	Wir begleiten Jesus auf seinem letzten Weg
AB 9.1.1	Der Aufbau der Messe
AB 9.1.2	Die Messe (Faltblatt)
Für helle Köpfe:	Pfingsten: In allen Sprachen Gottes große Taten verkünden (Text)
Für helle Köpfe:	Pfingsten: In allen Sprachen Gottes große Taten verkünden (Bastelanleitung)

Ist Jesus Christus ein Doppelname?
Wer hat die Bibel geschrieben?
Was ist ein Sakrament?
Wie wird man Papst?
Haben Engel Flügel?

Julia Knop
Rund um den Glauben
99 Fragen und Antworten

Mit farbigen Illustrationen von Rolf Bunse
128 Seiten; Gebunden
ISBN-13 978-3-451-71247-0

Basiswissen für junge Katholiken: In fünf Kapiteln erfahren sie alles rund um die Bibel, den Glauben, die Kirche, den Gottesdienst und das Kirchenjahr. Liebevoll und witzig illustriert ist dieses erzählte Sachbuch eine gute Ergänzung zum Erstkommunionkurs und ein schönes Geschenk.